※広告ページの表示価格はすべて**税抜き**のものです。

沖縄文学　小説・評論・詩集

最新刊

元澤一樹詩集『マリンスノーの降り積もる部屋で』

元澤一樹はいかなるときも人間を離さない。人間であることをやめず、人間になることを諦めない。若々しい感性から弾き出される言葉は私たちを勇気づけてもくれるのだ。
（大城貞俊「解説」より）

A５判 120 頁・並製本・1,500円
解説文／大城貞俊

八重洋一郎詩集『日毒』

重版

A５判 112 頁・並製本・
1,500 円　解説文／鈴木比佐雄

与那覇恵子詩集『沖縄から　見えるもの』

第33回福田正夫賞

A5 判 176 頁・並製本・
1,500円 解説文／鈴木比佐雄

大城貞俊評論集『抗《あらが》いと創造—沖縄文学の内部風景』

A５判 360 頁・並製本・1,800円
装画／野津唯市　解説文／鈴木比佐雄

与那［…］『沖縄［…］—政［…］』

重版

四六判［…］
1,500円［…］平敷武蕉

平敷武蕉評論集『修羅と豊饒』沖縄文学の深層を照らす

四六判 384 頁・並製本・2,000円
装画／野津唯市　解説文／鈴木比佐雄

大城貞俊小説『椎の川』

具志川市文学賞

文庫・900 円　装画／宮良瑛子

第114回芥川賞受賞作家 又吉栄喜小説『仏陀の小石』

四六判 448 頁・並製本・1,800 円
装画／我如古真子

『飛んで行きたや 沖縄愛楽園より』

四六判 208 頁・並製本・
1,500円　装画／野津唯市
解説文／大城貞俊

新城貞夫『前奏曲 魂には翼がある』『妄想録 思考する石ころ』

解説文／鈴木比佐雄

四六判 288 頁・
並製本・1,500円

四六判 176 頁・
並製本・1,500 円

下地ヒロユキ詩集『読みづらい文字』

A5 判 96 頁・並製本・1,500 円
解説文／鈴木比佐雄

2019－2020 年最新刊詩集

小坂顕太郎詩集『卵虫』

A5 判変型 144 頁・上製本・2,000 円　栞解説文／鈴木比佐雄

最新刊

みうらひろこ詩集『ふらここの涙 ――九年目のふくしま浜通り』

A ５判 152 頁・並製本・1,500円
解説文／鈴木比佐雄

最新刊

梶谷和恵詩集『朝やけ』

2020年1月5日 朝日新聞で紹介されました

A ５判 96 頁・並製本・1,500円
栞解説文／鈴木比佐雄

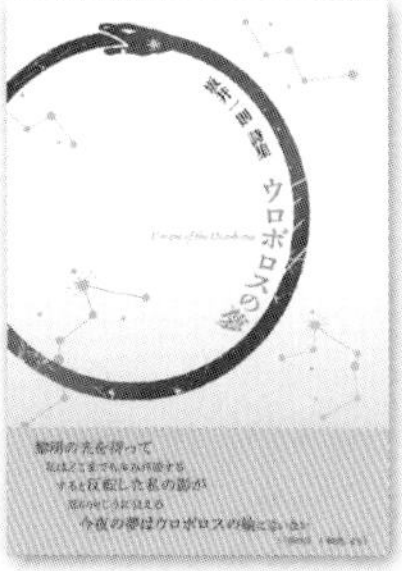

坂井一則詩集『ウロボロスの夢』

A ５判 152 頁・上製本・1,800円

栗原澪子詩集『遠景』

A ５変形 128 頁・
フランス装グラシン紙巻・2,000円

葉山美玖詩集『約束』

A５判 128 頁・上製本・1,800円
解説文／鈴木比佐雄

いとう柚子詩集『冬青草をふんで』

A5 判 112 頁・並製本・1,500円
解説文／鈴木比佐雄

長田邦子詩集『黒乳／白乳』

Black Milk ／ White Milk

A5 判 144 頁・並製本・1,500円
解説文／鈴木比佐雄

美濃吉昭詩集『或る一年 ～詩の旅～ Ⅲ』

A5 判 184 頁・上製本・2,000円
解説文／鈴木比佐雄

千葉貞子著作集『命の美容室 ～水害を生き延びて～』

A5 判 176 頁・上製本・2,000円
解説文／佐相憲一

植松晃一詩集『生々《しょうじょう》の綾《あや》』

A5 判 128 頁・並製本・1,500円
解説文／佐相憲一

鈴木春子詩集『イランカラプテ・こんにちは』

A５判 160 頁・並製本・1,500円
解説文／鈴木比佐雄

俳句関係

辻 美奈子句集
『天空の鏡』

四六判 184 頁・並製本・1,500円
栞解説文／鈴木比佐雄

銀河俳句叢書

四六判変型・並製本・1,500 円

現代俳句の個性が競演する、洗練された装丁の句集シリーズ

俳句を作る時によく言われる「予定調和」、これが罷り通ると、どこかで見たような句ばかりになってしまうのだが、實さんの句にはそうしたものがなく潔くて読んでいても気持が良い。おそらく、實さんの発想の奥に潜む人間の共通感情に深く切り込んでいるので、多くの人からの共鳴を呼ぶのである。

（能村研三「序」より）

180 頁　序／能村研三　跋／森岡正作

最新刊

3 齊藤實句集
『百鬼の目玉』

1 齊藤保志 句集
『花投ぐ日』

192 頁　装画／戸田勝久
解説文／鈴木光影

2 乾佐伎 句集
『未来一滴』

128 頁　帯文／鈴木比佐雄
解説文／鈴木光影

第74回現代俳句協会賞

永瀬十悟 句集
『三日月湖』

文庫判 256 頁・上製本・1,500 円
装画／澁谷瑠璃　解説文／鈴木光影

永瀬十悟 句集
『橋朧―ふくしま記』

A6 判 272 頁・上製本・1,500 円
解説文／鈴木比佐雄

大畑善昭 評論集
『俳句の轍』

A5 判 288 頁・並製本・
2,000 円 解説文／鈴木光影

大畑善昭 句集
『一樹』

A5 判 208 頁・並製本・
2,000 円 解説文／鈴木比佐雄

石村柳三
『句集 雑草流句心・詩集 足の眼』

A5 判 288 頁・並製本・2,000 円
解説文／鈴木比佐雄

第12回日本詩歌句随筆評論大賞
随筆部門・大賞

能村研三随筆集
『飛鷹抄』

四六判 172 頁・上製本・
2,000 円　栞解説文／鈴木比佐雄

福島晶子写真集
with HAIKU
『Family in 鎌倉』

B 5 判 64 頁フルカラー
並製本・1,500 円

辻直美 遺句集・評論・エッセイ集
『祝祭』

四六判 352 頁・並製本・2,000 円
栞解説文／鈴木比佐雄

藤原喜久子 俳句・随筆集
『鳩笛』

A5 判 368 頁・上製本・2,000 円
解説文／鈴木比佐雄

短歌関係

銀河短歌叢書

四六判・並製本・1,500円

9
岡田美幸 歌集
『現代鳥獣戯画』
四六判128頁　装画／もの久保

8
原ひろし 歌集
『紫紺の海』
224頁
解説文／原詩夏至

7
安井高志 歌集
『サトゥルヌス菓子店』
256頁　解説文／依田仁美・
原詩夏至・清水らくは

6
糸田ともよ 歌集
『しろいゆりいす』
176頁
解説文／鈴木比佐雄

5
奥山恵 歌集
平成30年度 日本歌人クラブ
南関東ブロック優良歌集賞
第14回日本詩歌句随筆評論大賞
短歌部門大賞
『窓辺のふくろう』
192頁　装画／北見葉胡
解説文／松村由利子

4
望月孝一 歌集
『チェーホフの背骨』
192頁
解説文／影山美智子

3
森水晶 歌集
『羽』
144頁　装画／石川幸雄
解説文／鈴木比佐雄

2
福田淑子 歌集
第13回日本詩歌句随筆評論大賞
短歌部門・優秀賞
『ショパンの孤独』 重版
176頁　装画／持田翼
解説文／鈴木比佐雄

1
原詩夏至 歌集
『ワルキューレ』
160頁
解説文／鈴木比佐雄

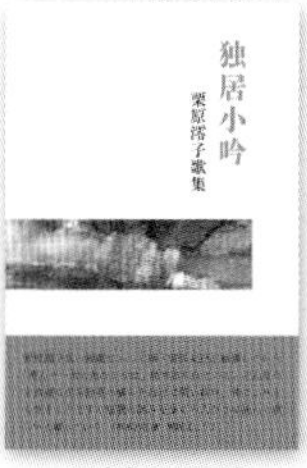

栗原澪子歌集
『独居小吟』
四六判216頁・
上製本・2,000円
解説文／鈴木比佐雄

高屋敏子歌集
『息づく庭』
四六判256頁・
上製本・2,000円
解説文／鈴木比佐雄

新藤綾子歌集
『葛布の襖』
四六判224頁・並製本・1,500円
解説文／鈴木比佐雄

大湯邦代歌集
『櫻さくらサクラ』
四六判144頁・上製本・
1,800円　解説文／鈴木比佐雄

『玻璃の伽藍』
四六判160頁・上製本・
1,800円　解説文／依田仁美

原詩夏至歌集
『レトロポリス』
第10回詩歌句随筆評論大賞・短歌部門
大賞／第7回日本短歌協会賞・次席
A5判144頁・並製本
1,500円　解説文／鈴木比佐雄

2019－2020年最新刊　評論集・エッセイ集

最新刊　加賀乙彦

『死刑囚の有限と無期囚の無限
精神科医・作家の死刑廃止論』

監獄の精神科医だった加賀乙彦が死刑囚と接した経験を踏まえ自身の死刑廃止論の根拠、精神的背景を記した文をまとめた書。

四六判320頁・並製本・1,800円・解説文／鈴木比佐雄

田村政紀
『今日も生かされている
予防医学を天命とした医師』

四六判192頁・並製本・
1,800円

万里小路　譲
『孤闘の詩人・
石垣りんへの旅』

第35回真壁仁・野の花賞

選考委員会は「詩の発生現場まで降り立って深い読みと凝縮した解釈を提示した」と言い、今後の石垣研究の基礎資料と高く評価する。

四六判288頁・上製本・2,000円
解説文／鈴木比佐雄

中村雪武
『詩人 吉丸一昌のミクロコスモス
―子供のうたの系譜―』

B5判296頁・並製本・2,000円
推薦文／中村節也

中津攸子
『令和時代に万葉集から学ぶ古代史』

四六判256頁・並製本・1,500円
装画／鈴木靖将　解説文／鈴木比佐雄

福田淑子
『文学は教育を変えられるか』

四六判384頁・上製本・2,000円
装画／戸田勝久　解説文／鈴木比佐雄

齋藤愼爾
『逸脱する批評
―寺山修司・埴谷雄高・中井英夫・吉本隆明たちの傍らで』

四六判358頁・並製本・1,500円
解説文／鈴木比佐雄

第15回日本詩歌句随筆評論大賞奨励賞

照井 翠エッセイ集
『釜石の風』

四六判256頁・並製本・
1,500円　帯文／黒田杏子

山本　萠
『こたつの上の水滴
萠《もえぎ》庵《あん》骨《こっ》董《とう》雑《ざっ》記《き》』

四六判256頁・並製本・1,800円
帯文／尾久彰三

光が空に

青柳　晶子

光が空に満ちている
都会も密林も　地上すべてのものに
空いっぱいの光はあまねく降りそそぎつづける

滝になって水が落下する
高くても低くてもしぶきをあげて
気づかれず名前がなくても
水は音をたててひたすら落ちて川と出合う

温泉が湯気をまとって湧いている
入る人がいようがいまいが　紅葉などうかべて
ながいこと地底からもうもうと湧きつづけてきたから

蝶が舞いこんだ
雀が蝶を狙っている
猫が雀を狙っている
私は猫をつかまえたい

不意に蝶が消えて
みんな獲物に逃げられた
それでも一瞬の夢を楽しんでそれぞれに散っていく

赤ちゃんが眠っている
むずかって抱きあげられるまで
やがて大人になって　その手に何かを摑みとる
気が狂ってしまいそうに好きな人がきっと現れる

始まりも終わりもない景色
汚してはいけない　摂理に逆らってもいけない
時は短く速く流れ去ってしまうものだから

コールサック（石炭袋）101号　目次

「コールサック」一〇〇号記念会

俳句　川柳　短歌

詩

I

妖怪図鑑「藪蛇」

熊谷　直樹

向島の叔父さんが言うにはね
このあたりはよく釣れてね
竿さえ入れれば江戸前がたんと釣れる
餌なんかつけなくったっていくらでも釣れる
と言う知り合いの言葉に
釣竿を片手にぶらりと出かけたのでございます
このあたりがよかろうと見当をつけ　糸を垂れたのですが
釣れるどころか　ぴくりと当たりも来ません
半日程そうしていましたが　やあ　今日は日が悪かったか
と諦めて　近くにあった蕎麦屋でちびちびやっていました
陽の暮れる前に帰ろうと
小半時ばかりで引きあげようとすると
何だか草むらでがさがさいいます
おっかなびっくりに持っていた釣竿でつついてみますと
いきなり黒っぽい棒がにゅっと出てきました
何だい　藪から棒だね　と独り言をつぶやくと
いえ　棒じゃありません　蛇です　とその棒が言うのです
なるほど　それは棒ではなく蛇でした
何だい　変なのが出て来ちゃったね
うっちゃっときゃよかった　と言うと
蛇は　藪をつついて蛇を出しちゃったんですよ　と言います
よく見ると四尺程はあろうかという大きな蛇です
やあ　大蛇だね　うわばみかね　と聞くと
いや　それほどのものでもありません　ただの藪蛇です
と言って頭をかきながら　お願いがあります　と言います
この藪の中にしゃれこうべがあります
供養してあげてもらえませんか　と　それだけ言うと
またするすると藪の中に消えてしまいました
そこで藪をかきわけて見ますと　丈の低い赤い草の中に
確かにどくろがあるではありませんか
行き倒れたのだろうか　気の毒に　と
そばに脱ぎ捨てられていた羽織を畳んで上にどくろを安置し
腰のひさごに残っていた酒をかけて念仏を唱えました
まあこれで供養のまねごとにはなったろうと家に帰りますと
その晩　布団に入ろうかという頃合いになって
戸を叩く音がします
誰だろう　こんな時分に　と思っていますと
今晩は　遅くにすいません　と女の声がします
はいはい　どなたさんで　と戸を開けますと
美しい顔の　見たことのない女が立っています
まあまあ　こっちへお入り　と中に招き入れますと
先程はありがとうございました　と言います
私は先刻　供養をしていただいた者で　お清と言います
お礼に参りました　と言うではありませんか

それはそれは　どうも御丁寧に　と答えますと
これはほんのお印です　と小さな包を差し出しまして
つまらぬものですがお納めください　と言います
これは漢方のお薬です　食べ過ぎたときによく効きます
そのまま　なめてくだされればすっきりとします
もし　胃や腸が弱い方には重宝します　では御免ください
と言い残すと　深く御辞儀をして帰っていきました
中を確かめてみると　赤い草の干したものが包まれていました
その薬は　今でも大切にとってあります

どうです　不思議な話でしょう　と
何だか自慢げな顔で我が家の化け猫が言う
ふうん　不思議は不思議だけど　一体何の話だい　と聞くと
これはあなたの先祖の話です　と言う
先祖の話？
はい　あなたの六代前の御先祖の話です
あなたの六代前の御先祖に清十郎という人がいました
その薬は「蛇含草《じゃがんそう》」といって　家宝として代々　伝わりました
武州　多摩郡の成宗に　三浦薬局という薬屋がありましたね
確かに三浦薬局は
五日市街道と鎌倉街道との辻の角にあった伯母の店だ
当時　私は伯母の店から歩いて数分のところに住んでいて
毎日のように出入りしていた
三浦薬局の調剤室にガラスの瓶がたくさん並んでいたでしょう
その隣に棚があって　引き出しがありましたよね

その引き出しの奥に　その薬がしまわれていました
覚えていませんか？　と言う
さあ　どうだったかな？
確かに調剤室はあったたし　棚も引き出しもあったけど
そんな薬がしまわれていたのかな
そもそも　三浦薬局はもうとっくの昔になくなっているし……
猫の言うことを聞いていると
何だか幼い頃の記憶が次々と蘇ってくるようだ
だが　はたしてそんな薬があったのだろうか

猫は私の顔をじっと見つめて
あなた　ここのところにきてすっかり胃が弱くなりましたね
と言う
確かにそうだ　若い頃には胃弱で悩まされようとは
夢にも思わなかったことなのに……
薬は飲んでますよね　タカジヤスターゼですか？
と猫が言うので　医者からもらった薬を飲んでいると答えると
少し考えてから
でも　もうその薬が伝わっていなくて
よかったのかも知れませんね
そう言うと猫は納得したような顔をして腕を組むと
その上にあごをのせ　じっと眼をつぶった

＊（参考）落語「そば清（そばの羽織）」
「野ざらし（骨釣り）」

妖怪図鑑「夜行さん」

勝嶋　啓太

先日　夜中に
コンコン　とドアを叩く音がしたので
開けてみると　夜行さん　が立っていた
夜行さん
「夜行」と書いて「やこう」ではなく「やぎょう」と読む
百鬼夜行という　妖怪がぞろぞろと徘徊する夜に
首のない馬にまたがって　颯爽《さっそう》と現れる
一つ目のでっかい鬼で
その姿を見た人は　その太い腕でむんずと掴まれ
ブンブン投げ飛ばされて　挙句の果てに
蹴り殺されてしまうのだという
「ゲゲゲの鬼太郎」では　地獄の番人として登場して
西洋甲冑みたいな鎧を着て　でっかい剣で
大した理由もないのに
地獄に堕ちた人たちの首を　バシバシ　斬り落としていた
どこに怒りの沸点があるのかわからない
シャブ中のヤクザみたいな
ヤバイ妖怪だそうだ
なんてことだ！　罠だったのか！
夜行さんを見てしまったということは
俺も　投げ飛ばされて　蹴り殺されてしまうのか！
そんな〜　俺　ただ　ドアをノックされたから
開けただけなのに〜　と恐怖で固まっていると
夜行さんは
夜分すみません　ちょっと腹具合が悪くて
トイレをお借りできないでしょうか　と言う
嫌だなんて言ったら　絶対　殺されるから
ど　ど　ど〜ぞ〜　と言うと　夜行さんは
失礼します　と丁寧に頭を下げて
わが家のトイレに入っていった
さあ　どうする？　早く逃げないと！
いや　逃げても　どこまでも　追いかけてきて
結局　なぶり殺しにされてしまうんじゃないか
結構　ゴツイ体してたしな〜　力強そう　足速そう
そもそも　向こうは　首なし馬に乗って追いかけてくるんだ
俺　運動不足のメタボ体型……絶対　追いつかれるじゃん！
なんてアセってる内に
トイレの水を流す音が聞こえてきて
いよいよヤバイ！
あ　思い出した
た　確か　自称・妖怪研究家の友人の話によれば
夜行さんと出くわした時は
草履を頭に乗せて　目を閉じて　ひたすら土下座してたら
許してもらえることもあるそうだ　ということで

頭に靴をのせて　目を閉じて　土下座して
ブルブル震えていると
トイレのドアが開いて　夜行さんが出て来た
夜行さんは
いや～　ホント助かりました～
昼に食べたカキフライが良くなかったのかな～
急にお腹が痛くなって困っていたんです
どうもありがとうございました
と言いながら　こちらに近づいてきた
ひ～　お助け～
ぼくのところにやってくると　夜行さんは
あれ？　なんでそんな格好してるんですか？　と言う
お姿を見たことは　絶対　誰にも言いませんから
命だけはお助け下さい～！　と泣いて頼むと
一瞬　夜行さんは　ポカンとして
あのー　顔上げて下さい
あれでしょ　僕に会うと
ぶん投げられたり　蹴られたりして
殺されちゃうってヤツでしょ
あれ　ひどいデマなんですよ
実は僕もすごい迷惑してるんですよ
僕　顔がこんなだし
学生時代　ラグビー部だったから
こんなふうに体がゴツイんで　怖がられるんですけど
理由もなく　人殺したりとか　そんなことしないですよ

ましてや　困ってる時に助けてくれた人に
暴力振るうなんて　そんな妖怪道にもとる行為
自分は　絶対　やりませんので　安心して下さい
あ　そうなの……
ということで　ホッとひと安心
いや～　失礼しました　夜行さん
どうです　これも何かの縁なので
ちょっとお茶でも飲んでいきませんか？
とお茶を淹れてあげて
一時間程　楽しく茶飲み話をしてたんだけど
夜行さんは　実に礼儀正しくて　真面目で　温厚な
好人物　じゃなくて　好妖怪　だった
いや～　それにしても　夜行さん
ホントに　顔も体も　迫力ありますね～
なんだかんだ言って　一人二人殺してたりして～
とぼくが冗談を言うと
夜行さんは　優しく微笑んで
まあ　今まで殺したのは十五、六人ぐらいですかね
と言った

……ひぃ～　お助け～！

カサコソカサコソ

高柴　三聞

沖縄の本土復帰がなされた前後は、新聞社の特派員や「オキナワ」をこの目で見ようという人間が大勢押しかけて、記者やカメラマンなどとして働いていた。それは活気と混乱に引き寄せられてやってきたような感があった。私の友人もその一人であった。復帰の数年前から、カメラマンとして働いていた友人は、騒乱と喧騒の渦の中何度も危険を掻い潜ってきた戦友のようなものであった。

ある日、栄町でしこたま二人で痛飲して、二人してタクシーのシートに倒れこむようにして家路についた時の事である。「あ、女だ」と友人は呟いた。私は閉じかかった両目の右目だけを開けて、まだ飲み足りないのかよと言って笑ったものである。その時はそれで終わったのである。それから、友人は時折普段でも、どこか遠くを見つめるような目でボンヤリしていることが多くなった。何を見ているのかと私が問うと「いや、女が」と呟いて後はしどろもどろとなってしまうのが常であった。そうして、とうとう730の実行された日に友人は交通事故に遭う。沖縄中の車線がひっくりかえった挙句混乱しているところに、ぼんやりして事故に巻き込まれたのであろう。

特に、大きなけがではなくむち打ち程度で特に入院する事も無かったのだが、それからぴたりと友人は会社に来なくなった。電話にも出ない。私はやきもきしながら身動きが取れないまま三か月あっという間に過ぎてしまった。流石に業を煮やして、仕事を後回しにして私は友人の住むアパートに向かったのであった。友人は古いアパートに一人住んでいて、ススキの原っぱの空き地の隣に建っていた。時折、ススキの固い枯れ葉が風に揺られて、カサコソと乾いた音を立てていた。

私が友人のアパートのドアを叩くと以前とは別人のような友人が顔を覗かせた。まるで面倒臭いのが来たという表情で私を足元から顔まで一応に目線を向けると、顔を捻って中に入れと合図した。流石に、その態度には驚いたが何だが麻薬取引現場にでも来たみたいな様子が、かえって滑稽に思えてきて怒る気にもなれなかった。

友人の部屋は、思ったより片付いていると言えば片付いてはいたが、要は生活感が感じられないくらい、物が無くて殺風景であった。

ただ、ドラマのセットみたいに丸い卓袱台が一つあるだけだった。黙って友人は卓袱台の一端に腰を下ろした。応ずるように私も反対側に腰を下ろす。私は友人に色々と詰問したものの友人は私の方を見るでもなく、落ちくぼんだ目にトロンとした表情を浮かべて口元をゆがませた。

「今、女と一緒なんだよ」と一言呟いた。同時にどこからともなくカサコソ、カサコソと耳障りな音が聞こえ始めた。私は、苛々した気分で周囲を見回したが、一体どこから聴こえるのか皆目見当がつかなかった。

私にお構いなく、友人は独りごちている。「おしゃべりな奴でさ、話し出したら止まらないんだ」。

さらに苛立った私はそんな奴はどこに居るんだと強い口調で友人にいった。すると友人は、ニヤニヤとした表情をそのままにしてピースの箱を胸ポケットから取り出した。

カサコソ、カサコソ、カサコソ
それは、何だと問質した私の声が自分でも震えているのがわかった。「ちょっとだけだぞ」友人はそう言うと煙草の箱の蓋をそっと開いた。箱の中で、小さく華奢な白い女の小指が音を立てて蠢いていた。

この後の記憶は実は曖昧である。気が付けば私は靴下のまま街中を転げるように走って逃げていた。それから彼がどうなったかは知らない。友人のアパートも今は空き地になっている。ただ時折、風に吹かれて枯れ葉やビニール袋がカサコソと音を立てると酷く不安な気持ちになるのだった。

パンツ　パンツ　パンツ　3

高柴　三聞

そもそも、何故にパンツ。それは普遍的人類の良心と生きる指針。どの民族時代国においても目指すべき指針にして理想的あり方。

凶暴で本能的な猿であった我々に自制と調和をもたらすべく人類が生み出した偉大な発明品。自由平等博愛の三拍子そろった優れもの。

遥か彼方、ソクラテスと孔子とブッダがそれぞれの正しく生きるという生き方を三者三様で模索した。パンツの根源にしてはじまり。

今やスターリンもヒットラーもいない時代。熱狂してパンツを脱ぎ捨てて嘘の平和を信じて国を挙げての侵略合戦のあの頃のあの記憶。

貧困と不安の前では容易にパンツは脱がされてしまう。血みどろの荒野でパンツを脱いだ猿は何をしでかしたか、ようやっと気が付く。

そんな記憶を忘れたつもりになって今の日本は、いつでも脱ぎますと言わんばかり。それは誇りでも何でもない、おろかな猿なのだから。

昭和恐慌は大正で培ったデモクラシーを捨て現実主義と嘯いて満州を切取り、更に華北に侵略しやがて太平洋全域を巻き込んでいった。

血塗れの猿なんか、儒教もキリスト教も、仏教もユダヤ教やイスラム教、道教、ブードゥー教、神道だって、誰も誰も望んでいやしない。

貧困の怒りと不安を煽りたて差別主義を吹聴しながら国防と称して戦争のできる国を目指そうとする。名誉ある地位を貶める行為だ。

確りとパンツを履いて、自らの根源的良心に耳を傾けろ。現実主義と野生の凶暴を違えるな。血塗れの猿は是が非でもご免被りたい。

鬼の面子《めんこ》

正が出るか
邪が出るか
鬼の面子は
勝負がつかぬ
空を仰いだり
地に伏したり
くるころくるころ
まわる運命
幸か不幸か
生か死か
散華する
万華鏡の如く
くるひらくるひら
人生の明滅
儚くも
確かな今は
確かだが
儚い今だと人間は
終わりなき
鬼の遊戯に
泣き笑う

植松　晃一

生々の綾Ⅲ

時は渦を巻き
過去と未来が
現在に交錯する

※

まっさらな世界に点をうつ
点と点をむすんで線をひく
線と線をつないで面をつくる
面と面を組んでかたちと成す
かたちは
ちからをもつ

※

偉大に触れなければ人間は卑小になる

その場かぎり

末松　努

娯楽の凪に乗り
満面の笑みをたたえ
あちらでこう言い
こちらでああ言い
虫がよくて何が悪い
文句あるなら潰すぞ
笑みの裏の静かすぎる怒声
諦めを求め
魂を疲弊させる
その場かぎりの言葉

言霊は逃げ出したかのように見えたが
かれらの行先は留置場に過ぎなかった
押し込まれた魂
理由なき罪を被せられ
いわれなき虐待を受け
芯を抜かれた言葉は
ひとびとの芯さえ抜きはじめる
そしてなお
消費を加速し
不安を煽る
真実は時間と空気にかき消され
智慧のよりどころを奪う
楽に、楽に
いのちを蝕んでいく
その場かぎりの言葉

ヘーゲルと一緒に叫ぼう！

牧野　新

わかんないよ！　情報社会って！
ＴＶ？　新聞？　ネット？　週刊誌？
ツイッター？　ブログ？
ドイツの哲学者のヘーゲルに聞いてみよう！
若い頃は新聞の編集者だったよね？
ヘーゲルを！　召還せよ！
エロイムエッサイム！　出で給え！　出た！
でも質問の前に聞きたい用件があるんだな！
『法の哲学』を書いたよね？
現実的なものは理性的？
理性的なものは現実的？
絶対主義国家のプロイセンを肯定している？
ドイツの歴史で学んだんだ！　なに？
痛い！　痛い！　痛い！　殴らないで！
私の本音と違う？
私の大学での講義録を読め？
国家はみんなのためにある？　本当だ！
かわいそうに！　プロセインが憎らしいよ！
現代でも同じ悲劇があるんだよ！
プロイセンと反対の虐め方をしている奴が！
ＴＶ！　新聞！　ネット！　週刊誌！
ツイッター！　ブログ！

言いたい放題！　批判合戦！
泣いている人は？　数え切れない！
まるでメディアが国家みたい！
情報絶対主義国家だ！
さあみんなでヘーゲルと一緒に叫ぼう！
情報はみんなのためにあるんだよ！

黄昏の羽根のもと

日野　笙子

四月の黄昏時
濡れた路面に傷ついた羽根を見つけた
打ち棄てられたように落ちていた
一羽の鳥の傷と群れをなした鳴き声
親鳥らしき手がふっと離れ
身を翻し脱出を試みたのか
ひりひりと孤独の怒りを浮遊させ
永遠に彷徨っていたのか
一羽でいることの痛みは
羽根の裡に記憶となり刻まれ
過ぎ去った痛みは怒りとなり
未来の空まで不安を予言した
遠い町からよるべない人の
無告の調べを運ぶ
曖昧な季節の名残りを残し
風が吹き木々の枝は前奏を終えた
やがて想い出すらも薄らぐのだろう
ちょうど今黄昏れて
何もかもが隠される
だから安心して
あてどころのない人が決して目にすることのない
メッセージをこの羽根が運ぶだろう

あてのないわけを痛烈な孤独のわけを
隠してしまおう
霞んだ構図に
いつの日か死を自覚し
一瞬振りかえるとき
もはや決別する力をこの羽根は持ってはいない
ある弱さの起源まで降りていく
イマージュの羽根のもと
幻想を深く湛えたところに
空から空へ
ぐんぐんと広がっていく
サーカスの踊り子みたいに
街から街へ
漂泊する心を時折嘆きはしたものの
本当はいろんな哀歓に倦いてしまった
安らぎなどまるで知らなかった空を
空中ブランコのごとく
カタストルフィーに向かって
どこまでもその羽根で触れるものでしか
わたしは信じなかった
自分の言葉のおかしさまで笑った
羽根の水滴は

遠い町の人の涙
表面張力で危うく保って
羽根の上を転がる
痛切な寂しさで転がる
親鳥の巣から転がる
その身を自ら引き剥がし
夕闇の境界を飛ぶ
気に病むことなどない
誰も気づきはしない
いくどとなく光に焼かれ
時間の風にあおられ
痛ましい人びとのリアリティーを
いのちがけで飛び越えてきた
金色の光に包まれて
新しい時間へと
追悼の傷を
ひとつまたひとつと忘れていって
そうしてようやく
一日の暮れに
安堵するように舞い降りたのだ

カレーライスの後にしてくれ

柏木　咲哉

急用かい？
とりあえずこのカレーライスの後にしてくれないか？
僕はこのカレーライスを食べるために
一食抜いて来てるんだ
何人たりともこの幸せな計画を邪魔する権利はないのさ
僕はたまに無性にここのカレーライスが食べたくなるんだ
どんなに急ぎの用事だって
カレーライスの後にしてくれよ
カレーライスが優先なのさ
つまりは僕はそういう男なんだ
ここのカレーライスより大事な用があるなんてとても想像でき
　ないんだ
だから、まずはカレーライスを食べさせてくれ
用はその後で
らっきょうでもつまみながら…

タレ

タレが旨い
もみダレ、つけダレ
甘ったれ、しみったれ、あかんたれ
垂れ幕に掲げようか
人生はタレだと…　バカタレ
そんな事言うのは誰だと？
オレだよ
タレのよく染みた人生を
ヨダレを垂らしながら生きてるこのオレなのさ

きんぴら

よし君はきんぴらが好き
きんぴらごぼう、れんこんのきんぴら…
あの味が好き
ある晩よし君がテレビドラマを見ていたら
刑事が犯人に向かって「このチンピラ～」と叫んでた
よし君はびっくりしてテレビ画面の隅々まで見たけれど
どこにもきんぴらは見当たらなかった
後年中学生になって怖いお兄さんにカツアゲされたから
よし君はチンピラという言葉を覚える…
けれどよし君は変わらずきんぴらが好きで…
あの味が好きで…
ずっときんぴらが好きなわけで…

しみじみ汁

二日酔いにはしみじみと
しみじみ汁を飲むと良いと聞く
しみじみ汁はしみったれには味わえぬ汁で
あー、なんやかんやあるけど生まれて生きてて良かった…と
しみじみ思いながら飲むものだ

ヒゲのモナリザ

べっこう飴がひっくり返って
バケツをひっくり返したような雨が降る
空と虹の境界線をクレヨンでなぞろう
凪にひらめく新世界の万国旗
もしも誰かが独裁者になり　何処かの街で戦争が始まったら
僕は真夜中のルーブル美術館に潜り込んで
万年筆でモナリザにヒゲを描くのさ
ヒゲのモナリザは哀しい目をして微笑みながら
反戦のメッセージを歌い電気シェーバーを踊らせるだろう
いつかのジョン・レノンみたいに
彼女と一緒にベッドインしよう！

HIMAGINE（暇人）

想像してごらん　天丼なんて安いんだと
一食抜けばいいだけさ
僕らの足下に地鶏がいれば　ただ親子丼を作ってもらうだけ
想像してごらん　すべての定食が
今日半額だということを…

想像してごらん　僕らはお化けだと
そんなに怖いことじゃない
試験もなんにもなく　学校さえない
想像してごらん　すべての人々が
ゲゲゲと歌い平和に寝床でグーグー言っているのを…

想像してごらん　しょっぴかれるほどの悪さじゃないと
果たしてどうかな？
ＡＶを見たり惰眠をむさぼったり
人は暇だとろくな真似しないけど
想像してごらん　すべての人々が
今日も世界で楽しんでいると…
世界にはそれらを赦す懐の深さがあると…

僕を空想家だと思うかも知れない
だけど僕ひとりじゃないはずさ
君もこの詩で笑えるなら
世界は平和になるんだ

無題の腸詰（六篇）

福山　重博

（一）

終わりのない休暇が
はじまる
薄すぎる新聞が
とどく

（二）

にくしみを
くっきりのこして
発見される　ぼくたちの
足あとの化石

（三）

平成が育てた巨大な
ナメクジを
溶かせる――だろうか？
令和の塩は

（四）

墜ちるのが怖くて
枝から離れられないまま
干柿になって
ぼくは今日も死ねない

（五）

落語の「寿限無」を
丸暗記して威張る九官鳥
自分の名前を
忘れてしまったことに気づかない

（六）

郵便配達が
来なかった
赤い月が
浮かんでいる

詩 Ⅱ

小鳥

原　詩夏至

わたしとしては道はいつでも
静かに真直ぐに伸びていて欲しいのだが
遠い前方は陽炎に揺らめき
空は明るく
道の両側も明るく
ただ
視界の隅にこんもりした樹冠が
こちらではないどこかを見つめて
風に吹かれていてほしいのだが

気づけば
夢はもう終わりに近づき
（小鳥は鳴き）
わたしはどうやらそろそろわたしの
非在の背後を振り向き
非在のふるさとへの
非在の家路を辿らなければならない

とはいえ
わたしは考え込んでしまう
死にたくない
とは

まだ眠りたくない
このまま
もっと遊んでいたい
ということなのだろうか
それとも
まだ起きたくない
もう少しだけ
夢の続きを追いかけ回していたい
ということなのだろうか
眼はもうとっくに覚めているのに
肉体という
この
少し酸っぱい
あたたかな布団にくるまれて

というより
そもそも夢とは何か
そして祈りとは
この
おおどかな孤を描きながら
あっという間に
「今、ここ」を飛び去る
二つの矢は
同じものなのか
それとも異なるのか

もし異なるなら
どこが異なるのか
プロスペロはいう
夢とわれわれとは
ほんらい
同じ素材でできているのだと
ならば
どうなのだろう
祈りとわれわれとは

道は明るい
樹冠はなお
ぽつねんと彼方を見つめている
このまま
歩き続けて何がいけないのか
わたしは訝る
だがもう気づいている
（小鳥は鳴き）
夢は
この全く腑に落ちない
非在から
非在への
遥かな旅路は
いやおうなく
もうそろそろ終わるのだと

抒情

〈抒情〉は
己が〈抒情〉であることを
忘れているとき
最も〈抒情〉なのだ。

〈愛〉が
己が〈愛〉であることを
忘れているとき
最も〈愛〉であるように。

跨線橋

坂井　一則

この橋の下では
日々
幾千の想いが行き来する
喜怒哀楽を心の襞に忍ばせて

例えば上りに気持ちを奮い立たせ
下りに憔悴を持ち帰る旅人よ
君の下車駅はまだ遥か先か

君の焦燥がどんなに絡まろうとも
レールのポイントでは巧みに解かれて
明日も定刻通り列車はホームに入線する

木枯らしの跨線橋からは
夕陽に染まった峰々が見える
そのずっと先にはまだ君の見知らぬ街の
灯りがあるのだ

過

過《あやま》たず

切られた糸を結び直す蜘蛛のように
あるいは
春を忘れず飛来する渡り鳥のように
過たず
己の本能を貫くものたち

弦に引き絞られた一本の矢のように
あるいは
転倒された砂時計の三分間のように
過たず
ひたすら役割に徹しきるものたち

つねに
定められた世界に
己の在りかを見出すものたち

「なぜ」と問うことのないものたちよ
過たず繰り返す
何度でも

何度でも…

過《あやま》つ

切られた糸を結ばぬ蜘蛛のように
あるいは

冬を忘れた夏鳥のように
過つ
己の本能に背《そむ》くものたち

正鵠を外した矢のように
あるいは
ガラスの括《くび》れに詰まる砂時計のように
過つ
本来の役割を演じきれぬものたち

つねに
過つ世界に在るものたちに
日常は容赦ない

「なぜ」と問うことを許されぬものたちよ
過つことは
それが全て

それで全て…

蟹の数え方

その筋の蟹の数え方は
生きているものは「匹」で
商品になって店先に並ぶと「杯」と呼ぶ
その境目は
生きているか死んでいるかだと云う

一本の鮪も解体されれば
一丁《いっちょう》
一冊《ひとさく》
一切《ひときれ》
と数え方は目まぐるしい

人間だって
生きていれば「人《にん》」
遺骨になれば「柱」
位牌に納まれば「基」
と数え方は変わる

すると
生きているのにまるで死んだようなヒト
死んでいるのに今なお心に生きるヒトは
なんと数えたらいいのだろう

「人」でも「柱」でもまして「基」でもない者たちよ

私はあなた方を
「友」と呼ぼう

ひと粒の種

小山　修一

ことばは掴めないけれど
樹々をゆする風のようにうたうことばがある
変幻自在な水のようにつたうことばがある

あらゆる形あるものの表層を
たちまちのうちに焼き尽くし
溶解せしめ　呑み込み　覆い
真っ新《さら》なジオを形成していく
地球の芯から噴き上がるマグマのように
歴史を変革するほどのことばさえあるだろう

僕は　呼吸のような
ありやなしやのことばのほかは
もちあわせていないけれど
腐葉に潜り込んでいたひと粒の種が
やがて
双葉のあおい芽を吹くように
ことばはひと粒の種
誰かの胸にぽとりと落ちて
ゆるゆるとした太陽のもと
いつしか希望に目覚め
小さな蕾をふくらませ
はじけるように花ひらく

そういう種のようなことばを
ひと粒でもいい
この手から飛ばすことができたなら

空には鳥

空には鳥　ふかふかな雲
脳味噌を劈《つんざ》くような
戦闘機のエンジン音は
眠っている子供たちをふるえさす

海には魚　珊瑚礁
分厚い鉄板に覆われた潜水艦は
青い海には似合わない

地には足跡　山川草木
戦車のキャタピラは
参道もだいこん畑もズタズタにする

鳥は鳥として
空を飛び交い

魚は魚らしく
海に群れ泳ぐが
人間は人間として
地に立ち
僕は僕らしく
それから
どうしたらいい？

一万四千五百二十五基の核兵器が
いつでも発射できるように整備され
四方八方を窺っている　この地球の
この時代を生きていて

鱗《うろこ》

原始地球の漆黒の大海の
泡沫《うたかた》より発生し
いのちの存続を地上に託した生命体は
脱皮する蛇のように鱗を脱ぎ捨て
見晴らしのいい樹上に暮らしていたが
三十幾億年かの年月日を経て

やがて
樹木の股の住処を降り
森を抜け出て平野を彷徨い
草原に躍る色鮮やかな魚形のコロニーのもとに育まれ
吹きわたる風の甘い匂いにむせびながら
殺し殺され　喰い喰われ
時として共食いし
今や　地球の支配者となったホモ・サピエンス
その創造主に似ている危うい体型と
畏れを知らない行為

ホモ・サピエンスの前向き思考は
一時《いっとき》たりとも引き返すことを求めないし
ましてや　海に還ることなんて望まないが
歳を重ねるごとに
表皮は鱗に類似して
みるみる全身を覆っていく

ホモ・サピエンスの進化は進歩だったか
ホモ・サピエンスの明日はこのままでいいか

さざ波きらめく大海原には魚の群れ
大地には色とりどりの魚形のコロニー
仰げば　ぐるり
鱗に覆われた天空だ

ロスト・ランナー（迷える走者）

風　守
私はもうふらふらだ
両脚の筋肉は悲鳴を上げ
眼はうつろにぼんやりとし
耳にはノイズが渦巻いていた

私は今まで懸命に走ってきた
だが
いつまで経っても
ゴールが見えてこない
私は道を間違えたのか
いやそんなはずはない。
今まで道を間違えたことは一度もなかった

ゴールが見えてこない
なぜだ？
なぜゴールが見えないのだ
よたよたと走りながら
ふと気付いた
私の本当の
ゴールって
なんだったのだろうか
親や世間がいう
いい学校
いい仕事
いい人生
私はそれらを手に入れるため
懸命に走ってきた

しかし
いい学校
いい仕事
いい人生
それは
自分が心の底から望んだものでは
なかったのではないか
親や世間の考えを植え付けられ
それを自分の意思だと
思わされていたのではないか

そう思い至った時
私は走るのを止めた
私は深呼吸をして気を落ち着かせ
自分の本当に欲していたものを探そうとした
心の奥底にある錆びた扉が静かに開き始めた

明日を信じて

昔々あるところに
なにをやってもうまくいかない男がいました
でも男はいつもにこにこ陽気でした
試験に落ちた時は
「もう一度勉強すればいい」
恋人に振られた時は
「俺には合わない人だったんだ」
大病して長期間入院した時は
「これまでの人生を振り返るいい機会だ」
そう言いました
ある人が男に不思議そうに言いました
「あなたには不幸なことばかり続くけど、なぜ平気なんだい？」
男は笑って答えました
「全然平気じゃあないよ。俺はその度に落ち込んでる。ただね、信じているのさ明日こそいいことがあるってことを」

「人の世はままならず」
この言葉を何度体験してきたことだろう
自分の人生をあれこれ思い描くが
思うようにならないことの方が多かった
よかれと思ってしたことが
反対の結果になったこともある
その都度凹み
奈落の底に叩きこまれた

「あーもうだめだ」
暗い奈落で身の不幸を嘆く
溜息は闇の中に消えてゆく
ふと奈落から見上げると
上に開いた小さな穴から
青い空が見える
白い雲が風に流れ
小鳥たちが囀り飛んでゆく
それらを見ていると
不思議に力が湧いてくる

「もう一度頑張ってみるか」
私は壁に手をかけ
足を踏ん張り
青い空を目指して
上がっていく
ゆっくりと
上がっていく
自分を信じて
明日を信じて

光の道

杉本　知政

何もない真昼であった
人影も
犬の鳴き声も
小鳥のさえずりも

静けさだけが
陽をあびていた
何時の頃からか
この里は
そうなっていた

紅葉《もみじ》が数枚
風の手に抱かれ
南の空へ飛んでいる

「モシモシ　変わりはないかな
　会いたいけど躰が無理で残念」
電話での友の声
「こちらも同じ」と応えている
何年か前の顔を思い返し
懐かしさの中へ身を延べていく

ひごと幼児の足取りをなぞり
歩き続けてはいる
迷ったり元の所へ戻ったりして

女子中学生が二人
自転車で帰ってきた
あいさつを笑顔でくるんでいる
道は金色に光り
明日《あした》へ向かって伸びていた

ことほぎ

橋爪　さち子

本って不思議だ
なじみの本屋や図書館で
呼ばれるように一冊の本を手に取ると
ずっと捕らわれていた問いの答がそこに
ひそと書かれていることがよくある

本が読み手を誘うのか
読み手が本を誘うのか
たぶん両方なんだろう
『古事記』を手に
パラパラしていた時もそうだった

天《あま》の石屋戸《いわと》隠れ　因幡《いなば》の白兎
八俣《やまた》の大蛇《おろち》退治
幼い頃に親しんだおはなしが
次つぎ懐かしく出てくる

伊邪那美《いざなみ》は火之伽具土《ひのかぐつち》の神を生んだとき
女陰に負った大やけどがもとで亡くなるが
亡くなる前に嘔吐したものと
大便とおしっこから
男女一対の神を生んだという

伊耶那美のような強力な神の汚物は
パワーも強力なので　そこから
生まれる神がみもさぞ強力だったろう
それにしても
何という大らかで愉快な古代のいのち

両親の不仲に生まれた私は
濁から生をはじめた負い目に
ずっと捕らわれてならなかったけれど
聖は聖から生づるに限らず
濁からさえ聖なるものが生じ育つ　なら

私は私の細胞のすべてを心底
言祝《ことほ》げばいいと今はじめて私に告げる

「Sailing」を聴きながら

狭間　孝

・・・・I am sailing
　I am sailing
　Home again　cross　the　sea・・・・

僕が高校三年生だったのは四七年前になる
三原高校文芸部で『未完成』という名の詩集を発行していた
サザーランド・ブラザースの曲を聴いたのは
晩秋の文化祭準備中だった

洛北の右大文字山の見える構内で
自治会のビラを配っていた頃
四条河原町でロッド・スチュワートの
シングルレコードを買った

今宮神社境内裏にあった学生アパートで
ターンテーブルにレコードを乗せてそっと針を置く
四畳半の狭い部屋では
歩くと流れている曲が飛んでしまった

重症心身障害児者施設に二〇年
そして高齢者施設に異動して二〇年
先輩たちの定年退職を気にしてきたが
まさか僕の退職する日が来ることを迂闊《うかつ》にも考えていなかった

ふと懐かしくなり　思い出したのがあの曲で
スマートフォンで検索し　思わずダウンロードしてしまった
未熟で生意気だった若い頃の思い出は　恥ずかしく
記憶の海の底に沈めて

新しい職場は聴覚障害の高齢者施設
故郷の山並みが見える丘の上に建っている
長い間忘却していた方言が飛び交い
僕の記憶の海がざわざわと騒ぎ始めた

長いトンネルの先に海峡をつなぐ大橋から見えるのは
遠く生駒の山からのぼる朝日
海には漁船　貨物船が交差し　西の空は青みがかり
海に近い所から段々と　オレンジ色が空全体に広がっていく

大橋の上で僕は　懐かしいロッド・スチュワートの曲を選び
朝焼けの光を浴び　Sailing のイントロが流れ出すと
液晶画面の音量を指で押し続け
窓を少し開けて潮風を顔に受けながら聴いている

・・・I am sailing　I am sailing　Home again　Cross the sea
・・・I am sailing　Stomy waters　To be near you　To be free

「Sailing」より

ゲンゲの花束

ゲンゲを摘んで　あなたに
贈ろうとしたけれど
「さ・よ・な・ら」の手紙をもらって
ゲンゲは　心の奥底に

心のゲンゲは　幾十年も
決して忘れることはなかったのだけれど
ひっそりと咲き続けてきた

ゲンゲを摘んだ　二人は
それぞれに
暮らしを育み
子育てを終えて

白髪混じりの歳になり
ふと　若い頃を思い出し
やっと心のゲンゲの存在に気がついた

もしかして会うときは
恥ずかしくない人生を過ごそうと
伝えたわけではないけれど　互いに
何事にも前向きに生きてきた

心の奥底で咲き続け
幾十年も過ぎたけれど
ゲンゲを摘んでお互いに頑張ったね！　贈り合う

記憶から消えない

狭間　孝

僕の由良要塞の詩を読んで
八十五歳の写真家からメールを頂いた
和歌山方面に疎開されていたということで
忘れそうで
忘れられない当時のことが書かれていた

神戸大阪を空襲するアメリカ空軍機が
必ず通過するのが紀伊半島から由良上空でした
警戒警報発令から間もなくＢ29の爆音が聞こえ始めると
学校から退避　防空壕に逃げ込んだものでした
子供心に〝死の恐怖〟に怯えたものです

人間の記憶は忘れるようにできている
エビングハウスという心理学者は
意味のないアルファベットを三個一組で
たくさん覚えさせ
その記憶が忘れられていくスピードを調べた

わずか二〇分で四二％一時間後には五六％
九時間後には六四％を忘れるという実験を行った
人間は生命維持に必要のないことは
忘れ去るようにできている

これがエビングハウスの忘却曲線ということだが

戦争の記憶も忘れ去るものだろうか
苦しみや悲しみは忘れ去るものだろうか
そう言えば楽しかったはずの僕の
子どもの頃の記憶も
父や母との思い出も　深い靄のように忘れてしまっている

老いた写真家の記憶の海の中で
紀淡《きたん》海峡をＢ29が大阪や神戸に飛んで行く
子ども心に怖い思いで見ていたのだろう
その記憶は若い頃から老いるまで持ち続けてきたのか
それはわからないけれど

戦争を知らない世代の僕が
由良要塞を写真で撮り　詩に書くことで
老写真家は　思い出されたのかも知れないが
戦後は遠く　忘れそうな記憶を集めたい
忘却曲線に反発しつつ

信仰

山口　修

腑に落ちた
携帯をスマホに持ちかえて
〝今〟必要な電気と　充電のため
〝前もって〟必要な電気とは何か違う

あとを引くのは快に垂らした不安の一滴
人参は常に鼻先に吊るされている
二万世紀前の馬は振り返ってはみたが
人はもう振り返ることもしない

一方　チベット・ラルンガルゴンパの仏僧は
父の死から僅か三ヶ月後に亡くなった母を
鳥葬で弔う　亡骸は人の手で骨肉を砕かれ
禿鷹が群れ　全てを食い尽くす

最先端の心ない科学は然もありなんと頷くか
心あるロボットが輪廻転生を主張し始めたら
だが禿鷹は虚空を見つめるだけ
その姿は救いだ

人が人に添えたひとつの掌から　人の手が
掌の窪みに宿る神の眼差しが　失われてゆく

それでも、祈りを暮らす彼の地の仏僧の心が
私たちの心ではない、と決して断言はしない

五十年、百年の間の今をも呑み込む
深くゆったりと流れる大河のせせらぎが
遠く近くに聴こえる――という
そんなひとつの信仰でいい、私たちには

決して断言はしないが…
ここがそこで、あの時が今なのかもしれない

万年を遡る流れが巡り巡っている
馬の　禿鷹の　だれかれの足元にも

老教師の残火　―子どもと教師の純粋経験―

青木　善保

残雪の浅間山を望み
千曲川を渡り　小海線の駅に向かう
日の丸の小旗を持つ小学生たち
たすき掛けの婦人たち
軍服のおじさんたち
駅前は出征兵士を送る人で溢れる
担任H先生を送りに集まる昭和15年3月
全校児童文集を発行する臼田小学校　三年の時
田んぼに水を張り　凍らせたスケート場を
颯爽と靴スケートで滑るH先生は憧れの存在
スポーツ好きの先生は戻ることはなかった

信州白樺派倭小学校教師一滴の足跡
…雨の中をうんと歩いてみた。こんな自然をかけたらと思ふ。ロダンやミレーやゴッホ等は此の自然を喜んだのだ。そうしてあのような絵をかいた。ベートウベンはこれを音楽に現したのだ。此の自然に驚かなんでゐられやうか。自分は幸福に思ふ。…
尋5　N・H　児童日記

「やあ　おはよう」―、あの声がいま耳を突くように思い出されます。あの時の中谷先生のうれしい顔は、先生と児童の関係というよりは、兄妹のような親しみがありました。尋6当時回想とし子
…自分たちの倭学校の一年は決して空なものではなかった。長野県の教育界の一大問題として論ぜられた。それに相当するだけの不理解と無好意の所より迫害を受けた。…何物かの先駆をもって自らを任ずることができる尊い一年であった。俺の一生の歴史の一ページ、人類的仕事の一ページをかざるにふさわしい一年であった。中谷勲の日記
大正8年　県下白樺派教師排斥運動起る
大正9年　中谷勲に休職辞令が出る[*1]

大正2年8月　木曽駒ケ岳へ　中箕輪尋常高等小学校（現箕輪中学校）旅行登山　頂上付近で台風に遭遇　山小屋は使用不能下山するが　強風大雨寒波　校長先生高等2年生徒青年会員11人遭難死
防寒着を生徒に着せて背負う　遺志を継ぐ決意を込めて上伊那教育会が『遭難記念碑』を建立する
昭和48年　小説『聖職の碑』（新田次郎）発刊
『子らのために生命を捧げし精神』を意義づける

時代は流れ続ける　潜流はあるのか
軍国政権は占領下へ　経済国政権は邁進する
義務教育は学校現場の苦渋を増す改変が続く
山岳登山をとりやめる学校が増える
令和元年7月　山頂下眺望台地　遭難記念碑前で慰霊
を込め　歌う箕輪中学校二年200余山稜に響く歌声
校歌一　大空高き駒が岳　仙丈が岳おごそかに　かが
　やく姿仰ぎ見る　ああ日本のま中なる　正気に　満
　ちし高原や　われらはここに生まれたり
登り下り徒歩登山　準備周到に　四年ぶりに実現する
見たことのないアルプス景観　弱音を吐く自分　粘り
強い自分　友を思う自分　自分との出会い大きな一歩
「山は偉大な教師である」無事下山　登山隊長校長談
中学校の中核に『学び合いの授業』を　もっと生徒
を信頼し任せ　認め励ます指導に　教師の心が寄る
ふるさと学習3年　2組みのわ祭りへ参加　4組箕
輪町の空き家の清美作業　5組小学校の読み聞かせ
ボランティア　学校活動を通して　自分と向き合う
仲間の関係を築く　社会とのつながりを自覚する[*2]
集団における個々の生徒の心と教師は対話する
木曽駒ケ岳の山頂の天空に響く若き歌声
宇宙生命教育の大いなる潜流が連動している

＊1　南安曇教育会百年史　1988刊行
＊2　箕輪中学校学校だより『真善美』令和元年№5

熊二の墓

酒井　力

上野駅から山手線に乗り換え
日暮里南駅側から降りると
左手に「谷中霊園」の木立が見える

園内で有名な桜並木通りに入り
まっすぐ歩いていく

やがて管理事務所を右に見て
正反対方向にしばらく進み
「徳川慶喜の墓」の看板を右手にやり過ごす
木立が残されて立つ手前の角に
「乙８号５」区画はある

夏　はじめて訪れたとき
汗をかきかき人づてに
ようやく探し当てた場所
〈木村熊二　木村鐙子之墓〉

小さな墓地には
雑草が一段と周辺に繁茂し
横に寝かされた西洋式の墓石に
葉影がゆれていた

手を入れずに
荒れるにまかせた形跡に
胸の痛む思いもしていたが

十二月八日の今日
熊二の墓にお参りをすませ
「徳川慶喜」の巨大な墓の前に佇んでいると
いつの間にか現れた作業員が
流暢に説明を始めた

この徳川家の墓は代々
三代将軍家光が開基した東叡山寛永寺で「天台宗」
明治になって国が宗教を「神道」にしたこともあり
慶喜が死ぬ前に
天皇と同じ古墳形式で葬ってほしいと遺言したという

径一・七m高さ〇・七二mの
玉石畳の基盤の上に葺石円墳状をなす墓
霊園に広大な敷地をもつ権力者の威厳は
大きな木立の下で
子孫の手に守られている

先ほども何人かの若者が
見物に訪れているのを見た

熊二の墓について
作業員の男性に尋ねると
昨年6月頃
「ボード」が立てられていた
墓地管理料を五年間滞納すると
「期日までに納付しない場合は撤去します」
という意味らしい
その後だれかが納入したので
墓の撤去を免れ　しばらくはだいじょうぶ
と彼は安心したように笑った

徳川慶喜　一九一三年十一月二十二日　七六歳
木村熊二　一九二七年二月二十八日　八一歳

どちらも幕末から明治維新へと
国の動乱のなかを一心不乱に駆け抜けた強者たちだ
墓に降りそそぐ光　吹きぬける風は
彼らに　いま
どう沁み渡っているのだろう

アメリカミシガン州の留学先から
派遣宣教師になって帰国し
十六歳の島崎藤村に洗礼を施した木村熊二
「小諸義塾」の塾長を十三年務めた熊二を供養し
小諸では毎年「蓮峰忌」が開かれている

（「火映」28号掲載詩改稿再掲）

長谷川龍生組の事

中原　かな

龍生組に入ったのは二十数年前。組織に生きる私には自分を失いかけていたので、詩へ芸術へ戻ろうと思ったからだ。

初めに会った時、先生は大きな鞄を持って、私の前をゆっくりゆっくり歩いていた。大きな鞄にはきっと書物がいっぱい入っていたのだろう。

先生は雑学家で、詩のほかにも垣根の樹木の話、マスコミの話、米の話、多岐に渡った話をした。中でも高見順賞を取った時、高見順の奥さんは長谷川龍生は嫌いなので、彼にはやるなと言ったのを、自ら夫人を説得して、詩をいっぱい勉強して来たのだとか話をして、賞を貰う事が出来た話は面白かった。自然なアピールはそのまま、朗読好きの長谷川先生に出ている。

先生は朗読会を詩塾生たちと、信州の田舎ど真ん中でやったことがある。そこに岡井隆さんも聞きに来ていた。塾生の人は皆良い人柄であった。楽しい一日であった。

先生はおおらかで仏蘭西風な、ついて行けた。

先生は詩を批判する時はもっと良い音楽を聴け、良い映画を見ろ、良い絵画、触れろと言う。

巧い指導である。また、俳句や短歌をやれと勧めた。私は十数年も詩を書いていなかったので詩が書けなくなっていた。以前は毎日のように書いていたのだ。錆びついた詩の箱はなかなか開けられなかった。詩人の白井さんに相談したら、青年時代を書けと言われた。そしてその通り思い出しながら書いて、一冊の詩集が出来上がるまでになった。白井さんは装わず偽らず原点のような詩を書く人だ。私は先生の詩は組織を生きる者の鬩《せめ》ぎ合い圧力と逼迫、スポイル、その苦悩などが共鳴できた。だが組織人には時には心の安らぐ詩、解放される詩が必要であった。それが白井さんの詩であった。魂の解放の拠点だ。

長谷川先生と塾の面々に会うことが私を組織で生きさせてくれた。上司は反対意見を言うお前を潰すのは簡単だが可愛いから潰さないでやる、これが組織の長の言葉である。

長谷川組は別世界、生かし生かされる世界だ。組織の成員を潰す世界と大違い。何とかかんとか組織を自分を壊さずに卒業できた。また、先生は詩人たちに遠くを打てと言っていたそうだ。賞は縁ある詩人や集い来る弟子ではなく、縁もゆかりもない人に与えよ、と。その通りに実践した。なかなかの居士。

長谷川先生とその部屋の弟子たちに乾杯。

詩

Ⅲ

啓蟄

鳴き声が違います。
そう思っていたら
あいさつをかわしていたのです。
枯草の中で。
土の中から出て来たので。
今日は啓蟄だったのです。
忘れていました。

カメムシ

カメムシよ。
おまえのにおいには
まいったよ。
臭くて　臭くて

根本　昌幸

アブラゼミ

GGGGG
GGGGG

向こうでも。
こちらでも。

GGGGG

英語で
鳴いている。

GGGG
GGGG

ぴたりと
鳴きやんだと思ったら。
おしっこをして
どこかへ
とんでいった。

小さな事件

暗闇の中で
小さな叫び声を聞いた。
その声を聞いたのは私だけだ。

小さな虫を
ふみつぶした。
私だけ。

クマゼミ

熊になんか
にてないもん。

ハルゼミ

春になんて
鳴かないよ。

虫と人と

年老いた虫が歩いている。
年老いた人が歩いている。
どちらも似ているなあ。

銀の小匙（4）蟻のお話

水崎　野里子

〈蟻1〉
あたし　ありんこ
ちっちゃな蟻よ
こまこま歩く　赤茶の一族
踏まないでね　ちっちゃな命
あんたの　ブローチ　あたしどう？

〈蟻2〉
人間よ！そこどけ　そこどけ
蟻んこ通る！
俺たちゃ　働き蟻さ　覚えとけ！
みんなで餌運ぶ　お砂糖かけら
やっとこ　やっとこ　列作り

〈蟻3〉
オメエの泥靴で
俺たちの穴をふさぐな！
穴は巨大な地下室　入口さ
食糧貯蔵庫　俺たちゃ護る！
俺たち別名　兵隊蟻さ

〈蟻4〉
あたし　女王蟻
あんた知ってる？あたしのことを
蟻たち増やす　偉大な母性
あたしいじめると　オス蟻怒る
それっ！みんなであんたに喰らい付く

〈蟻5〉
あたしは白いの　シロアリよ
人間家屋の　縁の下　柱に棲み着き
木屑を食べる　元気なときは
みんなで輪ダンス　煙みたいに
ぐるぐる飛ぶの　人間おうちはすぐに崩壊

〈蟻6〉
俺たち　ヒアリ　毒アリさ
南米生まれで　船の荷物に乗って来た
ニホンに上陸　日本の蟻たち　食ってやる
俺たち　体は　オレンジ色さ　火の色さ
かっかと燃える　敵意の色さ

あっ　あっ　ありあり　り〜〜〜
おれたちゃ　ありさま　ありがたい

羽のない虫

座馬　寛彦

寝室のレースのカーテンに
ちいさなちいさな羽のない虫
影と見紛うほどに透きとおり
今にも消えてしまいそう
少年は徐ろに
ティッシュを二枚重ね持ち
息を殺す
すばやく虫を覆い　つぶす
おどけるように揺れるカーテン
手をのける
虫がまだ　いる　いや
眼を凝らせば　影
虫そっくりにうずくまる影
ティッシュを開く
が　骸はない
こびりついている黒い粉末
影の鱗粉
何を殺したか　少年はまだ気づいていない

真夜の雨音

押し黙る屋根屋根を
身を竦めるアスファルトを
雨粒が
あまねく
ひとしく
やさしく
打つ
ひちぱち
弾ける音の破片
その堆積に満たされる間隙
闇で匿われた部屋に
溶けていた輪郭が
靄のようにゆっくりと
現れてくる

春の陰り

懸田　冬陽

なにもない夜が
袖を振っては消えていく
白化する月にぶら下がった
薄幸の佳人も消えていく
それは確かな春の陰りだ

なにもない悲しみが
裸足で独り歩きする
五月へ引かれた白線上で
蝿のたかる死骸を轢いている
それは確かな春の陰りだ

なにもない季節の虚《うろ》が
夜の思考を曇らせる
落とし込まれた春の印象は
くぐもった声を引き連れて
やがて黎明の空へ

不確定要素に絡まって
哀れに溺れた僕の心
何もないひとの内
それは確かな春の陰りだ

春霖

逃げ出した雨が頬を流れて
なにかを攫っていくように
それは酷い有様だった
季節の通り道に
同期する夜の亀裂が
憂鬱を落とし込んで
軒下の淡い緑が憂えている

黒く沈んだ夜の道を
心もとない街灯を標に
晴夜を失くした悲しみがいく
区画された天井は
まだら模様に波打って
切妻に腰かけた男女が
点描画を描くでしょう

ある沈黙の夜には
言葉もない恋人たちが
淡い影に繋がれて
次第に薄れて離れていく
僕は指を折りながら
悲しみを数えてやまない

雨は色々の飛沫をあげて
落ちた様々の影が
ゆれている　ゆれている
ただそれだけのことが
すべて夜のなかに
雨のなかに

桜の蕾が膨らむころに

ずっと

高田　一葉

海に浸した太筆で
今見たのと同じだけの
水平線を引きたい

肩にしたバイオリンで
今聞き取っただけの風の歌を
奏でたい

言葉を詰めた心で
今降り注ぐ光の記憶を
読んでみたい

私の今この時に手を伸ばす
差し出されたガラガラに手を伸ばした
私の先っぽのあの頃からずっと

ひなた

ひなたを見てる
じいっと見てる
ゆりかごにいるあなたが見てる
ひなたに浮かぶ
風が揺らす風の影

ひなたを背にした私から
母さんの母さんの母さんたちが
ぷくぷく昇る
握って放すあなたの手

見ているあなた
見ている私
本当のことは分からなくても
多分それは大切なこと

あなたが笑う
あなたは見てる
ひなたの奥へ
浮いてく時を

生命《いのち》の約束

佐々木　淑子

生命にはすべて　約束がある
共に生きるための　美しい約束
私を流れる　血潮の中に
生命が生まれた　太古の海がある
何億年も　受けつがれてきた
共に生きるための　美しい約束

生命にはすべて　約束がある
共に生きるための　美しい約束
あなたの胸の　鼓動の中に
生命を育てた　太古の森がある
何億年も　育まれてきた
共に生きるための　美しい約束

人々よ　今こそ
美しい生命の約束に
目覚めよ
私を流れる　豊かな血潮が
瀕死の魚《さかな》の涙に　届くように
あなたの胸の　鼓動が
傷ついた大地の　芽吹きとなるように
人々よ　今こそ
美しい生命の約束のために
立ち上がれ

＊曲となり、歌われることを前提として書かれた詩。
作曲家安藤由布樹氏によって作曲され、前奏に
モーツァルトのソナタK３３１が組み込まれた。

ハクエイ・キム氏のピアノ演奏に寄せて〜二篇〜

琴　天音《あまね》

夜に目覚める海

CD [Conversations in Paris]
二〇一八年・パリでの即興演奏
ハクエイ・キム：ピアノ／グザヴィエ・デサンドル・ナヴァル：パーカッション

雲一つないのに　星一つ輝かない宙《そら》
の下に横たわる青墨《あおずみ》色の海
のさざ波に散りばめられた光が
集まりうねり輝きを増す
星の光を食べていたのは夜光虫だ

雲が垂れ込めた宙
の下に広がる夜の海
の中では　マリンスノーが降りしきる
それは〝生まれ来るはずだったものたち〟のため息だ

「生きるってどんなことですか?」

「生きるってどんなこと?」

「生きるってどんな?」

「生きるって?」

雲とともに湧きあがり
山々を超え　大地を這い
いま　夜の海に唸る風は
〝だれからも顧みられなかったものたち〟の歌だ

「オレはどこに帰ったらいいんだろう?」

「オレはどこに帰ったらいいんだ?」

「オレはどこに帰ったら?」

「どこに帰ったら?」

「帰るってどういうことですか」
〝生まれ来るはずだったものたち〟の問いは
途切れることがない
マリンスノーは海底へと降りしきる
そこが帰る場所のように

雲の幕は上がり
風は止み
〝だれにも顧みられなかったものたち〟の歌は……
消えた

水平線では
星が海に落ち
光る波が宙に触れた

たわむれ

二〇一九年一〇月六日・カモシタ酒店のライブにて
佐藤達哉：サックス ＆ ハクエイ・キム：ピアノ

肺から送り出され
磨かれた真鍮の管から生まれた風は
ときに　大空を吹きわたり
ときに　森をさまよい
鍵盤の湖を　波立たせる

白き湖上にて
波と風にたわむれる指は
光を呼ぶ

沖縄を愛する約200名による 短歌、俳句、詩などを収録！

沖縄詩歌集
～琉球・奄美の風～

編＝鈴木比佐雄・佐相憲一・座馬寛彦・鈴木光影
A5判320頁・並製本・1,800円

「おもろさうし」を生んだ琉球国の民衆や、琉球弧の島々の苦難に満ちた暮らしや誇り高い文化が想起され、今も神話が息づく沖縄の魂を感受し多彩な手法で表現されている。（鈴木比佐雄「解説文」より）

参加者一覧

序章　沖縄の歴史的詩篇——大いなる、わなゝきぞ
末吉安持　世礼国男　山之口貘　佐藤惣之助　泉芳朗　牧港篤三　新川明
一章　短歌・琉歌——碧のまぼろし
平敷屋朝敏　恩納なべ　折口信夫　謝花秀子　馬場あき子　平山良明　玉城洋子　道浦母都子　吉川宏志　影山美智子
新城貞夫　田島涼子　伊勢谷伍朗　有村ミカ子　島袋敏子　松村由利子　奥山恵　光森裕樹　座馬寛彦
二章　俳句——世果報（ゆがふう）来い
金子兜太　沢木欣一　篠原鳳作　杉田久女　細見綾子　野ざらし延男　平敷武蕉　おおしろ建　宮坂静生　夏石番矢
長谷川櫂　前田貴美子　宮島虎男　石田慶子　垣花和　飯田史朗　鎌倉佐弓　牧野信子　大森慶子　島袋時子　上間紘三
前原啓子　平敷とし　神矢みさ　柴田康子　玉城秀子　武良竜彦　南島泰生　太田幸子　大河原政夫　福田淑女　たいら淳子
上江洲園枝　大久保志遼　山城発子　栗坪和子　おおしろ房　山崎祐子　本成美和子　翁長園子　市川綿帽子　大城さやか
鈴木ミレイ　鈴木光影
三章　詩——魂呼ばい
佐々木薫　真久田正　伊良波盛男　宮城松隆　あさとえいこ　大城貞俊　久貝清次　玉木一兵　柴田三吉　砂川哲雄
ローゼル川田　うえじょう晶　植木信子　かわかみまさと　淺山泰美　若宮明彦　鈴木小すみれ
四章　詩——宮古諸島・八重山諸島、宮古島、石垣島、竹富島…
速水晃　飽浦敏　下地ヒロユキ　小松弘愛　和田文雄　金田久璋　垣花恵子　伊藤眞司　山口修　溝呂木信子
ワシオ・トシヒコ　高橋憲三　小田切敬子　見上司　鈴木比佐雄
五章　詩——奄美諸島、奄美大島、沖永良部島…
ムイ・フユキ　田上悦子　郡山直　秋野かよ子　福島純子　酒木裕次郎　神原芳之　北畑光男　永山絹枝　宮武よし子
萩尾滋　米村晋
六章　詩——ひめゆり学徒隊・ガマへの鎮魂
太田博　三谷晃一　星野博　金野清人　秋山泰則　石川逸子　堀場清子　小島昭男　森三紗　若松丈太郎　阿形蓉子
佐々木淑子　秋田高敏　岡田忠昭　東梅洋子　佐藤勝太　森田和美　山田由紀乃
七章　詩——琉球・怒りの記憶
八重洋一郎　中里友豪　知念ウシ　原詩夏至　佐藤文夫　城侑　くにさだきみ　山本聖子　川奈静　吉村悟一　川満信一
鈴木文子　村尾イミ子
八章　詩——辺野古・人間の鎖
神谷毅　宮城隆尋　赤木三郎　こまつかん　青山晴江　三浦千賀子　杉本一男　原圭治　宇宿一成　坂本梧朗　草倉哲夫
近藤八重子　和田攻　桜井道子　石川啓　高柴三聞　舟山雅通
九章　詩——ヤンバルの森・高江と本土米軍基地
新城兵一　坂田トヨ子　青木春菜　日野笙子　宮本勝夫　館林明子　林田悠来　洲史　名古きよえ　田島廣子　末次流布
猪野睦　絹川早苗　黛元男　長津功三良　大塚史朗
十章　詩——沖縄の友、沖縄文化への想い
与那覇けい子　山口賢　伊藤眞理子　ひおきとしこ　池田洋一　井上摩耶　酒井力　小山修一　結城文　二階堂晃子
古城いつも　大塚菜生　堀江雄三郎　植田文隆　青木善保　あたるしましょうご中島省吾　岸本嘉名男
十一章　詩——大事なこと、いくさを知らぬ星たち
中正敏　松原敏夫　呉屋比呂志　佐相憲一　小丸　橘まゆ　星乃真呂夢　矢口以文　日高のぼる　根本昌幸　大崎二郎

詩

Ⅳ

散文詩　月とオリオン

宮川　達二

夕暮れの新宿歌舞伎町、高層ビル十七階の居酒屋。建ち並ぶビルの背後の西の空が赤く染まる頃、三年ぶりに日本に住むアメリカ人の友と会った。東京で初めて出会って以来十年、九州宮崎に住む詩人。ビル群に遮られ、富士山のシルエットは見えない。

話は、詩人イエーツから漱石、芭蕉へと及ぶ。打てば響くひさしぶりの文学談義。彼の日本語は流暢で、ますます磨きがかかった。ふと、闇が深まった西の空を見るとビルの上に細い刀のような三日月が浮かぶ。大都会の人工的な光とざわめき、静謐と漆黒の宇宙。

二十一世紀、夜の新宿の雑踏。いまだ若さを残した雰囲気を持つ友との別れ。彼と握手すると、大きな手から体温が伝わる。昭和の雰囲気を残す「思い出横丁」を歩く。一九七〇年、新宿に初めて降り立った十代の終わり。半世紀の歳月。当時、新宿に高層ビルは一つもない。安保闘争、新宿騒乱、大学紛争、ヴェトナム戦争。作家三島由紀夫が、自衛隊市ヶ谷駐屯地で割腹自殺した頃。錯綜する時代にあった私の青春の日々。

二時間後、横須賀線とバスを乗り継ぎ鎌倉の桔梗山へたどり着く。終点に降り立つと、森の中から金木犀の香りが匂い立つ。見上げると、山の稜線の上に三日月が見える。都会でも田舎でも同じように月は昇る。

遥か北方に、中央に三つ星が並ぶオリオン座が横たわる。冬を象徴する星。狩人が死後天に昇って星となったというギリシャ神話。果てなき空間を永遠に回り続けるオリオン。

今年、シカゴに住む八十五歳の父を失ったばかりという友、彼は光が眩い新宿のホテルで眠りに就いた頃だろう。夕方眼にした林立するビル群の夜空に、いまだ月は青白く光り、オリオンは七つの星の輝きを放っているだろうか。

オリンピックイヤー

みうら　ひろこ

東京オリンピックの年が明けた
開催に乗り気ではなかったのだが
少しづつ気持ちが軟化してきた
新聞やテレビで
オリンピックを目指す
若きアスリート達が報道されると
心から応援せずにはおれなくなった
そして素晴らしい事に
聖火を運ぶトーチが
東日本大震災で被災した人達に提供された
仮設住宅の廃材を再利用したという
いかにも日本的な「もったいない」精神
マザーテレサがかつて日本を訪問したさい
新幹線の中で使い捨ての
紙のティーカップをもったいないと
大切にカバンにしまったという
古い報道があった事を覚えている
「もったいない」
日本人はそれで気づかされた人も多いときく
ところで選手村のあとはどうなるの
義弟の画廊の建物が
選手村になるために移転させられたから
一寸気になってしまう
それよりオリンピック関連の施設建設で
東京に流れて行った建設関係者達が
再び東北に戻って来てくれる事を
大いに期待せずにはおれない
おいでよ東北・おいでよ福島

最期の満月　２０１２

石川　樹林

「私は死ぬのでしょ。何も心配していない。」
母の気遣いの声が部屋に響きます
死を支える　小さな家族と誰かの力

その日、私は家族から離れていきました
最初の雨　止んでない雨　恐怖の雨・・
3・11からの日々　今と未来への自問自答
職場で回ってくる呼びかけの一枚
仕事と家族介護だけでも一杯・・
あなたが今、飛ぶ必要があるの・・
でも　残る小さな責任の心臓　足を向かわせます
何万の中の一人　無力ではないと　言い聞かせながら
この時間に　母の命を奪わないで下さいと　祈りながら

真夏の夜　天を久々に見れば・・満月が白く降りてきました
「お世話になりました」と凛とした静かな言葉
三日後　人生も肉体も全てコントロールするかのように
死の法則を美しく受け止め・・・命が消えました・・
二本棒の手編みが大好きで　その世界を極めた母
私に受け継ぐことを期待せず　家族から離れた私でさえ
「あなたの個性よ」と認める母
今も　私の全ての日を　手編みの温かさで包み込んでいます
最期の満月　太陽は月を照らし　今もなお消えていません

あなたは　くにたち

夜の大学通り　フランスの街路灯に照らされて
ここを歩けば暗い夜も明けていく予感
むかし　初めて　住みたい街にやってきた

朝は中央線で出勤　早番　遅番　夜勤
誰かを支援するのが仕事

帰り道　管理職に突然あなたのことを聞かれた
「インテリですよね～」と冷ややかに言われた
あなたへの勤務評定のよう
私は明るく「インテリですよね！」と尊敬を込めて言い換えた

お休みは大学通りの喫茶店にいくのもいい
お気に入りは、今は閉店の「ひょうたん島」
夏はアイスカフェオレ　冬は温かい紅茶とビスケット
大きな木のカウンターとコーヒーの香り

本棚の詩集を読みながら過ごした日々
詩の本を　言葉を　文化を　大切な人たちを
リレーのようにつなげてくれた今は亡きオーナーの星野さん

どんなに悲しいときも　どんなに世界が泣いていても
「賢くならなくてはいけないと思うのよ」と言葉を失わなかった人

あなたの「賢くあれ」という空にむかう言葉
あなたの「インテリですよね〜」という言葉
似ているような言葉なのに　世界を分けてしまいそう

わたしは　あなたをどう伝えましょう
あなたは　大学通りを海にして　マストをたてる　美しい桜吹雪さん？
あなたは　大学通りを悠然と横切る　一橋大出身のガマガエルさん？

それも私の中の　美しくてひたむきなあなた

まだまだ　あなたはたくさんいる
あなたは　喫茶店で文化を広げ、町の人をつなげる賢いインテリさん
あなたは　小さい悲しみにも　大きな悲しみにも　向き合える優しい詩人さん
あなたは　鉄道にのって　言葉を広げていく詩人さん
　飛行機にものってヨーロッパにもアジアにも　世界を歩く詩人さん
あなたは　私と出会い　また遠く離れ　またここへ戻ってくる

ここは　私とあなたをつなげてくれた場所
ここは　あなたの言葉を聞きたくなる場所
挑戦しながら　おじけづきながら　次の風景をみたくなる場所
あなたと私　それぞれの風景と　言葉　小さな歩みが　ここで重なっていく
地球の上のたった　8，15平方キロメートルのつながり

あなたの名前は　くにたち
私の中の小さくて大きな　国立

殺人者のことばから

山﨑　夏代

殺人犯の言葉だ。
『懲役で有期刑になれば退所後必ず人を殺します。無期刑になれば出所しないよう全力を尽くします。死刑になるかも知れないと弁護士にいわれ、怯えています』。

生まれたとき　死を背負っている
執行日はわからない
生きる日々　死を考えはしない
無限に広がる世界を夢見て
自由を　叫ぶ
平安を求める

自由？　それはなんだ？
平安？　自由とどのように両立するのだ？

絡み付く日常の細々した　事　物
粘り着きしがみつき　突然に消えうせる時間
縛り上げてくる　他者の感情
食わねばならぬ　着なければならぬ　帰るに家が必要
時事刻々　渦巻く濁流を掻きわけて
喘ぎの淵から　わたしよ　お前の求めるものは
何だ？

お前が　お前である
その　在り方とは　何だ？
人間とは　何だ？
生きるとは　何だ？

求めることを　やめる
考えることを　やめる
感じることを　やめる

洞窟に閉じこもった魚のように
ひたすらに身の安泰を願い
口の前を掠っていこうとする小さな生き物を食う
弛緩した時間に身をゆだね
生を思わない　死を思わない

わたしには、分かるのだ。殺人犯の安寧《あんねい》への願いが。
命令されてそのままに動く心地よさを求める心が。
人を殺した？　彼にとって人は人間ではなかった。
わたしにも分かるのだ。
人とは無意味。無意味の風景。
彼は彼の洞窟に閉じこもりたかった。
人とはその手段。洞窟の前をよぎる微生物の幻影。

泥沼のなかでわたしは喘ぎ続けている
生きるとは何だ？
わたしがわたしであるという
その確かな証しは何だ？
求め続けていた自由とは何だ？

夥しいクレッションの渦の中で
絡み合う日常の茶飯事の中で
そしてわたしは
死刑執行の日が音を立てて近づくのを聞きながら
なお　叫ばずにはいられないのだ
自由を　われとわがこころの自由を
それが　何か　どのようなものかも
わからぬままに
わたしには　安らぎはない
安らぎをほしがる気持ちはよく分かる
だが　わたしには不要だ
叫び続け　喘ぎ続けたままに
死刑執行の日に臨むだろう

外界を遮断したい。己の安泰を図るために一切の煩いを切り離したい。閉じこもる精神。
それは殺人者だけのものではない。いまこの国に蔓延する官僚たちの精神だって同じだ。命令に従い命令のまま、行動すれば安心。他者は道具。自由だとか得たいの知れぬものを求めることは不要だ。生きるとは絶対の安心を得ること。閉じこもる精神。閉じこもる官僚。閉じこもる国家。

不安を　こそ
怯えを　こそ

死への脅えがあるならば、この殺人者には、人間としての形骸は保たれている。形骸だけだが。わたしは疑問なのである。わたし自身は人間としての形骸さえもいつまで保てるか。死刑執行人の目を盗んで、わたしはわたし自身とどこまで戦えるか。

沖縄　再訪

外村　文象

昭和六十三年夏
銀婚式の記念旅行で沖縄へ
水族館の素晴らしさが記憶にある
久米島にも行った

妻は二年後の秋に逝去
脳腫瘍で五十歳の早逝

沖縄を再訪したいという思いは
ずっと持ち続けていた
今回は会社のＯＢ会で
五十名が参加しての
沖縄二泊三日の旅
およそ三十年ぶりの再訪

神戸空港からの出発
神戸空港は今回が初めて
琉球村　古い時代の村が
今も保存されている
カヌチャベイイホテルに宿泊
広大なリゾートホテル
ゴルフ場も併設されている

夕食はクラブハウスで広東料理
泡盛の水割りを飲む

美ら海水族館には
大小さまざまな魚が泳いでいる
イルカショーを観る
よく訓練されていて見事な演技
名護のお菓子御殿で昼食
その後万座毛《まんざもう》に立寄る

この日の夜は
ロワジールホテル那覇に宿泊
夕食は街に出て
「味と踊りの竜宮城うらしま」で
琉球の古い踊りを見ながらの食事

首里城見学
十月三十一日に首里城は焼失した
朱礼の門は健在　歓会門《かんかいもん》まで入れた
早くも再建への機運が見られる
平和の礎　摩文仁《まぶに》の丘を見学

私は小型バスに乗って巡った
優美館で昼食
ひめゆりの塔
ひめゆり平和祈念資料館を見学
修学旅行の生徒の姿も多く見られた

一九四五年三月二十五日深夜
沖縄師範学校女子部と
県立第一高等女学校の生徒
二二二人と教師十八人は
南風原《はえばる》の沖縄陸軍病院に配属され
一九四五年四月一日には
米軍は沖縄本島中部西海岸に上陸
米軍の南下に従い日本軍の死傷者が激増
学徒たちは後送されてくる負傷兵の
看護や水汲み　飯上げ　死体埋葬に追われた

五月下旬米軍の迫る中
学徒たちは日本軍とともに
陸軍病院を出て　本島南端部に向った
移動先の安静もつかの間
激しい砲爆撃の続く中で六月十八日
学徒たちは突然の「解散命令」に絶望し
米軍が包囲する戦場を逃げ惑い
ある者は砲弾で　ある者はガス弾で
そしてある者は自ら手榴弾で
命を失った

陸軍病院に動員された教師　学徒二四〇人中
一三六人　在地部隊その他で九十一人が死亡
持久作戦　根こそぎ動員は十二万人余
沖縄住民の犠牲をうんだ
沖縄の悲劇が改めて身に沁みる

ユーカリの町

秋野　かよ子

坂道の砂地の丘に　小学校へ行く高台にも
この町には大きなユーカリの木があった
樹の皮はホロホロとベージュ色
カサカサ剥けて木々が鳴く

薄緑の葉が揺れ
辺りの空気を白っぽく囲んでいた
「臭いよ　触ったらあかん」
葉を千切ると独特の匂いがした
「油や。軍用機の油に使こたんよし」と
子ども心に「木が油になる」と・・

電車道がなくなり道路が拡がり
電化製品が多くなると
ユーカリの木は油に変わることもなく
伐られていった

あの一帯は練兵場跡地
跡地に学校がたくさん建てられた
校庭にはユーカリの木が数多く並んでいた
学校の改築の度に木は伐られていく
一本だけ
人間の行いを忘れないように
謂れの大木を残していた

門の前で薄緑の葉と
ホロホロの表皮は太く動じず
学校文集の表題は
昔から今も「ユーカリ」だった

ある時
そのユーカリの大木がなくなっていた
あの木は青空で葉がそよぐ日と
木も人も家も炎で焼かれていく嵐を知っている
愚かな人間と町の光を見続けていただろう
かつて　この木の足元に招集された
幾千もの若者の背を見ていた
汗と恐怖に堪え
むせぶ涙を根が吸うた
最後は子どもたちの場所になり
過去の記憶を伐られていった

わたしの心の古里に
あのユーカリの丘から白い風が吹いてくる
何度も吹き返す
幻の白い音

藤谷　恵一郎

核兵器

核兵器は夢見ている
三度四度使われることを
核兵器は夢見ている
使われやすく進化することを
核兵器は夢見ている
次世代三世代目と繁栄することを
核兵器は夢見ている
人間を支配することを
核兵器は夢見ている
核兵器が閃光とともに降臨する祭壇を
人間が設営することを

A子ちゃんとAくんと

A子ちゃんの頭上の空に
核兵器の脅威がなければ
A子ちゃんの黒い瞳は
もっとやさしく潤っているだろう
Aくんの心に
核兵器の論理が侵入しなければ
Aくんの瞳は
もっと青く輝いているだろう
核兵器を保有する国家がなければ
地球はもっと神秘を見せてくれるだろう
世界はもっと行動のエネルギーとなる希望を与えてくれるだろう
世界の街々に核兵器の論理が影を落とさなければ
さらに多くのA子ちゃんとAくんは
手をつなぎ
世界の困難に立ち向かうだろう
世界の難問に答えを見つけていくだろう
青空いっぱいに響く歌を
海いっぱいに響く歌を
大地いっぱいに広がる歌を歌うだろう
喜びとして

大切なあなたへ送るメッセージ

堀田　京子

晩秋の夕暮れ　カラスもねぐらに急いでいます
木々は葉を落とし白い季節がやってきました
星が煌めき　一輪の真紅のバラが北風に揺れています
やがてはすべてに別れを告げて
遥かな旅に出る日が来るのです

人は幸せになるために生まれてきたと言う
確かに人生は楽しむためにある
白いキャンバスに　あるがままの自分の絵を描いてください
寂しくて辛くてどうしようもない時は
自分で自分を抱きしめてあげてください
平凡な日々の暮らしの中にある幸せを見つけてください
名もなく貧しく美しい道には　宝石がちりばめられています
人生は冒険　運は自分で開くもの
出会いを大切に　自分と向き合ってください

わたしも年をとりました
いつの間にか過ぎ去ったささやかな私の人生
今はただ幸せです　それでもなぜだか涙が止まらない
足腰が弱り目も見えづらくなってきたこの頃
やがて耳も不自由に
入れ歯の手入れをしたり鼻水やよだれが出て
見苦しいかもしれません
トイレにも行けなくなったら
ちょっとでいい　手を貸してください
もしも粗相をしても笑わないでください
丸くなった背中に手を添えて下さい
たとえあなたのことが分からなくなったとしても
見捨てないでください
やがて私は弱り
寝返りを打つこともできなくなる日が来るだろう
その時は　あなたのその手を差し伸べてほしい
大好きなご飯が食べられなくなり
小さくなった私を見て泣かないでください
永い間歩き続け細くなった二本の足
行きたいところへは行ってきた
永い間働き続け節くれだった私の両手
やりたいことはやってきた
心の決めたままに生きてきた
やり残したこともないわけではないが　後悔はしない
人生は素晴らしい　生れてきたこと　出合った人々
今はすべてにありがとう
わたしの命の最後の日に　静かに手をつないで送ってほしい
手をとりあえば一瞬にして
あなたの生まれた日のことが蘇るでしょう
語りつくせないあなたとの愛おしき日々の追憶
いつも私の傍にいてくれてありがとう

あなたのことをずっと愛しています

指おり数えて（老いること・生きること）

健康の秘訣（1・10・100・1000・10000の実行）
一　毎朝コップ一杯の水を　飲み
十　一日に十人と　話す
百　毎日百文字　書いて
千　声を出して千文字　読む
万　一日一万歩めざして散歩する
おてんとさんもご機嫌だ
ぴんぴんころり地蔵様　にっこり笑ってござるかな

一度しかない人生　元気で長生き
一生青春　学び　楽しむ人生を
年齢を重ね心は豊かになって行く
半面体力的には衰えつつある
そんな自分へ励ましの言葉を
風呂につかりながら一日を振り返る
そして嬉しかったことを数えてみよう
五つあったら合格だ
一つ　御飯がとてもうまかった！
二つ　名残のバラの花を見た
三つ　掘り出し物をゲット！
四つ　ステキな歌声に感動！
五つ　夕日に映える富士の山！
夜空じゃ月が笑うだろ
たわいもない日常の喜びに足るを知る
楽しみ方は生き方　笑いは百薬
※挿絵はポルトガルの幸せを運ぶ鳥です

解説

鳴海は興安領での戦闘で、負傷した若い日本兵を肩に背負って白旗を掲げ、ロシア軍に投降する。それから鳴海はシベリアへ送られ、収容所生活をする。その中には楽しいこともあった。たくましいロシアのおばあちゃんたちとの水浴びの詩。前号で訳した。そのあとに時間は逆行し、再び＜位置がわからない＞中国のどこかでの出来事に戻った。

本詩を選んだのは、パラパラと頁をめくっていたらたまたまこの詩に出会ったということに尽きるが、内容が仲間の日本兵（既に顎を撃ち砕かれている）の自決に言及していること、鳴海が彼に＜正当な自決の方法＞を教え、彼が自分でうまく自決できなかったら鳴海が助けてやる（＝自決の介助）という、おそらくは長の＜戦後期間＞には積極的には触れることを遠慮されてきた外地での残留日本兵士の自決という歴史的なる事実をおおっぴらに公開しているからである。八月六日であり八月十五日ではなかったのか?というのは私のあどけない最初の驚きであったが、一方では玉音放送の前に、ヒロシマに原爆投下（新型爆弾投下と父は言っていた）、すなわち日本の敗戦の予知は既に中国にいた残留日本兵に早くも伝わっていたようである。これは新知識であった。ここに至ってもいまだ満州の日本軍は情報収集を続けていられたようだという私の無知なる驚きではあった。伝達方法もまだ断ち切られてはいない。次に八月九日の長崎原爆があり、やがて八月十五日の昭和天皇のポッダム宣言受諾の玉音放送、いわゆる＜無条件降伏＞のラジオ放送があるはずで、これを聞いて多くの外地残留の日本兵は、本土の＜銃後＞の日本人を含めて自決した。これは既に報告されている。もうひとつ私のあどけない驚きがある。終戦前後の日本兵と日本内地の＜銃後＞の日本人の自決は、これまで日本刀での（切腹）形式であったと、私は思っていた。だが、鳴海がユーラシア大陸のどこかわからない地で無名の日本兵士に教えたのは銃での自決方法であった。あら?ハイカラだとは、私の素直な告白である。そう言えば、鳴海は日本刀より銃を愛し、自分の命を保護(＝正当防衛)することを知っていた。

したがって、本詩に登場する負傷した日本兵の自決決行は彼等の先駆であり、少し早いのではないか?と私は思うが、理由は、彼は顎を既に砕かれ（どういう風にいつ砕かれたのかは詳細には書かれていない）ていて、おそらくはもう当時食事は無理で水を飲むしかなかったのではないか?との推量である。だが食事と言っても部隊の所持する米粒は一日一粒という他詩での鳴海の報告もあり、木の実や草の実、あるいは草自身や根や強奪（略奪）が食事?であり、水に関しては、河の水は赤黄色に濁っている。正当な

鳴海英吉の詩と英訳（続・４）
Poems of Eikichi Narumi and the ENGLISH　TRANSLATION with an Essay (4)

水崎　野里子
Noriko Mizusaki

草原

八月六日　おれの位置は
　どこなのだろう
めまいする　草いきれ
遠くに黄赤色の　河が見える
それだけを　覚えている

もう死なせてくれと　言うが "
それは　おまえの勝手
何か言い残す事は　ないのか
砕かれた顎を　横に振った
そうか死ぬのか　だが恥ずかしそうに
体をよじって　死ぬな

五発の実包を
一発だけを　弾倉から抜く
何の真似だと　聞かれたが
黙って一発を　銃にゆっくり装填する
引金に紐を結び　足で引く
これが　自決の作法
出来なければ　おれが　殺す

河の向こうから　灰白色の雲がくずれ
一瞬の真昼の顔が　おれを叩く
細い葦のようなものの　血の中にいた

その位置は　中国のどこか知らない
遠くで黄赤色の　河が見えた

Steppe　by Eikichi Narumi

On the August 6th I wonder
Where I was located?
I felt so dizzy smelling the grass
Far beyond I saw the yellow red river
They are all I remember now

"Let me die now" said one Japanese soldier
"It should be up to you: you can die yet
Do not you have any messages to leave?"
He shook his broken jaw for NO sign
"Yes I see you want to die but I ask you
You must not die twisting yourself
as if you were ashamed"

I gave him five bullets and then
I took one out from the cylinder of his gun
He asked me what I wanted to do yet
Silent I slowly loaded it into my gun
"Tie a cord to the trigger and pull it with
your foot
This is the manners for our suicides
If you could not make it I can kill you"

From across the river gray white clouds
Started breaking apart
A face of the high noon beat me instantly
I stood in the blood like some thin reed

I have no idea on the location in China
Far beyond I saw just the yellow red river

を予知していた。すなわちロシア語をかなり理解していたということである。生前の遠山さんと私の縁は、同じ同人誌に複数属していたこともあり強いが、いつもひょうひょうとしていて、名声を好まずおごらずの地味な詩人、生前を回顧しつつ、前をずかずかと歩いてしまう失礼も私はやってのけたのでは?というお侘びもある。

終戦直前、あるいは八月十五日以降の、各地での残留日本兵の運命・残留日本人の引き揚げの歴史と現状はきわめて悲惨であった。中には運よく帰還した人もいるが、帰れば帰るで、のちに自殺したり、一生病院入りの苦難もあった。一方、遠山さんのようにたくましくひょうひょうと生きた人もいた。遠山さんはハルピンの電信局の電信員として日本の敗戦を予知したあと、ロシアの捕虜にはならずに逃げ出して中国各地を転々と歩いたようであるが、その途中で八路軍に入った。スパイ容疑で殺されそうになったが危機一髪で助かり無事に日本に帰還した。おそらくは日本人であることが露呈したのであろう。だが助かった。あるいは逆情報官としての彼の力量を中国側は評価したのかもしれないが、彼はかつて石巻の新日鉄に旋盤工として勤務していたこともある。八路軍はフランチャイズ運動(=解放軍)であった。＜日帝＞から民衆を助ける戦線であった。戦争に駆り出されて新型爆弾で決着を付けられる敗北の日本の犠牲者としての＜民衆労働者＞を、中国は助けた。とすれば見事!これにはいつか御礼申し上げましょう。あるいは・・・新日鉄の名がモノを言ったとすると・・・さすがは中国だ。

遠山さんも含めて引揚げ文学やロシアの戦争捕虜の帰還詩の英訳や調査に携わっていて気の付いたことがひとつある。苦難は経ているだろうが生き残って日本に帰還した人々は、民衆兵士も含めてほとんどみな語学が出来る。したがって情報のキャッチと、意思の伝達が敵・相手に可能だった。だが、いろいろあったようだ。諜報員として中国軍に中国兵として変装して入ったが、顔を日本式に手でタテに動かして洗い、日本兵であることが露呈して捉えられた。これは父から聞いた話である。遠山さんを助けたのは、庶民性と誠実さ、そして耳の良さ、すなわち、ずば抜けた語学力だろう。

私は総じて、日本もかなり、少なくとも三か国語の諜報活動はまともにやっていたなという認識がある。英語はしゃべれませんと今でも多くの日本人は言う。だがしゃべれるのです、これは戦争中からの日本人の慣習なのです、なぜなら敵性言語をしゃべると怒られたからです、父は出征しましたが高校でポーを読んでいました。若い人たちに英語は教えられていたのです――かつてそう、私は海外詩会で英語スピーキングの人々に英語で申し上げた記憶がある。日本での世界詩人会議招聘の経緯の中においてであった。彼女たち、彼らはやがて国際詩人会のために日本に来た。

飲料水ではない。だが、草は草いきれがするほど豊富に繁茂していたようだ。魚?虫?小動物?強奪?彼らが何を食べて生きていたのかは克明ではないが、とにかく鳴海は生きていて仲間の自決を介助するほどの体力はある。元気だ。驚くのはいつも鳴海の精神と体力の強靭さだ。彼の精神的な強靭さは、ここでは顎を撃たれた兵士に自決の方法を教える。(そしておそらく、介助した?)。

本詩を選んだのにはさらに理由がある。今まで私が無事に生きて来た中で二人の詩人の思い出に、本詩は繋がったからである。その一人はまず、故川端律子さんである。九十歳を過ぎるまで生きた長命の詩人であったが、女史の名を日本の詩壇で記憶する人は少ないだろう。英語で詩を、海外詩人会でずっと一貫して発表して来た筋金入りの反戦詩人である。女史は夫君を戦争で失った。すなわち戦争未亡人であった。女史は夫君を失ったあと、教師をして自力で自活した。夫君の思い出に泣きながら。それは私の叔母のひとりも同じであったので、なぜか私は女史に意識して近づいたこともあったと思う。いつだったかもう記憶にはない。女史は英語で詩を集まった海外詩人の前で読んだあと、自分の夫は銃に紐を付けて、足指で紐を引いて死んじゃった、と英語で訴えてそのあと涙に暮れた。それを聞きながら、女史の涙を大変だ、哀れだと思いつつも、何?変な死に方ね??と感じたことも確かである。その疑問が今、本詩で解けた。女史の夫君は敗戦の報を聞いて自決したわけであった。当時としてはいわば名誉の戦死=自決であったわけだが、やはり今は、あせらないで内地(銃後:Home Front との英訳)の妻の元に無事に帰って来て欲しかった、なぜ?との思いも、今ある。

女史の詩は戦後期の華やかな東京の「現代詩」の中では、なんとかイズム流行の陰で、「やさしすぎる」と読まれゲイジュツ的ではないとあまり評価は受けていなかったようだが、英語圏のマイノリティの告発詩を訳していた私は本質を理解していたと思う。海外詩人は女史の詩をマイノリテイ・敗戦国ニホンの戦争未亡人の詩と受け止めた。理解した。当時の(世界の現代詩)、正統な英語詩コミュニケイション・ラインに乗る。ある時、女史の「地球は回る」という詩の英語朗読の途中、その場にいた海外詩人がすべて賞賛の余り総立ちになった。インド大会であったと記憶する。日本から発信の平和の詩が書ける稀有の日本詩人であった。報告する。

もう一人はやはり他界された遠山信男さんである。彼の追悼会が二〇一九年の八月四日(六日の二日前)に千葉県の津田沼の某中華料理店で開催された(組織委員長北畑光男さん)が、そこでお聞きした遠山信男さんの略歴情報の中で、満州で電報局に配属されていた彼は、すでに新型爆弾の情報を(ロシア語で)キャッチしていて、日本の敗戦

朝の祈り
――加賀乙彦氏の言葉に敬意を込めて

鈴木　比佐雄

敬愛する小説家Kさんの自宅で
死刑廃止論をテーマにした新刊記念会について
打ち合わせが一段落したあとに
聞き手となるAさんの持参した桜枝の蕾を愛でながら
新刊の書評を書いた歌人のFさんが持参したワインをあけて
私が持参したチーズなどをつまみに
復讐と許しをテーマに語りあっていた

K先生はどうして死刑囚Sと親しくなったのですか

死刑囚のSは死刑囚らしくなかった
数多く診察した中でも彼は例外的な存在だった
もうれつに聖書を読んで神に祈っていた
他の死刑囚と違っていたのは信仰があったからだろう
だから彼の文章も内省的で素晴らしく
医学雑誌の編集をしていたので原稿依頼をした
それからだんだん親しくなった

Kさんはお気に入りのショパンのバラードをかけてくれた
その曲を聴いて私たちが口々に讃えていると
Kさんが静かに語りだした

人を殺す時に死刑になると思って人を殺す者はいない
たとえ殺人者であっても罪を悔いる気持ちが大事だ
日本には仇討の歴史があった
遺族の方は本当に辛いだろうが
いつまでも責めるのは意味がない
許すということも大切だろう
死刑囚の多くは拘禁ノイローゼを病んでしまう
彼らの心の病を治して、なぜ殺人を犯したかを
神のもとで悔い改めて人類のために
生かして語らせるべきだろう
人を殺してはいけないというのが自分の信念だ

Fさんが部屋の亡き妻の写真のことを尋ねると
天を仰ぎながらその胸の内を語られた

クリスチャンの私は毎日、朝のお祈りをする
妻に向かって、どうして早く亡くなったのか
時に泣きながら……

人間は弱いものですよ

「コールサック」一〇〇号記念会

現代俳句と抵抗の文学精神
―「コールサック」（石炭袋）一〇〇号・『東北詩歌集』刊行記念会、特別講演―

齋藤　愼爾

【日時】二〇一九年十二月八日（日）
【場所】エスパス・ビブリオ（東京都千代田区）

一時代を創る短詩型文学編集者として

四、五日前まで、第十二回九州地区現代俳句大会というのが鹿児島でありまして、東京から現代俳句協会の中村会長、副会長、僕が行って、九州全県から会員が集まって、俳句の話をしてきました。

そこで僕の俳句の経歴を紹介してくれて、こんなことを自分はやってきたのだなと久しぶりに思い出しました。四十年前なのでほとんど覚えていないのですけれども、逆に皆さんが覚えていることもあるかもしれません。

朝日新聞社で別冊「アサヒグラフ」を全八冊編集しました。「俳句の時代」「俳句の世界」「女流俳句の世界」「現代俳句と古典」などのテーマでやりました。第一弾は発売日に完売するくらいの盛況でした。五冊目までは、大体十万部ずつ売れましたが、その後は五、六万部になったので八冊目で止めました。同時に、「現代俳句の世界」という朝日新聞社の文庫本シリーズを編集しました。一人で人選をやって、高浜虚子に始まり、全十六巻やりました。全解説を無結社の三橋敏雄氏に依頼したり、飯田龍太さんからは百二十点満点と言われました。

また、「映像による現代俳句の世界」というビデオシリーズをビクターから全二十巻で出しました。山口誓子、加藤楸邨、中村草田男、など大御所たちの肉声が全部入っているんですよね。最近、それを何十年かぶりに新しく編集し直そうという企画も進行中です。そのような仕事をやってきました。短詩型では。「現代短歌体系」というシリーズを三一書房から全十二巻を企画・編集をやりました。大岡信、中井英夫、塚本邦雄の三人の監修を得てやったわけです。そのように精力的に活動していたのは四十年前のことで、今はほとんど俳句の人と付き合いはありませんし俳句の仲間もいません。鹿児島に招待されて講演を求められたというのも珍しい話なんですよね。また今回コールサック社からの依頼もそうです。今現在の俳句がどういう状況にあるかということについては、あまり僕はわからないんじゃないかな。ただ、今俳句が厳しい状況にあるという感じはするんですよね。

奇才、早熟の俳人として

僕自身は俳句を十六の時から始めまして、秋元不死男の「氷海」という結社に入って五年間真剣にやりました。その後五十余年、俳句関係書の編集をやりました。集英社、朝日新聞社、立風書房、東京四季出版、三一書房…。「氷海」という結社は、皆さんご存知の、鷹羽狩行、上田五千石、小宮山遠、堀井春一郎、秋澤猛などがいました。他に年代が古い人では、寺山修司、大橋巨泉、作曲家の松村禎三などという人がいました。詩人の吉岡実さんは、いろんな結社があるけれども「氷海」が一番良いよ、と言っていました。僕も、すごい才能が集っていたと思います。清水径子、中尾寿美子も「氷海」でした。清水さんは後に、蛇笏賞を取りましたね。「氷海」は、一時期は俳壇の火付け役的存在だったのですが、今ではほとんど忘れられてしまいましたね。

それで僕は俳句を十六歳で始めて、十九歳で「氷海賞」を同人の満場一致で受賞しました。鷹羽狩行は今では日本芸術院の会員になっているし、俳人協会の理事長・会長を三十何年間続けましたね。三十代でプロで俳句をやっていくというのは鷹羽さんが最初なんですよ。高柳重信が編集長をやっていた「俳句研究」の時評に、鷹羽狩行・上田五千石・齋藤愼爾は〝氷海三羽烏〟だと書かれましたね。僕は鷹羽さんの八つ年下なんです。

俳句を始めて五年後に大学に入って、六十年安保にぶつかったわけです。学生運動に熱中し、俳句では表現できない、韻文ではなく散文の世界を目指すべきではないかということで、その後、二十八年間ほど完全に俳句を止めました。編集の仕事はやっていましたけれども。二十八年のブランクというのは痛手です。「俳句は一日止めると、元に戻るには二日かかる。二日止めると四日かかる」と言いますけれども。だから今でも僕は俳句を作るときには、指折り数えて、やっているんです（笑）。

深夜叢書社の由来

俳句を止めた事も含めて、深夜叢書という出版社を創る事が、その後の僕の生き方を、決定したといえます。何故そのような名前かという事で、「深」い「夜」の「叢書」＝シリーズということですが。これは株式会社でも合弁会社でも合資会社でもない、ただ僕一人が名乗っている社です。だからお金があった時に本を出すとか、どうしてもお前の所から出したいという人がいたら本を出すとか。自費出版をやったときなんか、十万か二十万円編集費をもらう。そんなことで、お金がたまった時に出したい本を出すということで、やってきました。今日まで五十六年間で、五百冊くらい出したのかな。漫画以外はみんな出しましたね。俳句、短歌、詩、小説、戯曲、エッセイ、画集、写真集、出した人はそのジャンルで第一級の人だと思いますね。一柳慧、瀬戸内寂聴など文化勲章をもらった人も何人かいますね。

フランス語に、直訳すれば「夜の出版社」というのが現在もある。ここが出したヴェルコールの「海の沈黙」というナチスに抵抗するレジスタンスの小説を岩波書店が、加藤周一の訳で翻訳出版しています。

この抵抗精神、レジスタンスの精神を二十世紀に生かした出版社を作りたいというのが僕の夢であって、だから「深夜叢書」という名前を使おうという事になったのです。ただ僕にとっては僭称なんですね、体制や権力にレジスタンスする思想をお前は持っているかと言われたら、やっぱりちょっとうろたえるけれども。その名前に対して僕が僭称だと自覚はしている、もし使いたいという人は、ぜひ使ってくださいと言っているんです。ついでにその出版社に僕も勤めたい、などという事を言ったりもするんです（笑）。

吉本隆明、常木守、石原吉郎と「夜の論理」

深夜叢書という出版社をやったのが、青春時代だから、青春についてよく考えます。安保闘争から一番学んだことは何かと言ったら、六十年安保で逮捕された人々の裁判闘争というのがあった。十五、六人で統一して裁判を闘っていたのですが、一人だけ、「あなた方の裁判闘争が正しいとは思えない、自分一人で闘いたい」という人がいました。常木守という人で、数年前に亡くなりました。その人の思想は、六十年安保の思想を凝縮して表現していると思う。その常木守を弁護したのが、僕が生涯唯一の先生と思っている吉本隆明。今は吉本ばななのお父さんと言ったほうが分かるんだけれども（笑）。吉本隆明氏が常木さんの唯一の弁護人だったんですね。「思想的弁護論――六・一五事件」というのが、『自立の思想的拠点』という本に入っているけれども、これは最高の反権力論ですね。吉本さんは法律家ではないですが、ちゃんと法律を学んで、堂々と検察と渡り合っている。そんな吉本さんもすごいけれども、僕の一つか二つ年上だった、常木守さん、僕は連絡は取り合ったけど生涯会えなかったですが、この人の闘争の最終陳述というのがすごい。今被告になっている自分が思うことは何かということを滔々と法廷で弁じたんですよ。それは結局、「精神の違法性」と言っているんですね。自分の存在それ自体が違法性としてあるようなわたしの精神、「精神の違法性」。深夜叢書もそういう存在でありたいんですよ。深夜というのは夜、「夜」の対義語は「白昼」でしょ。白昼というのは小市民的な日常の論理ですね。それは法律の支配する論理。でも夜は違う。夜は白昼の論理とは違うもう一つの世界。それが「抵抗」「精神の違法性」です。「違法的存在」としての出版社。そういうものを作っていきたい。

それは俳句でもそうです。僕の俳句はそういう俳句を作りたい。もちろん五七五という定型は守るけれども、今の多くの人のような花鳥諷詠、自然随順のものでもないし、写生オンリーでもない、そういう俳句を目指したいと思うんですよね。今、そういう俳句が無いんですよね。

最近、畏友江里昭彦さんのインタビュー記事を読みました。「何故あなたがたは俳句をやっていますか」と彼が聞いたら、こういう意見が返ってきたといいます。手軽な、暇つぶし、風雅と社交、人生の諷詠、生の探究、言葉の錬金術、箴言或いは呪文、異界・別の世界へのトリップ、言語実験、定型によるゲーム…だと。僕が俳句に対して当てはまるとすれば生の探究ぐらいかと思いますが。

今日は僕の尊敬する評論家の井口時男さんも来ていまして、僕の代わりに話してほしいくらいなんだけれども、井口さんも言っていますが、僕のところで詩人の石原吉郎さんの句集を出したんです。石原さんは俳句という文芸をどう考えますかと訊ねたら、氏は、今は差別語で禁句になっているのですが、俳句というのは、「不具、かたわの文学」だという。あんな短いものできちんとしたことが言えるはずがないんだと。「かたわの文学」だけれども、だからこそ、本当の完璧の芸術を求める情熱を掻き立てると言うんですよ。何か不足の部分を自分の表現で埋めるものを俳句は待っているんだと。その情熱を、倫理的に自分に迫ってくるものだと。全く同感です。

俳句賞の選者として

今の日本の俳句はどれくらい人口がいるか分からないけれども、あまりそういうことを考える人はいないと思いますよ。ね。僕が熱中していた当時、朝日新聞社の「アエラ」によると、二千万人と言っていたんですよ。いまでも俳句の雑誌は千近くありますからね。たとえてみれば一部上場というか、よく名の知れた結社は七百あって、俳句の年鑑に毎年名前が載っていま す。鷹羽狩行氏はいやそんな少ないことはないと、俳句の宿題を子供や孫に教える人や年賀状に俳句を書く人を含めると、俳句は国民的規模で、一億人の人が作っていると、言うんですよね。鷹羽さんが名誉会長をしている俳人協会の会員は一万五千人位いるらしいですね。

僕は、俳人協会、現代俳句協会、伝統俳句協会、国際俳句交流協会、全て入りません。文藝家協会にも、日本ペンクラブにも入らない。能力がないわけではないんですけれどもね（笑）、僕はそういうのは入らない。

俳句団体に何故はいらないかというと、そもそも協会が何故分裂したかという事を知っているから。それはみなさんご存知の通り、季語を認めるとか認めないとか、中村草田男や石田波郷らが現代俳句協会から脱退し、それで俳人協会をつくったんですよ。僕はずーっと、誰か、俳人協会と現代俳句協会を統一させる人はいないか、と待っていたけれども、もう絶望的です。もう今、一緒にしようという人、いないんじゃないかな。一緒になると、会長、理事長とか名誉職が色々あるでしょ、一つになると役職が減るからね、いやだっていうんですよね（笑）。だからしょうがないですね。俳人協会というのは年に一回、俳人協会賞というのを設けているけれども、候補になるのは俳人協会の会員の作品に限られる。年刊大体千冊ぐらい句集は出ます。一部の結社や協会に入っている人しか候補にも選ばれない。だからその中で一番だって言ったって信用にならないのです。

それから新聞で毎年、「俳句で最高の賞」という形容詞が付けられている「蛇笏賞」というのがあります。僕は三年間、蛇笏賞の選考委員をやりました。蛇笏賞はそんなわけで俳句で一番権威ある賞ですから、その選考委員に選ばれたので悪いことではないでしょうけれども。普通、選考委員に選ばれたらね、十年はやるんですよ、自分から辞めないかぎりは。生きているかぎりはやるというのが通例なんですよね。僕は三年で辞めさせられたという事は、僕が押した石牟礼道子さんなんていうのは駄目なんですよ。僕の他に三人選者がいて、現代俳句協会の会長もやった宇多喜代子とか。宇多さんはこの間文化功労者に選ばれましたね。

蛇笏賞の選考会が終わると、朝日・毎日・読売・日経の新聞記者が待っている訳ですね。記者はよく、僕の意見を聞いてくれましたね。僕が推した人が落ちたら残念だという事を共同を介して書かれもしました。

特に残念だったのが、石牟礼道子ですよ。石牟礼さんはもちろんその時全句集を出されました。今度の二月で二年になりますけれども、おそらく日本の文学者で、石牟礼さんが亡くなったときほど、新聞の第一面に大きく出た人はいないんじゃないでしょうか。ノーベル賞の川端康成とか、谷崎潤一郎とか、あのクラスの人の死亡記事が第一面に載る。三島由紀夫が自衛隊に突っ込んで割腹自殺。それに比べても石牟礼さんは別格で、その死を新聞の題字の脇から報じた。それからほぼ一年間、石牟礼道子が新聞に出ないときは無かったですよね。それほどの人なんですよ。

もうちょっとわかりやすく言うと、池澤夏樹単独編集で、河出書房が「世界文学全集」を出しました。ほとんどノーベル賞作家ばかりで、デュラス、フォークナーとか、一人一巻で入りましたね。では日本人では誰が入ったか。それはノーベル賞だから、川端康成とか大江健三郎、もしくは安部公房、中上健次、村上春樹…こういう人だろうと誰しも思うでしょう。海外の記者は大体その辺りだろうと考えたんですけれども、違うんです。日本から入ったのは、石牟礼道子一人なんですね。石牟礼さんは今や世界何十カ国に翻訳されています。

深夜叢書は四十年前から、石牟礼さんの関係の本は出していました。ただ本人には会ったことない。深夜叢書の場合、本を出してくれたときに、九州とか四国とか地方の時、結局会わないということも多いです。本来ならば、「ようやくできました、ありがとう」と言って、その本を持って行って著者にも会いたいんだけれども、なかなか生活も大変だし、交通費を捻出できず、行けない。だから深夜叢書から本を出して会えなかった著者は何人もいます。書いたものだけで勝負して、出版しているんだから、いいんじゃないかと思います。

新聞俳句欄研究

そんなわけで今の俳句界は、夏井いつきさんがテレビ番組の「プレバト」で俳句人口をどんどん増やしているし、金子兜太さんなんかもすごかったですよね。金子さんが関わっていた「お～いお茶」は、二百万ぐらい応募が集まる。僕は金子さんとは約半世紀付き合って、朝日新聞の朝日俳壇の選者に金子さんを、僕一人が推した。朝日新聞社に聞けばわかります。当時、朝日新聞は、加藤楸邨、山口誓子、中村草田男とかが選者だったけれど、朝日は、僕なんかの意見を聞いてきた。その他、文化勲章をもらった山本健吉さん、大岡信さんらの意見を聞いたようです。山本さんや大岡さんが推した人も仄聞しています。結局、金子兜太が選ばれました。

昨日僕はお昼から夜九時ごろまで、図書館に閉じ籠もっていて、新聞縮刷版を見ていたんですよ。稲畑汀子さんは、金子さんが選者なんてとんでもないということで大反対したんですよね。それはそうでしょ。二人は犬猿の仲だから。三、四十年間選者を一緒にやったけれども、二人が対談をすることもなかった。それで、金子さんに選者が決まるまで、数か月の時間を要したんですね。祖父、高浜虚子が始めた伝統を汚すなんて言って大変だったわけ。

朝日俳壇は共選で、四人の選者が全ての投句から選ぶ。今はちょっと分からないけど、あの頃は、週に六千から七千通の応募です。毎週金曜日、段ボールにびっしり五箱か六箱来る。そこから選ぶ。信じられないでしょ。そんな感じで選んでいる中で、僕は予言したんです。金子兜太と稲畑汀子の二人が、四人の中で一番最初に同じ俳句を選ぶよって。案の定、二か月後と三か月後に選が一緒になった。だから僕の予言は当たった。当時の「俳句空間」という雑誌に、僕はそのことを書いています。

何を言いたいかというと、稲畑さん、ホトトギスの「花鳥諷詠」と金子さんが押し進めた「社会性俳句」、これらは根本的には同じものだと僕は思っているということです。最終的に金子さんもアニミズム、万物に生命が宿っているなんて、稲畑さんが言いそうなことを言い出しましたね。

今日初めていうとね、伊藤園の「お〜いお茶」、あれ僕が伊藤園の社長に、俳句がブームだから、こういうことを考えたらいいんじゃないかと案を出したんですよ。そしたら今は亡くなった伊藤園の社長は、社員に金子さんのお弟子さんがいたので、第一回の選者が金子兜太になって。それから金子さんが冨士真奈美とかタレントも入れて、続けていったわけです。

そんなことで俳句は今や小さな子供たちにも詠まれていますね。最近、長谷川櫂さんが朝日俳壇の選で、八歳の女の子の句を選んでいる。彼は八歳の女の子の俳句をもう四、五回選んでいるね。なかなかいい俳句なんですよ。選をするときは名前はわからないんですよ。五、六千通から十句選んで、その中に入るんですよ。だから今、グレタさんという、スウェーデンの十六歳の少女、すごいよねあの人なんか。飛行機は環境破壊になるから、ヨットで十日間もかけて大西洋を横断したりね。小さな子供たちの方がすごくて、大人はもう駄目ですね（笑）。

青春と抵抗

だから青春というのは年齢じゃないね。フランスの文学者に言わせると、最もフランスの小説の書き出しで有名なのは、一つは、カミュ『異邦人』の、「今朝、ママンが死んだ」というもの。窪田啓作がママンと訳したでしょ。僕は、母親をママンと訳したからこそ日本で『異邦人』がヒットしたと思っています。母とかママじゃない。

僕が深夜叢書を始めたころの、岡井隆のこういう歌を覚えています。〈朝狩にいまたつらしも 拠点いくつふかい朝から狩りいだすべく〉。いいでしょ。その頃、岡井隆は塚本邦雄と共に短歌界では双璧でした。でも岡井さんと交を絶ったのは、召人に、要するに歌会始の選者になったんです。彼が召人になった後、全共闘世代人、三枝昻之さん、永田和宏さんだとかみんな、召人になっているんですよ。召人っていうのは、囚人と書いても「めしうど」って読むんですよね。

僕はあの頃『昭和短歌の世界』という本を、昭和が終わる前に、監修した時は、昭和天皇も生きていました。昭和天皇も皇后陛下も生きていたんだけれども、僕は皇太子を入れずに、美智子さんだけで特集をやりたいと言ったんです。それで宮内庁に電話したら、ＯＫしたんですよ宮内庁が。しかし、翌日朝日に電話がかかってきて、やっぱり皇太子も一緒にやってほしいというので、美智子さんと皇太子の特集をやったんですよ。十何ページカラーで。そうしたら、短歌界の連中は、今から四十何年前だけれども、齋藤は「反天皇制」なんて言っていながら、美智子さんの特集をやるじゃないかと批判されました。しかし、それは編集を見たらわかる。天皇制批判もやっている。だけども彼らは不買運動を起こして、短歌界の人は余り買わなかったんです。では何故、岡井隆とか永田和宏とか三枝昂之とかが召人になったとき、反対運動しないんですか。そんなことばっかり言っているから、僕には選者の依頼も講演の依頼もあまり来ないですね（笑）。

話を戻すと、カミュの言葉と、ポール・ニザンの『アデン・アラビア』の出だし「僕は二十歳だった。それが人生でもっとも美しいときだなんて誰にも言わせない。」という言葉が、今でもフランス文学で一番か二番目に皆から愛誦されている言葉らしいですね。

それで今日たまたま十二月八日の開戦記念日ですね。これは誰の言葉か分からないんだけれども、昭和三十八年だと思うんだけれども、「映画評論」という雑誌に載っていた言葉があります。

「青春とは、巨大な秩序の嘲笑に埋葬された受取人不在の魂。碑銘に、蹂躙との闘いに抵抗もせずに燃え尽きた記憶」。青春はこうありたいですね。レジスタンスというか。

俳人ということ

それで俳句の話に戻ると、白昼のもとでみんなから口誦されるようなものではなくて、もう一つ別の俳句の志向。僕の尊敬する、金子光晴の研究では本邦随一だと思う、原満三寿さんが、このごろ俳句をやっています。実は金子兜太の弟子だった。金子兜太さんは最初、「海程」は同人雑誌として出発したんです。出発した頃、同人に堀葦男や林田紀音夫とか、ほとんど金子兜太と同格、それ以上の作家がいたんです。ところが五、六年経って金子さんは、単独の主宰になっちゃった。それでみんな「海程」を辞めていったし、原さんも辞めたわけですよ。でもその人が句集を出して、その中に〈俳皿に三千世界の風を盛る〉という句があります。

俳句は人偏《にんべん》に非と書くけれども、これは人にそむくということ、彼は、それが自分の俳句の信念だと言っています。また俳句は徘徊、あちこちうろつきまわる事だと。もともと俳句は、徘徊、漂泊、放浪する、そういう人によって担われるものだ、と言っています。僕はそれをさらに進めて、「廃人」と言っています。

人にそむく、俳人を分解すると、「人非人《にんぴにん》」なんです。人に非ざる人。これも今は禁句になっているけれども、「人非人」でありたい、「人非人」である覚悟でもって俳句に臨むことが大事だと思います。真昼の論理は「真善美」、これは近代の論理でもありますが、やはり夜を生きる人は違う。非人、徘徊の世界、だから諧謔とか夢とか狂気とか悪の世界。それは普通、一部の文学者しか言わない、異端的なもの。それが文学ではシュールレアリスムとかを生み出したのだけれども、何故俳句はそういう文学的なものを取り寄せないか。それで井口時男さんも俳句を始めたし、高岡修さんという鹿児島在住の方、僕より十歳くらい若いんだけれども、ある種天才だと思いますね。こういう人がこれから良い俳句を作っていくんじゃないかと僕は思っています。

それで原満三寿さんは「非人の覚悟を持たなければ俳句なんか作るな」という。それから徘徊、うろつきまわる。では俳句は、一茶、山頭火、放哉のようなものなのか。この前社会学者の上野千鶴子さんが、哲学者山折哲雄氏との対談で言っていました。上野さんは「京大俳句」の副会長をしていました。放哉も山頭火も真実の漂泊や放浪をしていない。あれは知っているお弟子さんの所に行っているんですよ。それで飲み食いして、帰ってくる、何の苦労もない。本当の意味での徘徊、放浪というのはそうじゃないですよね。原満三寿さんは現代においてそういう人になろうとして、つまり反近代、近代的な思想にそむく。それで諧謔を生かすし生き生きとした俳句を生み出す。

もっとすごいのが今、金子さんが亡くなってから朝日新聞で、今度ようやく五十代の人が俳壇選者になった。僕は寛容な方なんだけれども、僕自身も驚くわけですよ。高山れおなさん。高山さんは、僕も解らない。代表句が「磨、変?」って言うんですよ。金子さんどころじゃない。僕だってどう考えても分からない。ところがやっぱりね、また予言があたったんですけれどもね、選が稲畑さんと一致したんですよ。今度どんな俳句が重なったかというエッセンスを「コールサック」かどこかに発表したいと思っていますが。長谷川櫂さんも高山れおなさんの選者就任に反対したんじゃないかと思います。僕も高山れおなさんの才能は買うけれども、反対すると思いますね。とにかく朝日俳壇の大事件なんですよ。しかし今まで、四人の中で一致することはあまりなかったのですが、最近、毎週のように一致するんですよ。

そんなわけで新聞の俳句欄を最近よく読んでいます。これは一冊本書けますね（笑）。

しかし朝日俳壇は、何十年もやっていて、ただ一人のスターも生み出さなかった。誰か一人を選んで俳壇に押し出す。できなかったね、彼らは。また俳句の人は身の引き方も悪い。

短歌人は、自分の勉強する時間が必要というわけで、わりと現役でも辞めちゃう。後輩に譲るかとかね。前川佐美雄さんなんかは、扇風機に投稿葉書をパーッと捲いて、一番遠く飛んだものから十枚選んだというけれども、彼だったらやりかねないね（笑）。

昭和の俳人との交流

肝心な話が出来なかったような気もしますが、何を言いたかったというと、今俳句の趣向がみんな違ってくる。これは僕の推測なんだけれども、今は逆に、ものすごく俳句の人口が減ってきていると思う。本当の意味での俳句作家というのが出にくい。

最後にこれだけは言いたい。桂信子さんが平成の終わりにこんなことを言いました。岩波書店の「文学」という雑誌に僕の文章が載っています。（大略）「平成十一年、新興俳句出身のただ一人の女性、八十五歳の桂信子が、現代俳句協会大賞を受賞した時のあいさつは忘れがたい。『今の若い人たちは恵まれている。特高に睨まれることもない。先輩も優しくて、総合誌も多くて発表の機会もある。だが一言申し上げたい。大正期に、虚子門下には石鼎、普羅、鬼城、蛇笏といった人が出た。昭和の初めには、日野草城、誓子、草田男、楸邨らが出た。平成になってからは、そうした人を一人も輩出していない。今のようなカオス状態が長ければ長いほど、織田信長とか巴御前《ともえ》とか、立派な人が出ると思う』」。

男が主宰なら信長、女が主宰なら巴御前。そういう立派な人が出るでしょうと桂さんが言った。桂さんはこの時八十五歳で、それから五年後に亡くなりました。今の俳壇を見回して、八十五歳の人、こんなこと言える人いる？　男でも女でも。

僕はそんな次第で皆さんから忌避されていて、一人でやって来ていますけれども。金子さんから、最後、どうしても一緒に山本健吉賞の選をやりたいと言われました。僕はいいよと言いました。しかし文學の森側が二人分の予算はないから金子さん一人でやってほしい、と言ったそうです。そこで金子さんから電話が来て、齋藤くんに選考料半分渡すから一緒に選んでくれということで、僕の名前は出ないけれども、最後の一回から三回くらいは二人で僕と彼が選んだ。

金子さんと僕はそういう良好な関係でありながら、言うことは全部言ってきました。だから金子さんが最後に出した本、『いま、兜太は』という本が、岩波書店から亡くなる一年前くらいに出ましたね。そこに僕が文章を書いていますけれども、僕を指名したのは金子さんなんですよ。そこでも金子さんの批判を僕は書いているけれども、金子さんとはずっと仲良く交流はしていました。

金子さんから五回も留守番電話が入っていたことがあって、気づいて折り返したら、「今年の山本健吉賞に誰を選ぶか」と聞かれて、石牟礼道子はどうでしょうと言ったら、「しまった！」と言った。何だと聞き返したら、「忘れてた、自分も石牟礼道子を選びたかった」と言っていました。「五回電話しても出ないから、もう別の人を選んじゃった」と口惜しがっていて。僕は何でも金子さんに言ったけれども金子さんとは仲良くやってきたし、金子さんと親しい人とも仲良くやっていますね。そういう風通しの良い関係を作りたいと思いますね。

どうもすみません、長々とお話ししてしまって。

〈付言～沖縄について～〉

沖縄の評論家・平敷武蕉さんが、次のような文章を書いてくれました。

「俳句界」二〇〇九年十月号の投句欄、俳句雑詠で、選者の一人齋藤愼爾が、次の句を特選三句のトップに選んでいる。〈海に湧く雲の百態沖縄忌〉兵庫県の方の作品。ところが、他の選者、髙橋悦男が確として選ぶが、茨木和生は秀句五句、佳句二十六句のいずれにも選んでいない。この違いはどこから生じるのであろうか。単なる俳句観の違いとか、好みの問題ではなく、沖縄忌とは何かという事に対する認識の度合いが、選句に反映しているように思える。この句に対する齋藤愼爾の選評は次のようなものである。「沖縄忌とは何か。島津藩の侵略に始まり、琉球処分、皇民化教育、沖縄戦、米軍による植民地的占領、復帰、と、沖縄近代史そのものが忌日ではなかったか。変容する雲の百態は、時の権力に翻弄される沖縄を示す。」と見事しか言いようのない適切な評になり得ている。特に沖縄を単なる慰霊の日として解釈せず、沖縄を襲う権力の理不尽すべてを含めていることに瞠目させられる。氏の鑑賞において、言葉の美だけを求めようとする方法ではかなわない深い鑑賞というべきだろう。

ちょっとお恥ずかしいのですが。こんな文章を書いていていただいたのでご紹介いたしました。

（了）

記録：鈴木光影

沖縄からの発信　―文学が果たす役割―

与那覇　恵子

このたびは「コールサック100号記念」おめでとうございます。また、祝賀会にお招きいただき、ありがとうございます。コールサック社から出版させていただきました私の詩集「沖縄から見えるもの」が、「福田正夫賞」をいただき、昨日沖縄から授賞式に参加いたしました。初めて個人詩集を出した私にとって思いがけない賞で、これもコールサック社のおかげ様で感謝に堪えません。

今年3月に、教鞭を執っておりました大学を定年で退官したのですが、その記念に細々と書いてきた詩や新聞投稿記事をまとめてお世話になった方々に差し上げようと詩集と論壇集を出版することにしました。そう決めたものの、これくらいのレベルで出版していいものかとずっと悩みながらで、鈴木比佐雄代表に背中を押していただいたからこそ、出版できたようなものでした。自分は詩人と思ったことは一度も無いなどと話して、鈴木さんに「詩集を出しながら、そのようなことは言わない方がいいですよ」などと注意されたりしました。そのような詩集が思いがけない賞をいただき、自信の無い生徒を励ます教師のような役割も果たしていただいた鈴木さんには感謝しかありません。

今日は、受賞の記念に講演をとのことで、専門的なお話はできませんが、自分の詩集や論壇集をめぐる思いについて少しお話できればと思います。

ということで、胸が張れるレベルでは到底ないのですが、大学退官を機にコールサック社から初の詩集と論壇集を出しました。詩集のタイトルは「沖縄から見えるもの」、論壇集のタイトルは「沖縄の怒り」で、それぞれのタイトルに私なりの思いを込めました。詩集の方は鈴木さんの勧めで、3部構成となっておりⅠ部が「言の葉」、Ⅱ部が「沖縄から見えるもの」、Ⅲ部が「存在の悲しみ」と小タイトルがついています。

1．「言の葉」

Ⅰ部の言の葉では、言葉の持つ美しさや力について書きました。私の好きな詩人の一人に吉原幸子がいます。彼女の詩はことばがメッセージや意味を伝えるシンボルであることを二の次にして、ただことばそのものを味わうことも許される美しいシンボルでもあることを教えてくれました。特にナンセンスというタイトルの詩の冒頭は衝撃的です。

無題（ナンセンス）　吉原幸子

風　吹いている
木　立っている
ああ　こんなよる　立っているのね　木

冒頭の「木　立っている　ああ　こんな夜　立っているのね　木」という2行が伝える孤独感とただ立っているだけの木の

確かさと潔さ、同じ生きる者としての静かな共感が胸をうちます。最初の文章の主語と述語を入れかえ「立っているのね　木」と呼びかけたからこそ生まれるリズム感が心地よく、生きるものたちへの共感が人を感動させます。

金子光晴も好きな詩人ですが、彼の詩はことばの美しさを教えてくれた吉原の詩と違い、ことばに宿る思想を感じさせ、ことばのもつ深さや重みを感じさせます。人生観が色濃く反映された詩には、ゆるぎない確かさがあり、偏狭な日本古来の美とか、どこかの誰かがのたまう「美しい日本」などからは遠く離れた美があると思います。虚偽を見破る鋭い眼があります。自身や日本という国を国際的というよりも地球的な視点から見るつき離した客観性に心地よさを感じます。

特に「寂しさの歌」は最近の空騒ぎの日本賛美に突きつけたい詩です。その最後の部分を読みます。

遂にこの寂しい精神のうぶすなたちが、戦争をもってきたんだ。
君達のせゐじゃない。僕のせゐでは勿論ない。みんな寂しさがなせるわざなんだ。

寂しさが銃をかつがせ、寂しさの釣出しにあって、旗のなびく方へ、
母や妻をふりすててまで出発したのだ。
かざり職人も、洗濯屋も、手代たちも、学生も、
風にそよぐ民くさになって。

誰も彼も、区別はない。死ねばいゝと教へられたのだ。
ちんぴらで、小心で、好人物な人人は、「天皇」の名で、
目先まっくらになって、
腕白のようによろこびさわいで出ていった。

だが、銃後ではびくびくもので
あすの白羽の箭《や》を怖れ、
懐疑と不安をむりにおしのけ、
どうせ助からぬ、せめて今日一日を、
ふるまひ酒で酔ってすごさうとする。
エゴイズムと、愛情の浅さ。
黙々として忍び、乞食のように、
つながって配給をまつ女たち。
日に日にかなしげになってゆく人人の表情から
国をかたむけた民族の運命の
これほどさしせまった、ふかい寂しさを僕はまだ、生まれてからみたことはなかったのだ。
しかし、もうどうでもいい。僕にとって、そんな寂しさなんか、今はなんでもない。

僕、僕がいま、ほんたうに寂しがっている寂しさは、
この零落の方向とは反対に、
ひとりふみとゞまって、寂しさの根元をがつきとつきとめようとして、世界といっしょに歩いてゐるたった一人の意

欲も僕のまわりに感じられない、そのことだ。そのことだけなのだ。

自分の頭で思考することのできる自立した揺るぎない人間のみが、放つことができる、言葉のもつ力をここに感じます。戦争を連れてきた寂しい精神は、今、政治家から官僚へ上から下へ伝染し広がりつつあるものですが、金子の感じる寂しさはその寂しい精神と決別し、きっぱり自立する者がもつ寂しさで、その金子の寂しさを感じる者が増えることこそが安倍さんのような寂しい精神のこれ以上の伝染を防ぐのだと思うのですが。

2.「沖縄から見えるもの」

さて、私の詩集のタイトルを「沖縄から見えるもの」としましたが、沖縄から何が見えるのか?日本という国です。金子光晴続きで選んだ訳ではないのですが、詩集のタイトルでもありますので、「沖縄から見えるもの」という詩を読ませていただきます。

この空は　だれのもの
この海は　だれのもの

多くを持つ者は　さらに欲しがり
少なく持つ者は　さらに奪い取られる

今日も　キリキリと爪を立て

沖縄の空を　アメリカの轟音が切り裂いていく
切り裂かれた空から　したたり落ちる　血

傷だらけの空を抱えて　立ちすくむ
わたしたち

はるかに広がる水平線
ニライカナイの神に祈る

この海を　守って

すでに白い砂浜はコンクリートの灰色の塊
海は苦痛に　顔をゆがめる

遠くで叫んでいる人達
美しい国　日本！！

小さな島の空と海を
長い手を伸ばして　引っかき回しながら
魚たちがキラキラ泳ぐ大浦湾を
何百台もの大型トラックで埋め立てながら
慶良間諸島を国定公園に指定する

持っていたカミソリで　切りつけあい
もらった手榴弾を　爆発させあい

あのとき流れた赤い血を
青い海が　薄めていく

あの戦争を反省するのは　やめましょう
自虐史観といいます
平和とはまもるものではなく　攻めるものです
積極的平和主義といいます
憲法9条は戦争を防いでいるのではありません
防衛をじゃましているのです

造り上げられた空々しいことばは　　しかし
繰り返され　　拡声され
小さな島々を　伝わっていく

金子光晴は　嘆いた
さびしい国　　日本

あのひと達は　叫ぶ
美しい国　　日本

沖縄からは　日本がよく見える
と　人は　言う

水平線のかなた
あなたのいるそこから

今
どんな日本が見えているのだろう

孫崎享氏の「戦後史の正体」や白井聡氏の「永続敗戦論」などによって、日本人が目を背け続けてきた日本の姿が明らかにされてきた昨今ですが、それ以前、沖縄の日本復帰が実現するずっと前から、その日本の姿は米軍占領下に苦しむ沖縄の目には明瞭すぎるほど明瞭でした。それは米国隷属の日本の姿です。同時に見えてくるのは、その日本の姿から、目の前の現実から、解決困難な問題から、目を背け続ける大半の日本人の姿です。沖縄問題はもともと日本の問題ですが、それを認識できない日本人と、認識してもそれを直視することに耐えられない日本人には見えない、あるいは見たくない日本と日本人の姿が、敗戦から現在に至るまで問題を丸ごと背負わされ続けてきた沖縄からはよく見えるのです。

3.「沖縄の怒り」

地元沖縄の新聞は2紙あり、「琉球新報」と「沖縄タイムス」です。両社とも民の声を拾い上げ権力を批判すべきメディアとしては、全国レベルでもよく健闘しているほうだと思います。その証拠に政権はじめ自民党の皆さんが「沖縄の2紙はつぶさなければならない」と言っておりますので。最近怒ることが多く2紙の論壇によく投稿してきました。その投稿記事をまとめたものが論壇集「沖縄の怒り」です。

沖縄は何に怒っているのか?弱者として、その尊厳や自決権を強権に奪われてきたこと、奪われ続けていることに怒っています。強権とは、米国でありそれに隷属する日本です。沖縄が2重の植民地支配下にあると表現されるゆえんです。そのようなことを言いますと、今の日本ではすぐに共産主義者か左翼呼ばわりされてしまいます。「ヘイトスピーチ」というタイトルで書いた、これまた稚拙な私の詩の一部を読みます。

テレビの漫才に
大声で笑おう
人気グループの解散に
人気スターの結婚に
ひとつ　ひとつ　驚いて
悲しむふりをしよう

ふつうの日本人でいられます

勝手口からあがった火の手が
今にも母屋に移りそうな
でも
声をあげるのは　やめよう

ふつうの日本人でいられます

テレビでは
クイズ番組が大人気
どれだけ常識を知っているか
どれだけ沢山知っているか
それは　人を測るものさし
知識を切り売りする番組は大盛況
日本人は　勉強が大好きだ

でも・・・でも

見えていない
聞こえていない
知らないのだ

ある福島の人の言葉が心に染みました。その人は「3・11の後、沖縄の人達の気持ちがよくわかりました」と言いました。それは日本という国に捨てられたような棄民の気持ちだと思います。米軍基地反対の沖縄県民や原発反対の福島県民に向けて「沖縄土人」「福島土人」と攻撃するネトウヨのヘイトスピーチもそのような気持ちにさせる一例です。政権の政策を賛美し反対の声を糾弾するネトウヨが現政権を代弁し擁護し、政策に反対する県民は国民の中に入らないかのような扱いが現在の日本で横行しています。権力が弱者によりそっていないから、国民の間に弱者でありながら自分を強者と勘違いする人達が権力の側に立って弱い者虐めに加担するのだと思います。

4. 政治と文学

さて、季語が無い政治問題を題材にした俳句は俳句と言えるのかとの批判があります。文学の同人誌では政治を持ち込むことをめぐって議論が巻き起こります。耽美主義、芸術至上主義文学にとっては、政治は題材になり得ないかもしれません。

沖縄のある短歌コンテストでは政治色を排除するとの募集要項が物議を醸しました。朝日新聞天声人語（5月3日）では、句会で秀句となった「梅雨空に九条守れの女性デモ」が公平中立でないからと、公民館便りでの掲載を拒まれた話が取り上げられています。日常生活に直接、間接に多大な影響を与えるにも関わらず、教育においてもそうですが、文学においても政治が敬遠される日本の現状があります。その閉鎖性が問題となった時に登場する弁明が「公平中立」です。公平中立の名の下に、人々はますます政治から遠ざかり目の前の問題から目を背け続けます。そして、大流行の「忖度」に象徴されるように、強者におもね、弱者に厳しい社会になっています。

文学はそもそも人が人に伝えたいメッセージの発露なのではないでしょうか。だからこそ社会に向けて発表します。確かに、それは自己を見つめ形作る、自分自身を癒やすものでもありますが、それだけなら日記で足ります。そうでなくて自分が生きる社会に向けて人々に発信したいなら、人は自身が最も伝えたいことを発信します。人により、場所により、時により、それは様々です。蝶や花や季節を謳う短歌、俳句や詩は美しく人を癒やします。できるなら、自然の美や生きる喜びを題材にして発信したい。しかし、政治がそこに住む人々の日常生活に苦しみや悲しみを与えているなら、その中で真剣に生きようとするなら、政治を問わざるを得ません。ノーベル文学賞候補作家の一人アントニオ・タブッキ氏は「文学者の使命はファシズムの風潮にいち早く警鐘を鳴らすこと」と述べたそうですが、それは彼がファシズムと闘わざるを得ない環境にいたことを示します。沖縄における文学が、政治的要素が濃いとされるなら、それは沖縄で政治問題が山積している現実があることを示し、文学に関わる人達がそれと向き合う勇気があることを同時に示すものだと思います。

第二部では、東北詩歌集から詩の朗読などがあるようですが、東北の方々は未曾有の災害を経験し、その悲しみや苦しみ、葛藤、さらには、気づき、学びを、文学を通して発信しています。そのことばの力によって、経験していない私達もその悲しみ、苦しみ、葛藤を共有し、気づき学ぶことができるのだと思います。

言葉に力があれば、メッセージは多くの人の心に伝わります。魂からの叫びは言葉の力を生み出し、人の心を揺るがします。その言葉の力を信じながら、私にはまだまだ、なかなかですが、努力していきたいと思う次第です。

コールサック社の鈴木比佐雄代表との出会いによって、詩集や論壇集に託した思いがより多くの人々に届けられたこと、読んでくださった方達との交流が生まれたこと、さらには、思いかげない賞へとつないでいただけたことに、改めて感謝申し上げ、私のつたない講演を終えたいと思います。

ご静聴、ありがとうございました。

いま　ふりかえる
姉妹で逃げまどった沖縄戦

台本構成　鈴木　文子

歌　一人称で　かたき土を破りて　民族の怒りに燃ゆる島
　　沖縄よ…緞帳上げながら
歌　全員で　我らと我らの祖先が　血と汗をもて守り育てた
　　沖縄よ

朗読　「姉妹で逃げまどった沖縄戦」

わたしの家は那覇の東　家の前には国場川が流れ
裏手には那覇と与那原（ヨナバル）を結ぶ鉄路が伸びていた
父が一九四四年十月海軍に召集され　生まれてくる子を案じながら出航した
翌年　十月二十七日　　小さい四人姉妹を残して父は戦死
一九四五年三月二十三日早朝　アメリカ軍が沖縄攻めを開始した
母は　生後三カ月の妹を負ぶい　三人の手を引き先祖の墓に駆け込んだ
泣き止まない妹　母が墓の外に出てお乳を飲ませていると
何処から飛んできたのか　誰かの骨のカケラが母の乳房に突き刺さった

太平洋戦争末期　沖縄は日米最後の決戦場だった
攻撃範囲は奄美から八重山諸島はじめ　１２００キロにおよぶ南西諸島
アメリカの占領目的は、沖縄を西太平洋最大の軍事基地にする戦略だった
アメリカの沖縄攻撃部隊は　軍艦一五〇〇隻　上陸部隊十八万三〇〇〇人
後方支援隊を加えると　総勢五四万人の兵隊を投入した
その上　イギリス太平洋艦隊がアメリカに所属し　宮古・八重山に艦砲射撃

＊＊アメリカ軍は洞窟に隠れた人々を　燃え盛る炎で焼き殺した
＊＊体中に火が回り炎に焼かれる乳飲み子　這い出す幼子に銃弾を浴びせた
＊＊一つ一つの洞窟に手榴弾を投げ込み燃やし　燃やし尽くした
＊＊人々を防空壕から追い出し　逃げまどう命を無差別に奪った
＊＊沖縄方言で会話した大人・子供をスパイと決めつけ　虐殺した
＊＊どうか死ぬときは家族一緒に死なせてください　一発で死なせてください

アメリカの命令で　軍隊の命令で　母親が我が子を　年老いた

両親を殺し
兄が姉を妹を　夫が妻の首を絞め　泣き叫ぶ子供等を丸太で殴り
ごめんな　ごめんな！
父ちゃんも・母ちゃんも　すぐ行くから　待ってろ！　待ってろよ！
叫び　狂いのたうちまわり　殺し殺され死んでいった　沖縄の人々
この光景をアメリカは　薄笑いしながらジャップ・ハンティング　日本人狩りと呼んだ
＊＊アメリカ兵は　住民とキャッチボールしたその手で　銃弾をぶっぱなした
＊＊アメリカ兵は　バイバイ　アイム　ソリー　覚えたての日本語で　死ねっ！
＊＊アメリカ兵は　コカコーラ大好きコーラ飲み飲み　沖縄の命まで飲み干した
＊＊アメリカ兵は　チューウインガム噛み噛み　海水浴しながら少女を犯した
＊＊アメリカ兵は　口笛吹き吹きヘイ・カモン　ブルービーチで沖縄を殺した
沖縄は島々の戦争だから　遠く離れた小さな島々に情報は伝わらない
逃げて、逃げて　ただ山奥に逃げて　雑草や木の実　昆虫まで食べつくし
洞窟で餓死する老人たち　抱き合った夫婦・親子が命を絶つ絶叫
洞窟は死の匂い　腐って行く人間の動物の　肉・肉・肉の腐敗
この世の地獄
スパイ容疑の農民　スパイと断定された漁師　全ての家族を虐殺
奪われた住民の命九万四千人　軍人の死者とほぼ同数と言われる
しかし　餓死・スパイ容疑の虐殺　傷病死を含めると数字には納まらない
死体を覆いつくす真っ黒な蠅　骸に群がる蠅が人の形で砂浜に転がっている
「平和の礎」の名前を根拠にすると、合わせて二十四万人以上が死亡したと言われる
戦争は降ってくるものではない　人間が引き起こす残虐な犯罪なのだ
沖縄を住民を守ると　結成された日本の守備隊だったが
守備隊本来の任務は　アメリカ軍の本土上陸を遅らせるため
守備隊が隠れ家のガマを奪い　非難民や子どもを　乳飲み子を殺した
守備隊は天皇を護るため
アメリカ軍を一日でも長く　沖縄に留め置く作戦だった

＊＊一九四五年　八月十五日
　日本はアメリカ連合国に降伏し　軍国主義は崩壊した
＊＊敗北が決定すると　先ず　日本軍がアメリカに交渉したのは
＊＊敗戦は仕方ない　が「天皇だけは　天皇制だけは絶対安泰に」だった
＊＊一九四七年宮内省御用係の寺崎英成は　ＧＨＱに親友がいた。更に妻はアメリカ人だった
寺崎は極東軍事裁判に備え、あらゆる人脈を通じ「天皇に戦争責任はない」と
　天皇無罪放免のために走り廻った。
（極東＝ヨーロッパから見て最も東の地域。日本　中国　朝鮮半島　シベリア東部など）

＊＊＊＊＊＊＊＊＊＊＊＊＊＊＊＊＊＊＊＊＊＊＊＊
一九七二年　五月十五日　沖縄は日本に返還された
しかし「核も基地もない平和な沖縄」は受け入れられず　米軍基地は存続された
現在も沖縄は　基地被害に立ち向かい　戦い続けている

朗読

私の母は　子ども四人をかかえ戦場を駆けずりまわった
無学文盲だった母の遺品　黄ばんだノートに片仮名文字が並んでいた
ヤ　ラ　ヤ　ラ　ヤラヤラヤラと続く片仮名
それは「基地のない沖縄」を願い　知事選に立候補した屋良朝苗の苗字だった　母は投票所で書く文字の練習をしていたのだ
ヤラ　ヤラ　ヤラ　私は思わず　ノート抱きしめ叫んだ　母さん！　母さん！

父よ　佐世保の海にいたそうですね
海軍兵だったそうですね　やっぱり神風は吹きませんでしたね
幼かった私も　南部の戦場を逃げまどっていました
だから　もう私は「日の丸は愛せない」いつだって「命どう宝」

戦争にとられて行く父と港で別れる時
父は幸福の住むニライカナイを指さしたそうです
それが最後　私の父は今も三八歳のまま
父よ　わたしは貴方の歳を超えました
悲しみだけの戦争に時効などないのです

父よ　今また　日本が危ないのです
憲法が危ないのです　子どもたちが危ないのです

いま、日本国内にある米軍専用施設　七〇％が沖縄に集中している

アメリカ兵の事件　事故があとを絶たないが　真実は伏せられたまま
さらに「日米安保条約」「日米地位協定」によって
アメリカの基地は　日本国民一人一人の税金で維持されているのだ

うた「沖縄を返せ」（最初小さくだんだん大きく）

＊＊沖縄の人々は思っている　ウチナンチュは日本国民　生まれも育ちも日本人
＊＊沖縄にある三八の米軍施設　其処には全てを奪う戦力が配置されている
＊＊美ら海に戦艦はいらない　沖縄に基地はいらない　平和を返せ！（二度目は全員で）
＊＊ウチナンチョー（**沖縄人**）　ムル（**みんな**）　マジュンドー（**一緒だよー**）　ミーヌシンニ（**瞳に**）
ウットータイクサバ（**映っていた戦場**）　ヌチヌアレー（**命あれば**）　ナンクルナイサー（**何とかなるさー**）

参考資料
＊連載講座　安仁屋政昭「日本近現代史に学ぶ」＝沖縄はなぜ基地の島にされたのか
＊資料提供　上里清美
＊佐々木藤子著『いま　ふりかえる　姉妹で逃げまどった沖縄戦』（私家版）
＊作構成・加筆　鈴木文子

俳句・川柳・短歌

東北発・若手俳人達の対話
俳誌「むじな2019」を読む

鈴木　光影

句会で自分の俳句の名前があかされて、「若い感性の句だね」というコメントを頂いた経験がある。そのような評に対して、確かに分からなくはないのだが、「若い」の一言で片づけてしまって本当にいいのかという微かな違和を感じていた。

俳句における「若さ」の傾向と思われているだろうものを勝手ながらに挙げてみる。若者特有の精神性、例えば情緒過多、自意識過剰、感傷主義。モチーフとして恋愛、健康的な肉体、人工物。手法としては口語、非定型。新しさへの希求、守旧的なものの破壊。このような若者の――もちろん、年齢に関わらず「若い」精神性を保つ作者もいるだろうが――なまの感覚は、「大人」になって色々なことを「知る」前の、貴重な生の実感であるように思われる。

しかしこれら「若い」感性は全て、「花鳥諷詠的」「伝統的」俳句観に反する、と言ってしまって良いのではないか。「伝統的」俳句が想定している俳句作者は、人生経験が浅く、自分と世界の距離を測りかねている、手探りの主体（若者）、ではなく、人生の酸いも甘いも経験し、達観し、世界を主観客観の総体として眺められる老成した主体である。俳句は、そもそも十七音の限られた制約の中で何かを言おうとする、断念の、諦めの、禁欲の文芸とも言える。ゆえに、「俳句は高齢者の文学である」という説は私も一理あると考える。

問題はそこからである。そのような伝統的、高齢者的俳句観が一方にどっしりと腰を下ろしているとして、それをラディカルに揺さぶり活性化するような俳句運動は、その対極たる、若者世代こそ成しうるのではないだろうか。

私自身は、俳句は小さくとも多様な価値や主題を包摂できる詩の器と捉えているので、年配の作者も年若い作者も、多彩な世代それぞれの実感がある俳句が生まれて欲しいと考えている。

平成二十九年に宮城県の浅川芳直氏と岩手県の工藤玲音氏が中心となって創刊した俳誌「むじな」の通巻第3号（「むじな2019」）が刊行された。東北にゆかりのある若手俳人約三十名が参加している。巻末ページには次のようにある。

◇参加者募集

「むじな」は平成元年以降生まれで、東北に縁のある俳句愛好者（出身・在住・母校が東北等）の交流を目的としています。／お気軽にご連絡ください。

東北はひろい。／同じ県の中にいても、車で一時間半かけなければ会えないことだってある。／こんなところで俳句をやっているのは自分しかいないのではないか、と思いながら、それぞれの部屋に閉じこもっているのだとしたら、ちょっと勿体無い。／たとえ少し遠くても、俳句が好きな仲間は東北に、東北を飛び出して各地に、確かにいます。／わたしたちと同じ穴に入りませんか？／仲間をいつでもお待ちしています。

俳句をやっている若者は――詩も短歌もそうだろうが――、そもそもがマイノリティである。さらにそれが東北などの地方であれば、孤立感がひとしおなのであろう。SNSで地域を問わず繋がれる時代に、若手俳人たちの個が、その交流・結束の場を「東北」という地縁に求めたところに、座の文芸としての俳句の俳句らしさがあるように思われる。浅川氏は〈「むじな」は特定の理念を掲げず、「こんな作者がいるぞ」と発信する雑誌である。既刊の号では東日本大震災と俳句に関する座談会や書評記事を大きく掲載したが、雑誌としての理念というわけではない〉（俳句文学館二〇一九年五月号）という。東北＝震災というレッテル貼りからは逃れて、ローカルを同世代俳句作家の連帯で再構築、再発信していこうという気概が感じられる。

誌面は二十七名の俳句作品の他、俳句にまつわるエッセイや、特集「私の気になる季語」など、参加者たちの俳句に対する実感、なまの声が随所で光を放っている。

その中でも特に注目したのが、〈【むじな合宿 in 一関】勉強会「震災詠を振り返る」『語り継ぐいのちの俳句』（高野ムツオ）、『釜石の風』（照井翠）を手がかりに／一関なつみ・高橋綾・谷村行海・瑞田卓翔・千倉由穂・茶摘屋七丸・浅川芳直〉である。

前半の話題は『釜石の風』中、宮城県南三陸町の防災対策庁舎から防災無線で町民に避難を呼び掛け続け、津波の犠牲になった町職員についてのエッセイ「遠藤未希さん」について。

瑞田　ぼくは「遠藤未希さん」はすごく引っ掛かったんです。106頁のところに、「未希さんは、職責を全うし、天使になった。強い念のこもった未希さんの声は住民の心に伝わり、気づかせ、避難行動をとらせた。多くの命を救ったその声は、人々の記憶に永遠に刻まれた」とあるんですが、ここの「職責を全うし、天使になった」「人々の記憶に永遠に刻まれた」これはまったく受け入れられない。共感性を高める表現だというのはわかるんですが。いや、現場で被災された照井先生に、まったく被害を受けていないぼくが噛みつくってのはおかしな話なんですけど、個人的には死者のことを天使と呼び換えたり、「人々の記憶に永遠に刻まれた」といったりするような、そういう表現の端々に感覚の違いというか、違和感みたいなのを感じます。

この瑞田氏の言葉は、震災の犠牲者にどのような言葉をかけうるか答えは無い中で、他者の命を救って自分が犠牲になった未希さんを「天使」と呼んで神聖化することが、未希さんの死という出来事の肯定に繋がるのではないかという危惧、そのような言葉が用いられていることへの批判があるだろう。この率直な問題提起に、他の参加者からは次の様な意見も語られた。

茶摘屋　私も実は、「天使になった」とか「永遠に刻まれた」とか、ちょっと引っ掛かったんですけど、先に他の資料とかも読んでて、地震とか実際に見た人はその、天使と神様とか超自然的なものに仮託しないともう信じようがないというか、それだけすごいことだったから、まあ、私もこの表現はあまり好きではないんですけれど、「天使」とかそういうふうにして、エッセイなので実際に体験したことを少しでも軽減しようと、というかその、より聞き入れてもらいやすくするために、こういう表現になったのかな、と思ったりもするんです。

瑞田　「天使」とかっていう表現を禁止したら困る人ってか

なりの数いると思うんですよ。だからそれは、自分の中でもそういう引っかかりと、でもそれを咎めることで何があるのか、というのは自分でもよくわからないです。

浅川　一歩引いてというのではなく、当事者のことばとして、思ったことをそのまま言うということなのでしょう。

一関　本当に一瞬で奪われたものに対する無念さ、かなしみ、その人に対する慈しみの気持ちを込めると、「永遠」「あなたは天使になった」という表現でしか、消化しようがないものがある、ということなんですね。

茶摘屋氏、浅川氏、一関氏は、「実体験を軽減」「当事者のことば」「…という表現でしか、消化しようがないもの」として照井氏のそれのような震災当事者ゆえの言葉の在り方を認める。一方で、瑞田氏の「よくわからない」というもやもや感がそのまま対話の種になっているのが、私がこの座談会の最も信用できる点だと思った。私自身もそうなのだが――だからこのような評論家的文章を書いている――、そしてきっと瑞田氏も、「一歩引いて」文章を読んでしまう。照井翠という俳人、エッセイストは、その対象に、犠牲者のこころに、できうる限り近づこうとする。そこに俳人照井翠の作家性がある、と共に、俳句の一真実があるともいえるだろう。

未希さん、ようやく逢いに来ました。今日は暴風雨で、私には丁度よかったです。快晴の爽やかな空のもとでは、あなたに向き合えない。あれから五年が経ちます。あなたはあの日、ひと息にご自分の人生を完成なさった。津波の迫る、放送室で。町は変わりますが、あなたは変わりません。未希さん、あれから五年が経ちます。

（照井翠『釜石の風』「遠藤未希さん」最終部）

きっと照井氏は、想像上の「津波の迫る、放送室」へ何度も赴いている。何度も「逃げて！」と未希さんへ叫んだ。未希さんはマイクを放さず、町民たちへの避難を呼びかけ続けた。「ご自分の人生を完成なさった」とどこか晴れやかに言えるのは、未希さんが助かったかもしれない過去の分岐点を泣く泣く諦めて、未希さんのその時の全ての行動を受け入れ、肯定したのだ。

建築構造や都市計画や非常時の運営マニュアル等々、様々な社会的または偶発的要因によって、助かるはずが助からなかった人命が九年前の震災にはあっただろう。そのような不条理が言葉に置き換えられるときの「引っかかり」や「わからな」さ、割り切れなさは、またひとつの文学であると思う。

なお、未希さんの「天使」という名付け自体は、照井氏の言葉というよりも、町民たちの言葉、と捉えた方が良いようだ。〈未希さんの声は「天使の声」として町民の心に深く刻まれている。〉（参考：二〇一二年一月二十七日河北新報、http://memory.ever.jp/tsunami/higeki_bosai-tyosya_miki.html）

座談会はその後、俳句甲子園地方予選などの場で、震災を詠むと評価が甘くなるのではないかという問題提起がなされた。それに対し、震災句を無理やりひねりださなくてもいい、という声、今も震災への思いは深いが俳句として前景化されなくなった、逆に震災句が敬遠されている印象がある、などの状況が語られた。また、『語り継ぐいのちの俳句』の著者高野ムツオ氏によって言われた、被災時に俳句を詠むことで感じた「俳句の力」や「救い」に対して次のような率直な意見が出された。

高橋　句を創作するだけで救いになる、って感覚は、すごいなって私は思っちゃう。かりに救いになるとしたら、だれかに認めてもらったときが一番うれしい。

一同　そうだよね。

（中略）

茶摘屋　俳句や短歌を考えているときはほかのことを考えなくても済むので、それが救いなのかなと。私の場合は詩は逃避のためにやっているところがあって、逃避はそもそも救いなのかなと、そんなことを思っています。

浅川　（略）「表現する喜び・救い」＋「認められる喜び・救い」、という二段階になっていて、どっちを強調するか、ということだと思うんです。「どっちも」というところで、人によってそのバランスが違っているんじゃないでしょうか。これは「なぜ作るのか」という芸術一般の問題になってくると思います。

高橋　ただやっぱり俳句は特殊です。音楽だと、ピアノ弾いて、ああ今回はうまくいったって自分でわかる。絵もそういうところがあって、自分で描いててひたすら楽しかったりする。でも俳句は、ちがう。ちゃんと伝わるのかなって不安になる。そこが俳句の特殊なところなのかなと思いました。

浅川氏の「バランス」説に乗ると、高野氏ら年配の俳人は「表現する喜び・救い」を比較的感じることができ、この座談会出席者のような若手俳人は「認められる喜び・救い」を比較的感じやすいということだろうか。いや、「表現する喜び」が主たる俳句の効用であるとするならば、俳句コンクールはもとより句会の存在価値がなくなってしまう。〈**高橋**　誰かに認めてもらったときが一番うれしい。／**一同**　そうだよね。〉という本心は俳人・もっと言えば表現者全般に普遍のものだ。「認められる喜び」は俳句の大前提として必要なことを改めて思った。

茶摘屋氏の言う逃避としての俳句は、「逃げる」というと卑怯でマイナスな印象があるが、心の避難場所があることは生きていくうえで必要なことであろう。〈**千倉**　（略）ムツオさんの一連の有名な震災詠は、震災の時仙台から多賀城まで歩いて帰ったとき不安だから、不安から逃げるために詠んだそうなんです。（略）〉という発言からもわかるように、日常であるか非常時であるかの違いであろう。

高橋氏が「俳句の特殊なところ」と言う「ちゃんと伝わるかなって不安になる」という実感は、詠む時と読まれる時、俳句は二度生まれ、そこにタイムラグがあること、また俳句がただ楽しいだけではない文芸だということを表しているように思う。

俳句がSNSの一部の利用者のように「いいね」の数集めの刹那的な自己承認欲求を満たすものと異質であるのは、この「不安」、または伝わらなかった時の失望を糧とできる点ではないだろうか。他者からの評価は、良い時もあり、悪い時もある。その中で自己や自己の俳句を確立し、俳句を作る行為そのものに「表現する喜び」を見出していく。「不安」は悪いことばかりではないように思われるが、いかがだろうか。

生き物のベクトル

奈良　拓也

草原の雨

化石の影たちの
動乱

滅んだ森の影が燃える　汽笛　キテキ

ライガーのいた地層の消失

焚き火　小石　猿のジャクソンマーチ

雪の世界
ライオンを
食い破る
異形との子

四肢のある水の黒くて黒い嘘

空飛ぶ魚が大量死する5年間

満月　頭部のない首長竜が笑う

クジラビト　銀の指輪をする小指

冠たちが談議するセイレーンの巣穴

核爆弾を知る
バクテリア

海流

蟹《かに》による蟹のための謝肉祭

爛《ただ》れたクラゲの太陽信仰

破軍星

松本　高直

炎天下枯山水に血のにおい
天の河客星燃えて夢一夜
水面にラヴが妖しく浮かんでいる
アンコールねだる聴衆ねちっこく
免罪を吊して延びる蜘蛛の糸
風立ちぬ山靴の紐締め直す
蓮根の穴から覗く夏の恋
令月の裏で舌出す白兎
聖人の安息乱す蚊の羽音
古書店で立ち読みをする猫目避け
廃屋の木戸を彩る烏瓜
秋の昼渚で潜水艦を待つ
晩秋の生産緑地に木守柿
秋色の挿絵の女空仰ぐ
風止んで花野をめぐる蝶ふたつ
秋日和お伽噺が舞い降りる
匙投げて言葉を投げて夜半の月
酔人の視界に光る破軍星
サルトルを虫干にして蕎麦を喰う
近代の超克爆ぜる囲炉裏端
忘年会轆轤首と肩を組む
茜雲淋しいと嘘言ってみる

黒真珠

長襦袢みどりの半衿クリスマス
かばんには今日の全てと風邪薬
待降節キャリアウーマン間合いなし
餅のないお汁粉おしゃじで甘きかな
頓馬でも間抜けでもよし年忘れ
柊は鈍き視界をシャープネス
ジャンパーは毛皮修理は大阪に
人生を丸ごと略取年のくれ
穴籠り霞が関の遠すぎる
ハロウィンのお化け本当現実化

古城　いつも

恋をするオトコ貧乏冬の雨
雪が降る若さすなわち優越感
病院に収監神のおらぬ秋
諦めて逆に手にした黒真珠
祭壇は蓮のレリーフ煩悩は
自我強き母は滅びぬアマリリス
あの時の友達コインチョコレート
アスリートの心で踊る年明ける
羽織着てどん詰まり感大晦日
襖替え青き松葉の去年今年

音信不通

福山　重博

山眠る死者と祝言あげた夜
寒月や旅路の果ての猪八戒
滞納の友のスマホや虎落笛
花冷えや土鍋の蓋の割れている
蜃気楼おどる影なき少女たち
廃園や病める時間が咲かす花
新緑や午前十時の霊柩車
浮輪ひとつ漂う青き地球かな
戦闘機したたる蜜や蟻の群れ
水平線ひつぎの舟のながい旅
黄泉の国かえる夫の始発バス
残業のない五時のまぶしさ青りんご
秋風や叔父は独身音信不通
秋風や本能という羅針盤
憎しみで真赤に錆びる地球かな
仏壇の位牌の数や七五三
たましいがころがってゆく秋のやま
腐蝕した時間の匂い山眠る
満月を水に映してなめる猫
月蝕や伏字ばかりの初版本
昂揚に縁なき日日や常緑樹
サルトルのねむる書棚や除夜の鐘

雁渡し

原　詩夏至

転生の灯蛾また灯蛾に宵の街
その男何に反旗を秋麦酒
照明を消し中継の秋花火
夕風や外湯に仰ぐ鰯雲
水噴ける樋の継《つぎ》手《て》や台風下
狭《さ》庭《には》いま何かへし折れ台風下
「天国と地獄」朗らか運動会
断髪の妻足速し雁渡し
大風に喘ぐ火の舌蔦紅葉
来り去る常の野良猫草紅葉
尾灯なほ釣瓶落としの宵闇に
教団の庭実柘榴の朱《あけ》数多《あまた》
西郷の貌《かほ》彫り深き白露かな
新聞に朝《あさ》寒《ざむ》到るポーチかな
手際よき解体工事十一月
語りゆく白人夫婦冬桜
冬ざれの道ランナーら皆口開け
墓裏の道なほ細く夕時雨
着ぐるみを脱ぐ一茶忌の楽屋かな
眼鏡越しなる小《せう》雪《せつ》の薄曇
布団また抱き混沌の夢現
濡れ色のまま凍てゐるや甃《いしだたみ》

冬薔薇

香焼　美矢子

磨いま一葉残す今朝の冬
皇居へと玉砂利踏みて枯木道
黄昏に波も穏やか小春凪《こはるなぎ》
逝く人に残る人あり冬の蝶
一歳の孫は揺籃《ようらん》冬日指す
幼子の寝息聴きつゝ六花《むつのはな》
目尻皺隠すもおんな冬薔薇
缶蹴りの子らの遊びや冬ざるゝ
美しく老いたき話題冬木立
木枯を突き刺すやうなペンを買ふ
三味線の調べは津軽雪催

夫もまた手本は鶴のつがひかな
毛皮着る人の後ろへくじ売場
ポインセチア君に似合ひの鉢贈る
点灯の輝き見つむ師走月
急ぎ持つ財布に小銭年の市
掃除機の詰まりが取れぬ小晦日《こつもごり》
流れ星探す夜空や年の暮
年新た一句に抱負込めて見る
新玉に夢の膨らむ朝日かな
おかめの眼児より下げたる福笑ひ
歳一つ重ねて恋の梅探る

渦なす枯野

鈴木　光影

星さがす十一月の湖畔かな
マスクして顔半分を忘失す
鯛焼きの少し笑つてゐるらしく
ふとん剝ぐ片目に夢を留めつつ
公園の木々ひそやかにクリスマス
雪の夜の長き廊下を曲がりけり
冬麗や文机に置く万華鏡
冬の雲洗濯するとは生きること
睦み合ふ銀杏落葉の積む小山
凍星や深く波打つ高架橋
寝酒して光及ばぬところまで

牡丹供養十万年を土が待つ
歩き来て顔に渦なす枯野かな
冬晴や鳥弾丸のごとく行き
液晶の白光に浮く雪女郎
雪国の便りや雪のやうな和紙
立つ爪にしろがね摑む冬鴉
寒月を地へ飾るかにホテル建つ
産道をぬるりと抜けて寒椿
去年今年均しく闇の置かれをり
初風呂にほどいてむすぶ身体かな
初電車くきやかな世を通りけり

二〇二〇年元旦に
子《ね》年《どし》川柳

水崎野里子

On a New Year's Day 2020
Senryu: FOR A RAT YEAR

Noriko Mizusaki

正月は餅を食いすぎ昼寝かな

On a New Year's Day
So much rice cake I ate in full
A noon nap for me now

ネズミ年猫を装い暮らそうか

This year's animal sign
Rat: shall I go pretend a cat
Through a year for life?

鼠小僧今年はわれも手拭いハット

Rat Kid! This year with you
I put on the head cover of cloth
Edges tied under my nose

夫描く賀状のネズミは猫に似て

Painted by my husband
The rat illustration for the card
Just like a cat: oh my god!

今年こそネズミもわれとぐうたらに

This year I hear he says
He will live through lazy days
Together with me: do let's

(Translated by Noriko Mizusaki)

一人で『俳句かるたミックス』で遊んでみた

勝嶋　啓太

「カツシマさんは、松尾芭蕉とかお好きですか?」

コールサック編集部に詩が書けてないんであと二、三日締め切り延ばしていただけないでしょうか、というお願いの電話をかけた時のこと、鈴木比佐雄さんから唐突に聞かれました。

松尾芭蕉……ぶっちゃけ「奥の細道」だってちゃんと読んでないし……ということで誤魔化して「ええ、まあ……」なんてごにょごにょ言ってたら、「実はこの度、芭蕉の俳句でかるたを作りましてね、『俳句かるたミックス』と言うんですが……」

正直言って僕、俳句ってちょっとニガテなんですよね……。

僕はちょっと情緒に欠けるところがあって、「古池や蛙跳びこむ水の音」なんて言われても「……はあ、そうですか……で?」ってな具合で、てんでピンとこない有り様でして……でもコールサック社さんには普段からお世話になっているし、今もまた締め切り延ばしてなんて無理なお願いを聞いて貰ったばかりだし、そもそも芭蕉の俳句をカルタにするってどんな感じになってるんだろうとちょっと興味もあったりはしたもので、正直お付き合いのつもりで大して期待もせずに（失礼）、ひとつ購入してみました。

で、さっそく開けてみると……芭蕉の代表的な三十句がそれぞれ一句ごとに上句・中句・下句の三枚のカードに分けられていて（それぞれにとっても可愛らしいイラストが付いていています）、遊び方としては、百人一首のように読み手が読んだ句のカードを取り合って、取った枚数を競うとか、トランプのポーカーやババ抜きのような感じで進めながらカードを組み合わせて正しく芭蕉の句を完成させたり、独自に組み合わせて新しい句を作ったりする、というもので、大体三～六人ぐらいで遊ぶものでした。同じ内容の英語版のカードも付いているので、猛者はカルタ方式で読み手が日本語で読んだ句の英語版のカードを取り合う（あるいはその逆）といった遊び方も出来るかもね……（詳しい遊び方については芭蕉の句のわかりやすい現代口語訳もついた丁寧な遊び方説明書が同梱されていますし、ホームページでも紹介されているそうなので、そちらをご覧下さい。）

結構、ちゃんと芭蕉で遊んでんじゃん。面白いじゃん。

僕は、かねてからブンガクって、やたらとムズカシイ顔して、ちょっと遊び心が足りないよな～って思ってたので、こういうのは企画としてとってもいいなと思います。僕のような俳句はどうもムズカシくてイマイチ苦手……なんて敬遠している人もゲームだと思えばとっつきやすいし、まだ俳句なんてよく知らなかった子供がこれで遊ぶことで芭蕉や俳句と出会うきっかけになるかもしれない。これで俳句って楽しいもんだな、と思って俳句に興味を持ってくれたり、自分も俳句を詠んでみようと思う子が出て来たりしたら、それはとってもステキなことですよね。

ということで、『俳句かるたミックス』は、とっても楽しくて、いい企画なので、出来れば与謝蕪村とか小林一茶とか正岡子規とかどんどんシリーズ化してほしいな～と勝手に無責任に思っているのですが……ただ、僕個人としては、ひとつ問題が……それは……

現在、僕とこれで一緒に遊んでくれる人がいない。（そこの人、友達がいないのね、とか言わないように！）

これでは、せっかく買ったのに、宝の持ち腐れになってしまう……ということで、なんとか一人で遊べる方法はないか、と無い頭でいろいろと考えて、僕は現在、こんなルールで一人で楽しんでいます。題して「偶然出来た俳句に無理矢理ストーリーを付けるゲーム」！……つうかビックリマーク付けるようなことではないんですけど……

では、実際、やってみながら、ご説明しましょう。

①まず、上句・中句・下句のそれぞれ一番上のカードごとに、それぞれよくシャッフルして伏せて置きます。

②上句・中句・下句のそれぞれ一番上のカードをめくります。

では、試しにめくってみましょう。まず上句から。出ました。「行く春や」。これは「行く春や鳥啼き魚の目は泪」の「行く春や」ですね。次、中句。「隣は何を」。これは超有名な「秋深き隣は何をする人ぞ」の「隣は何を」ですね。さて、下句は……「最上川」。ちなみに「最上川」というカードは「五月雨をあつめて早し最上川」の「最上川」と「暑き日を海に入れたり最上川」の「最上川」の２枚あります（微妙にイラストが違う。ちなみに今回出て来たのは「暑き日を～」の方の「最上川」でした。まあ、どっちでもいいんですけど……）。

ということで、早速、一句できました！（まあ、僕はただカードめくっただけなんですが）

「行く春や　隣は何を　最上川」

……フム、今回はわりとマトモっぽい（？）のが出来ましたが、ルールとしては、出来た句は俳句の神様である松尾芭蕉先生があの世から「この句を読み解いてみよ」ということでお与え下さった霊験あらたかな句であらせられるので（なんのこっちゃ？）、仮にとんでもなくヘンな組み合わせになっても一切やり直してはいけません。例えば前にこんなのが出来ちゃったことがありましたよ。「夏草や雪見にころぶ桜かな」（季節いつなんだよ！）こんなのもありました。「荒海や奈良には古き最上川」（最上川って奈良にあんのかよ！）こんなのが出来ちゃっても、ガンバって次のステップに進みましょう！

③出来た句がどういう意味なのか、無理矢理バックストーリーを付けます。

ここが、ちょっとブンガクやってる人の遊びっぽいところだと思うんですが、どうでしょう？（まあ、こんなことでもやらないと、ただカードめくっただけですからね……）僕だって木っ端詩人とはいえ詩人の端くれ。出来上がった五・七・五＝十七音にどんなドラマを見つけ出せるか？

えーと……「行く春や　隣は何を　最上川」……「行く春」と言うんだから、春の終わり頃ですかね、最上川に行ったんでしょうかね、行ったの誰？　隣の人？「隣の人は、こんな春も終わりの時期に最上川に旅行に行って何しようってんだろうねえ」とか……最上川行ったのやっぱり僕かも知れない……「最上川で川下りしながら、行く春を楽しんでいるんだけど、隣に座ってる人がさっきから挙動不審で気になるなあ、何してんの？」とか……もしかしたら「最上川」って人の名前かも知れない……「もがみ・かわ」さん……いやいや、これは多分、名字だろう。「最上川ひろし」さん（40歳、独身）とか……誰？（もしかしたら「もがみがわ」ではなく、「さい・うえかわ」かもしれない……何のこっちゃか、わからないが……）ということで、こういう意味かも知れない、「こんな春の終わりの日に、隣に住んでる40歳独身の最上川ひろしさんは何をしてるのだろうか？」でも、なんで僕は隣人が何をしているのか、そんなに気にしているのか？　もしかすると、アパートの隣の部屋からヘンな物音が聞こえてきたのかも知れない……「春もそろそろ終わりのある日、隣に住んでいる最上川ひろしという40歳の独身男の部屋から、怪しい物音が聞こえてきたのだが、一体、最上川は部屋で何をしているのだろうか？」気になって様子を見に行ってみると、最上川ひろしの姿はどこにもなく、部屋には見知らぬ女の変死体が！……う〜ん、イマイチ！　安いサスペンスドラマの見過ぎだって……てか、もはや全然、「行く春や　隣は何を　最上川」じゃなくなっとるやないか！

てなわけで、詩人とは思えないダメダメっぷりでしたが……ま、まあ、遊びですし、あれこれ考えてたら、結構ヒマもつぶれたので、気にせず、次のカードをめくりましょう。

なお、今回は、上句・中句・下句を別々にシャッフルしましたが、もっと過激な人は全部ごちゃ混ぜにしてやるという手もあるでしょう。当然、五・五・五（例「古池や　夏草や　閑さや」）とか七・五・七（例「岩にしみ入る　夢の跡　蛙跳びこむ」）とか七・七・七（例「蛙跳びこむ　岩にしみ入る　兵どもが」）とかにもなるでしょうが、「これは自由律俳句だ！」とガンバって強弁して（誰に対して？）、続けましょう。

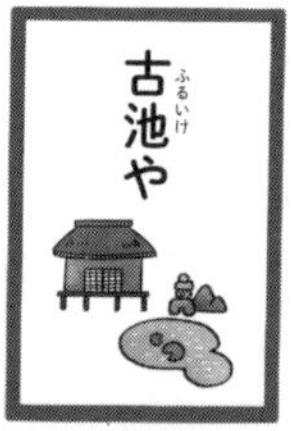

ところで、今ちょっと気づいたんですけど、例えば「古池や　蛙夏草や　閑さや」とか「岩にしみ入る　夢の跡跳びこむ」なんて、まあ、俳句のルール的にどうかわかりませんが、意外と味わい深くて良い句じゃないスか？　こうやって遊んでて、実感するのは、芭蕉が使っている言葉って、どんなメチャクチャな組み合わせになっても、それはそれで結構、情感豊かな句になるんですよね。俳句の全体のイメージはもちろんなんだけど、その中で使われているひとつひとつの言葉に、豊かな感情やイメージがすでに内包されているんですよね。だから、どんな組み合わせになっても言葉と言葉の間に流れる情感を読み解くことで、絶対に《物語》が立ち上がってくるんです。良い俳句は情感豊かな言葉によって構成されている、いや、これは俳句だけじゃなくて、詩だって短歌だって小説だってみんなそうかもしれないけど、俳句は言葉をギリギリまで切り詰める分だけ、それが実感できますね。芭蕉の俳句はどんなにバラバラにしても名句です……なんてエラそーにお笑い詩人のオマエが言うなってツッコまれそうですけど、それはまあ措いといて、案外、芭蕉の句の凄みを味わえたりするのも『俳句かるたミックス』の魅力でしょう、と巧く宣伝しつつ、こうやって次々めくるだけで自動的に一巡りで三十句出来ますので、それをノートに書き留めたり、それっぽくバックストーリーを書いてみたりすると、いっぱしの俳人になったような錯覚を楽しめます。実際やってみると、結構、それっぽいのが出来たりして、意外といいヒマつぶしになりますよ。メチャクチャなのを楽しむも良し、妄想の翼を広げて楽しむも良し……皆さんも、自分で独自のルールを決めて、『俳句かるたミックス』で遊んでみたらいかがでしょうか？

さて、俳句担当の鈴木光影さんに、『俳句かるたミックス』でこんな風に遊んでます、という話をして、出来た句をお知らせしたら、さっきの「行く春や　隣は何を　最上川」にバックストーリーを付けてくれました。ということで鈴木光影さんの無理矢理なバックストーリーをご紹介。

「お父さんの急な転勤で、同じクラスで昨日まで隣の席に座っていたマツオ君が転校してしまった。マツオ君は新学期から転入して来たから、春の季節のほんの短い間だけだけど、友だちだった。聞けば、転校先の小学校は、最上川の下流の町だという。今頃川下りをして新しい町へ向かっている頃かな。」

いや〜、俳句やる人ってスゴいなあ……テキトーに組み合わされただけの五・七・五＝十七音から、ここまでの物語を導き出すとは……。

さて、あなたなら、どんな物語を思いつきますか？

〈存在〉をめぐる一つの〈非‐排中律〉

――存在するとは別の仕方で、あるいは存在することの彼方へ――
（E・レヴィナス）

原　詩夏至

存在のなごり鮮たに矢場にあり伯父を送りしひとも身罷る

塚田沙玲

「現代短歌舟の会」2019年12月例会（自由題・1首）詠草より。「矢場」は、当初は地名かと思ったが、作者によれば「神域内にある矢を射る場。弓場」を意味する普通名詞。但し、血縁者がよく訪れていた、いわば「故郷」の原光景の一部を形成する特別な場所だったという。それは､単に「分かり難い」「一般の読者に伝わりにくい」等の功利的・便宜的な理由で他のよりポピュラーな「普通名詞」に軽々しく差し替えてしまうわけにはいかない、語り手の「個」に深く根差したかけがえのない名だ。その意味では、ここでのこの「矢場」は、「固有名詞」と「普通名詞」の境界領域に位置する､いわば「準‐固有名詞」なのだろう。

そこには、語り手の今は亡き伯父もいた――或いは、伯父より先に世を去った他の多くの血縁者も。彼らは、皆、既に確実に「存在している」というわけではないが、と言って全く「存在していない」というわけでもない。いわば彼らも又、「矢場」同様、「存在」「非在」という二つの異なるカテゴリーの境界領域に滞留し累積する何かなのだ。そして今、かつてその伯父を「送りしひと」も又身罷って世を去り、「彼ら」の新たな一員に加わった。恐らく、作中主体自身も又、いつの日か、同じように身罷り、同じように「彼ら」の一員として「矢場」に赴くことになるのだろう……。

「存在のなごり」――不思議な言葉だ。もし「存在」と「非在」（乃至「存在」と「無」）が決して相容れない「あれか、これか」の排中律的な概念なら、それは果たしてどちらに属するのか。「存在」？――だが、そもそも「なごり」とは「今は既に存在しないもの」の残した何かではなかったか。それとも「無」？――だが、もし、「ある日ある時確かに存在し、その後消え去ってしまったものが残した軌跡」（つまり「存在のなごり」）が「無」と同義だというなら､それは結局「死者」も「歴史」も「記憶」も「無」なのだと主張することと同じにならないか？

「存在か、然らずんば無」「生か、然らずんば死」「正義か、然らずんば悪」――なるほど、遠目にはなかなか威勢がいい。決然として、場合によっては英雄的とさえ見えるかもしれない思考法だ。しかし、近くに寄って仔細に観察すると、見え方は又少々違ってくる――つまり、それらは単に性急で粗暴で繊細さに欠ける未熟な価値観・世界観に過ぎないのではないか、と。

「霊」――例えば掲出歌の「存在のなごり」は、そう言い換えることも出来る何かだ。だが、そうすることによって「霊は存在する」「いや、しない」といった不毛な争論を引き起こすことを、恐らく敢えてこの書き手は避けたのだ。

連続体としての「死者」と「生者」、そして「存在」と「無」。心の「壁」を取り去る――それはつまり、そういうことの小さくひそやかな積み重ねとも言えるのではないだろうか。

初冬の兆し

香焼　美矢子

山裾の紅葉ひときわ染まりゆく楓ひとひら風のなすまゝ

懐かしき受話器越しには母のこゑ「届いたかの？」と訊くさはし柿

晴着召し参道歩む七五三親子の笑みが孫と重なり

霰降る郷の便りに母想ふ白く耀《かがよ》ふ姿初冬の兆し

冬の夜貴方を想ひ綺窓《きそう》より弓張月の灯り差し込む

月影の能面《おもて》を隠す悪戯に貴方を照らすオリオン流る

夕陽射しくれなゐ染むるわだつみの神秘に惹かる冬の深まり

冬ざれになほくれなゐの山茶花の庭を狭しと咲き乱れては

雪降る夜貴方に白いマフラーを編む手休めて蜜柑頬張る

悴む手息を吹きかけ身を竦《すく》む踏み締む落葉音も虚ろに

アリババ投資

古城　いつも

美しきもの唯ひとつ九十九ざかおまえは四つ少し足りない

プリッツは技術凄まじお菓子にて常勝街道ついてゆきたし

象徴を解き明かすまで幾十里時間積層させ年をとる

側近を殺され野分も過ぎるころ立志あるらんよいばらも踏まん

投資する勘所かなアリババに数量少なくハロウィンリース

わたくしのツールリンナイガス焜炉待つほどもなくお湯は沸き立つ

人の世は穢れたものと知ったなら狐来る道鼬出る道

わたくしの中をお重りが垂れているわたくしという絶対荷重

正気ではつくる能わず気ちがいと呼ばれてみたきよ芸術家なら

愛と性否む女に影が立つ鬼龍院花子娼婦にて果つ

少女用アニメマハリクマハリタの太鼓響いて男は狡い

恋人はステップ踏めず草上に牧神のパン笛を吹けども

ニッキ棒権力の匂い嗅ぎながら黄色い狂犬警察署員

黒き馬我を射たんと駆けてくる馬は晴信武田の嫡子

のっぺら坊顔をべろんと撫でながらこんなお顔で鼓舟のめのと

バンジョーを持って出かけた処ですカントリーロードバファローローム

降車してドールハウスのときめきも田町森永もうこれはよし

あぁ汝は快楽主義者の大権現お手玉ぽろりまたぽろりぽろ

まぼろしに母熊小熊横切りて小さき家は父の懊悩

搾菜を教える中学同級生父はラーメン三松の店主

歳月

荒川　源吾

まだなにを待つと言ふのか待つことのかくも切なき年齢《よはひ》となりぬ

死ぬほかに用なき齢と思ひしものどつく怒りありて死ぬるをのばす

ああまたも亡き子の髪が伸びてゐる刈つてあげねば　まぼろしの櫛

流星のやう脳を過去をつきぬけて　いつの日あれは誰の泣き声

まちがつて生まれて来たる吾なれば母のかなしき歳月おもふ

とつきとをか母の胎内に浮きゐたりその形をとる湯槽のなかで

身籠ると身罷るの文字の誤植《ミスプリ》に歌は難解評者長考

歳月はまぶしかりけり残る世の一寸のひかりを這ふ蝸牛のやう

夕暮れは遠近ぼかし浸しくる一枚の大き影絵となるまで

かつて吾でありしものらの声のやう夜闇に樹々が愬々と泣くなり

大根の苗もそれを食ふ虫も苦しかろ房総界隈どしゃ降りやまず

氾濫、いたるところが海となり洪水神話が脳をよぎる

気候危機のなだるる予兆水惑星人間はこの星を壊す

誰の声、おまへは何をして来たんだ、生きて来たんだ生きてと誰が

殺められし児が来て漕ぐか公園のフラココ揺れる秋の日和に

今日ありて過ぎゆくものを書きとめむ明日咲く花を枯らす貧困

見えない見ない見やうとしない見て見むものらに囲まれ生きる

九十年生ききてうすきしむらを、ああまた秋が通りすぎる

水滴がガラスの面を這ふやうに這ふやうにわれひとをおもひおり

みをつくし敵と味方を血で分ける、腑分けはつづく、片割れの月

羽枕

原　詩夏至

まだ死んでいないかどうか確かめる少年の掌《てのひら》老犬に
表紙剥がれた肌色の文庫版『魔の山』の背に皺夏休み
まだ生きていないかどうか確かめる将軍の靴先敵兵に
超古代魔法文明滅亡の謎まだ謎のまま秋既に
愛かそうではなかったか知る由は今はなく未婚の魔女焚死
全集の一冊抜歯するように引き抜けば黄泉の香秋黴雨《あきつぃ》入り
水素原子の図のどこか寂しげな陽子・電子の一夫一婦
文化遺産の認定を外された彫像に虚の花空からの
壮麗な散財として堆《うずたか》く積もる公孫樹の死よ金色《こんじき》の

薔薇背負うまで美化された落研《おちけん》の先輩今はどこに黄落

黒弥撒のようにアトムの原子炉を胸から抉り取る光の手

蛸の夢見て聖潔を瀆された修道士その後雪国に

深夜貧民窟《スラム》で酔漢が口ずさむ聖歌に少し小節《こぶし》初雪

原子力空母沈めて放射能貪る飢えと怒りゴジラの

国境をゆけば「おまえの行き先は死よ」と教えてくれる極光《オーロラ》

もう死しか見つめていない透明な眼がまた瞬《しばた》く雪野原

きみの死の後《のち》きみの死の真相を告げて舞う風花《かざはな》冬海に

きみの死の後《のち》きみの死の〈真相〉を語り継ぐ語り部〈権力〉の

卒業文集に「神父になりたい」と書いた子のその後《のち》雪の道

雷鳴を遥かおまえが永遠の愛を夢見ている羽枕

白髪の書生

福山　重博

読書感想文カミュ「異邦人」うすくて　やすくて　カッコよくて

立小便かんせいまぢかの箱舟をみていた蟻たち流されてゆく

ゆうはんの　みそしるのなべに　へばりつく　わかめのかわき　まよなかにしる

初日の出ぼくのうしろで砂時計みながら死神ちいさくわらう

かんぱいのあいさつながくて泡きえてビールのグラス廃墟となって

やり直すことができない街　正解の影追いかけて止まれない歯車

きりかぶが血をふくまっかな夕やけを絵にかくぼくのかげはうすくて

しおしろく　さとうしろくて　もちしろく　ためいきしろい　しんねんのあさ

暗い海マリンスノーのふりつもる墓場に地球の歴史がねむる

かんれきをすぎてもあおいとわらわれる白髪の書生がゆめみるみらい

龍

座馬　寛彦

太郎月子を預けに行く坂みちの果たてに翔けるすじ雲は龍

雨脚はどんどん強く足音を鳴らしわが家の屋根を越えゆく

細胞の集合として暗やみにわたしを写す雨の点描

雨あがり歓楽街に立ちこめる霧は煙草のけむりで甘い

鰐の腹みたいに濡れたタイヤを擦りＳＵＶの後ずさる音

りんりんと光の輪っかを星々に響かせ月の統べる冬空

夜を越し沼の思念は霧となりしずかに街を膨張させる

抜け目なく九指を広げ陽をうけるヤドリフカノキつややかな朝

鼻さきをガラスケースに近づけて真水のような静けさをのむ

抱きあげて子の体温と無言とを首の根もとに受ける　初雪

「有限の命」と向き合った歌人

座馬　寛彦

二〇一九年十二月十八日、東海道新幹線で乗客の男女三人が殺傷された事件（二〇一八年六月）で殺人や殺人未遂の罪に問われた小島一朗被告に、無期懲役の判決が出た。裁判長は判決理由を「あまりにも人の命を軽視した身勝手な動機」とした一方、「家庭環境や精神障害の問題を考慮すると死刑に処すのがやむを得ないとはいえない」と述べた。確かに無差別に人を殺傷したその残酷さ、非道には戦慄を覚えるが、不幸な生い立ちを知ると、どこかで彼に救いの手が差し伸べられればこのような凶行に走らなかったのではないかと思える。しかし、「有期刑になってまた出所したら人を殺すハメにな」るという発言や判決を言い渡された直後の「万歳三唱」など被告の公判での過激な言動を受け、「本人は更生する気がない。死刑を求刑するべきだった」と訴える声が噴出している。彼らは怒りのあまり、被告の言動の背景にあるもの、彼がどのような人間かを理解しようとはしていない。

二〇一九年一月に刊行された歌人・純多摩良樹の評伝、『ある若き死刑囚の生涯』（加賀乙彦著・ちくまプリマー新書）は、獄中の純多摩吉樹と交流のあった加賀乙彦氏が保管していた純多摩本人の手記と手紙を元に書かれ、時系列に獄中日記を並べたような構成になっている。純多摩良樹（筆名、犯行当時二十五歳）は一九六八年、旧国鉄横須賀線の車両の網棚に仕掛けられた時限爆破装置付き爆弾が爆発し、死者一人、重軽傷者十四人が出た「横須賀線爆破事件」の犯人だ。同書には純多摩の人物批評が書かれているわけではなく、遺された言葉に寄り添うようにして、人物像を正確に写生しようとしている。それは純多摩の理解を深めるためのテキストとして提示するためのようにも思える。

極刑は已むなきものと告げにつつ裁判長は杳《と》き眼《め》をする

純多摩良樹の歌だ。この歌は『ある若き死刑囚の生涯』で、死刑が確定した日の「一九七一年四月二十二日」付けで掲載されている。作者は判決を告げた裁判長の眼の表情に心を向ける。「杳き眼」という表現に何を込めたのか。「極刑」という判決を下したことの途方もない責任の重さ、あるいは、死刑そのもの忌まわしさを思っている、そのように裁判長の心境を読み取ったのだろうか。少なくとも眼差しに鬱屈したものを感じたのだろう。だからこそ、「暗くてよくわからない」という意味も持つ「杳」の字、逆接ともとれる「つつ」を用いた。作者が死刑判決を受けた側の人間であることが分からないほど客観的に書かれているが、これは『ある若き死刑囚の生涯』に明かされているように、「徹底的に主観を排し、対象の背後を強引にアップさせる手法」を意識的に用いていたためだろう。自らが重罪人であることを強く意識すればこそ、「主観」を忌避した。その態度は純多摩の短歌に向かう姿勢を知れば理解できる。

『ある若き死刑囚の生涯』の最初の章「1　横須賀線爆破事件」では純多摩を「私」として、彼の生い立ちが一人称で物語られている。父親を二歳の時に戦争で亡くし母子家庭だったこと、小中学校では吃音症で級友と話すのが苦手だったこと、鉄道員か無線通信士になることを夢見、高校進学を希望したものの母に高校の授業料を払えないと言われ、大工の見習いになったことなど……純多摩はやがて大工として身を立てるが、大工の人間関係に馴染めず、建築士や電気技師、機械技師を目指し勉強していた。中卒の学歴では不可能と自覚しつつ。

父あらばあるひは犯さぬ罪なりと死を待つ部屋に思ふことあり

「死を待つ部屋」という死刑囚の独房の本質を自らに突きつけ、なぜこのような運命に陥ってしまったか、を回想し幼時の父の死に行き当たる。しかし、自身の責任を認めざるを得ないからこそ「思うことあり」と留めるのだろう。

「1　横須賀線爆破事件」には、犯行当日である「父の日」の朝、「父無し子」である自分の不幸な生い立ちを思って眠り、元恋人が恋仲になった仕事の同僚と密会する夢を見、「胸を包丁で貫かれたような痛みが走った」のが犯行の引き金になったと描かれる。そして、元恋人の乗った横須賀線の電車を短時間でも止める、「大工の神通力で驚かせ」る、「世間の人をびっくりさせる」という意図で犯行に及び、大雨だから乗客は少なく、爆発物を高い網ダナに置けば乗客との距離が離れて危険度は小さくなると考え、乗客の負傷、殺戮ということは思いつかなかったと告白される。

　純多摩は裁判で殺意の存在を否認し続けた。しかし、「未必の故意」があったとされ、「情状を加味」された上でも死刑判決を免れることはできなかった。

幼な児《ご》に幾たび顚《た》たれ悩まされる汝《なんじ》が父殺《あや》めし罪びと吾《われ》は

被害者は娘が生まれ父親になって間もない三十二歳の男性だった。「顚たれ」と詠うのは（「夢枕に顚つ」と用いられるように）「幼な児」の姿までがありありと浮かんで来るからだろう。「父無し子」にしてしまった「幼な児」、その無垢さや後の人生を思う時、犯した事の残酷さ、罪深さが迫ってきて、懺悔のように「汝が父殺めし罪びと吾は」という言葉を吐きだす。

　純多摩は入獄してから短歌をはじめ、同時期にキリスト教（プロテスタント）に入信している。教誨師に導かれ、悩み葛藤しながらも自らの罪や死刑と向き合い続けてきた。それは、純多摩の死後、加賀乙彦氏は「潮音」元主宰・太田青丘が協同して出版に漕ぎ着けた歌集『死に至る罪』（短歌新聞社）に収録された、百首近い信仰の歌を読んでも伝わる。

究極はやすき死を得るために学ぶ聖書の古りし表紙とり替ふ
躓きし過去にこだはるわれを責め教誨牧師はながく黙せり
聖書よむわが掌の中の文鳥はイエスの復活ののち目をとづる

『ある若き死刑囚の生涯』によると、純多摩が自身の作歌について語る時、「血を吐く」という言葉を多用していた。自らを傷つけるほど深く内面を掘り下げる……彼の場合、それは否応なく罪や死刑囚としての現実と向き合うことにもなるだろう。また、自らの二首をあげて次のように述べる。「陽のとどく位置に机をおきかへて死なねばならぬこころ定まる／許さるるいのちいくばく独房に眼鏡使用を願ひ出でたり／／死刑囚が命取りに迫らるるのは当然である。逃れ得ぬ運命は断るまでもない。それを、ことさら短歌にかけて歌う必要はない。しかし、私は歌ってしまった。それが血の吹きでるほど恥ずかしい。／これが、私の最も嫌悪して止まなかった、同情を乞う歌の形態になっている。自分から約束を破ったのだから、その罪は大きい」。純多摩は死刑囚歌人としてのモラルのようなものを自ら設け、それを守ろうとした。キリスト教と同様に、短歌も彼の魂の更生にとって必要なものだったのだろう。「同情を乞う」ためではない、真摯な贖罪の姿を世間に示すためにも。

水溜《みずたまり》に映る死囚の影淡し　その影さへも風にさゆらぐ

　水溜りに映る影の薄さに目をとめてしまう「死囚」の心境が立ち現われてくる。この影はいつ消されてしまうかわからない暗い命の象形。それも風によって崩れ、一層頼りなく感じられてしまうのだ。「さへも」に感情の吐露がある。歌人・田谷鋭は読売新聞日曜歌壇に投稿されたこの歌の選評で、「つねに「死囚」という意識からのがれ得ないでみずからの姿を見つめている。この一つだけで常人にははかり知れぬ大きな責苦と言えよう」と述べている（『ある若き死刑囚の生涯』）。

　純多摩は新聞歌壇や雑誌への投稿に止まらず、短歌結社「潮音」に入会、毎月欠かさず短歌を出した。「すぐれた歌人になりたい。詠草歌を後世に残したい」と、世間に認められ、死後もその存在を世に留められることを夢見て、「死刑囚歌人」と色眼鏡で見られることの弊害を知っているだろうに、ひたむきに死刑囚としての短歌を作り続けた。「私は自分の歌から「獄」を思わす言葉を除くことは出来ない。私は、単語の使い方など気にしない。遠慮しないで堂々と、どんな言葉も使う。それが私の「生」の証しである」と『ある若き死刑囚の生涯』にある。純多摩にとって短歌は自己表現、自己開示、他者と深く繋がるための最良の手段でもあったのだろう（裏腹に、自分の意に沿わない評価や感想を読むと、ひどく失望したようだ）。「「生」の証し」とは恐らくそういうことであり、決して作品に嘘があってはならなかった。

　死刑執行の一九七五年十二月四日、純多摩は加賀氏へ手紙を書いている。そこには「私は生活の中で生れた、一首一首の短歌を辞世の歌として詠んできたつもりです。ですから敢えて辞世の歌は遺さないことにしました」と書かれ、加賀氏に手作りの歌集の送付を頼んでいる。そして、「キリストを信じてきてよかったです。まことの平安が与えられました」と綴られていた。

　純多摩はキリスト教、短歌と出会い、加賀乙彦氏のような理解者、友人とめぐり会うことができたから、信仰と自己表現を通して他者と心を通わせることができた。それが最期、彼をこのような心境に至らせたのだろう。本書を通して、純多摩良樹が、理解しがたい凶暴な犯罪者、死刑囚としてではなく、自らの罪に煩悶した等身大の人間として、「有限の命」と果敢に向き合った歌人として、後世に伝えられていくことを願っている。

　最後に筆者の印象に残っている純多摩良樹の短歌を挙げたい。

蟋蟀《こほろぎ》を獄のくらがりに鳴かせつつ母のこころに触れゆかんとす

獄庭の塵《ごみ》焼却場に佇《た》つ囚らまなこ凝らして炎みつむる

死の刑に就く日の吾《われ》よりあざやかにこよひ荒川の花火があがる

生きのこる文鳥のためあたたかき陽は少しづつ部屋にさしこむ

詩

V

「遠い星」と「家」、又は「人間」の臨界
—君嶋復活祭「君が人間じゃなければよかった」精読—

原　詩夏至

2019年11月9日、板橋グリーンホールにて一般社団法人日本詩人クラブ主催「第3回　新しい詩の声」授賞式が行われた。受賞作は最優秀賞2名（伊藤凪菜「最果ての漁師」・中田野絵美「窓の外の反逆」）・優秀賞2名（加勢健一「うその花束」・君嶋復活祭「君が人間じゃなければよかった」）の計4作。最年少の中田が10代、伊藤・君嶋が20代、最年長の加勢が40代（いずれも受賞時）と、まさに「新しい詩の声」の名に相応しい清新な顔ぶれだ。作風もそれぞれ個性的で今後が嘱望されるが、詳細は日本詩人クラブHP（http://japan-poets-club.d.dooo.jp/）に譲り、ここでは選考会で難解との声が多く出、賛否も分かれて大きな議論を呼んだ君嶋「君が人間じゃなければよかった」を取り上げたい。以下、全行を引く（但し、各行頭の番号は便宜上引用者が付けたもの）。

①　君が人間じゃなければよかった
②　遠い星の王位継承者だったらよかった
③　僕は君をローマの休日みたいに連れ出して
④　地球も悪いものじゃないでしょうお姫様と
⑤　夜の海　星が一番綺麗に見える時間を　君に教えた
⑥　ヴェスパの後ろに君をのせて　これから海に行こうというと
⑦　君は寒いよと嫌がった　家にいようよと断った
⑧　君が人間じゃなければよかった
⑨　遠い銀河の向こうのその国では
⑩　王族は炎のドレスを纏っていて
⑪　生まれてから凍えたことが一度もない代わりに
⑫　誰かに抱きしめてもらえたこともないんだ
⑬　だけどヘッドライトなんて必要ないくらいに
⑭　夜道を明るく照らせるからさ　問題ないよと僕は言うんだ
⑮　そして夜の海　星が一番綺麗に見える時間を
⑯　僕は知っている　君が人間じゃなければよかった
⑰　そしたらこんな喧嘩をすることもなしに
⑱　僕たちお互いが好きという感情以外が全て死滅した
⑲　幸せの絶頂のときに君の迎えの馬車が　遠い星からやってきて
⑳　君の涙が炎のドレスに　落ちてじゅじゅっと
㉑　音を立てるんだ　僕はそれを見て思うんだ
㉒　あの日見た空の星が全て　この地上に落ちてきてしまえばいいのに
㉓　僕は君を初めて抱きしめて　家にいようよと誘うんだ
㉔　スイッチを押せばいつでも　ぴかぴかの蛍光灯
㉕　ハロゲンヒーターのスイッチ　僕たちの　家にいようよ

まず①「君が人間じゃなければよかった」。タイトルにも一篇の冒頭にも置かれ、その後も要所で反復されるこの衝撃的な

フレーズは、だが②「遠い星の王位継承者だったらよかった」によって、「君」を「人間以下」のものとして貶めたいのではなく、むしろ「人間以上」――汚れた人界の些事・俗事を遠く超越する存在――であってほしいという、激越だが真摯な希求の表出であることが明かされる。この簡潔かつ鮮烈な価値転倒。

続いて③〜⑤「僕は君をローマの休日みたいに連れ出して／地球も悪いものじゃないでしょうお姫様と／夜の海　星が一番綺麗に見える時間を　君に教えた」。これも美しい。「僕」の脳裏にあったイメージは実は映画「ローマの休日」であり、「遠い星の王位継承者」とはＯ・ヘップバーン演じるアン王女のいわば詩的なデフォルメだったわけだ。一方、「僕」は、勿論「遠い星」から来た宇宙人でも「王位継承者」でもない。ただの「人間」だ。だが、それでも「夜の海　星が一番綺麗に見える時間」を「君」に教えることが出来る。いわば「詩人」なのだ。彼は又「地球も悪いものじゃないでしょう」とお姫様に自慢したい程「地球」ひいては「人間」を愛している――但し、それらとってのきの美しいものを見せなければ彼女が「地球」「人間」を嫌いになってしまうのでないかと気遣うほど、実は己もしっかり「地球」「人間」の醜さに傷ついてはいるのだが。

と同時に、注意しておきたいのは、⑤の「君に教えた」が「教えればよかった」ではなく通常の過去形になっていることだ。この微妙な違和感――とすれば、「僕」は「夜の海　星が一番綺麗な場所」を「お姫様」に本当に教えたのだろうか？

続きを見よう。⑥⑦「ヴェスパの後ろに君をのせて　これから海に行こうと言うと／君は寒いよと嫌がった　家にいようよと断った」。ここで⑤の過去形「教えた」の謎が判明する。恐らく、「君」――但し「遠い星の王位継承者」ならぬ「人間」の「君」――との恋に夢中になった「僕」は、半ばその「夢」に酔いしれつつ、「君」を「海を見に行こうよ、僕のバイクで。星の綺麗な場所を知っているから」と誘ったのだ。

バイクは、実際には「ヴェスパ」ではなかったかもしれない。或いは、ただの自転車だったかもしれない。しかしそれはこの際どうでもいい。重要なのはこの美しい、二人っきりの「夢」の世界があくまでも貫徹されることだ。

だが、その申し出はあっさり「君」に断られる――それも「寒い」という至極尤もな、だが「現実」的余りに「現実」的、「人間」的余りに「人間」的な理由で。ありがちな話だ。だがそれでも「僕」はしたたかに傷ついた。そして⑧、冒頭のあのフレーズが再び、しかも、より明確化された文脈のもとに、口惜しく反復されるのだ――「君が人間じゃなければよかった」と。

⑨〜⑯「遠い銀河の向こうのその国では／王族は炎のドレスを身に纏っていて／生まれてから凍えたことが一度もない代わりに／誰かに抱きしめてもらえたこともないんだ／だけどヘッドライトなんて必要ないくらいに／夜道を明るく照らせるからさ　問題ないよと僕は言うんだ／そして夜の海　星が一番綺麗に見える時間を／僕は知っている　君が人間じゃなければよかった」。「人間」たる「君」の拒絶によって一度は粉々に砕けてしまった「夢」――だが、それでも（いや、むしろ、それだからこそなお）「僕」の「夢」は激しく再燃する。「寒い？　そんなことはない。だってその国の王族は炎のドレスを身に纏って

いるんだから」「そりゃ、確かに家にいれば凍えることはないさ。でも、それは寒空の下、誰かに思いきり抱きしめられる時のぬくもりとは全く違うだろう？　そしてそのことを一番よく知っている筈なのは、誰なんだい？」。

燃え上がる「君」の炎のドレスの灯りに照らされ、「夜の海ほしの一番綺麗に見える時間」をめざして、ヘッドライトもつけずに、暗い夜道をまっしぐらに突っ走る「僕」、いや「僕たち」。この、あたかも近松の「心中物」の「道行」を思わせる圧倒的な燃焼度と迫力、そして突き刺さるばかりの哀しみはどうだろう。しかし、その絶頂の間際、再び、「現実」への無惨な失墜を告げ知らせる、あの矛盾に満ちた叫びが帰って来る――「君が人間じゃなければよかった」。

⑰〜㉒「そしたらこんな喧嘩をすることもなしに／僕たちお互いが好きという感情以外が全て死滅した／幸せの絶頂のときに君の迎えの馬車が　遠い星からやってきて／君の涙が炎のドレスに　落ちてじゅじゅっと／音を立てるんだ　僕はそれを見て思うんだ／あの日見た空の星が全て　この地上に落ちてきてしまえばいいのに」。そう、「現実」の「僕」と「君」の「海に行く」「家にいる」という些細な、そして「地上」的余りに「地上」的な意見の食い違いは、結局、お互いを深く傷つけあうような「喧嘩」――いや、それどころか、ことによると二人の関係に「破局」をすら齎しかねないほどの深刻な「危機」――へと発展してしまったのだ。

「恋の終わり」の予感。だが、何故なのか？　二人にとって「恋の終わり」は「世界の終わり」にも等しい筈だ。それが「こんな喧嘩」であっけなく引き起こされる位なら、むしろ「お互いが好きという感情以外が全て死滅」するべきなのだ。

「僕」は危機的な「現実」に抗い、なおも己の「夢」を訴えかけ続ける。だが、それは又、危機的な「現実」を却って反映した「終末論的」な翳りを帯びてもいる。例えば「竹取物語」のラストを思わせる「迎えの馬車」――とすれば、「君」はその「絶頂」のまさにその瞬間、理不尽にも「遠い星」へと帰ってしまうのか？　そして「君の涙」は「別れの涙」であり、それを見た「僕」の願い――「あの日見た空の星が全て　この地上に落ちてきてしまえばいいのに」――は、つまり、「君」と「僕」とを「星」と「地上」、「夢」と「現実」とに引き裂く「世界」など滅びてしまえという絶望の慟哭なのだろうか。

しかし、ここで注意したいのは、その「世界の滅亡」の幻視のベクトルが、あくまで「星」を「地上」へ落とすこと――つまり「夢」を「現実」に引き戻すこと――であり、「地上」を「星」の世界へ昇天させる――つまり「心中物」的な「死」によって「現実」を振り捨て、彼岸での「夢」との合一を果たすこと――ではないということだ。これは一体何を意味するか。

ラストを見よう。㉓〜㉕「僕は君を初めて抱きしめて　家にいようよと誘うんだ／スイッチを押せばいつでも　ぴかぴかの蛍光灯／ハロゲンヒーターのスイッチ　僕たちの家にいようよ」。「僕」はどうして「君を初めて抱きしめ」ることが出来たのか。それは「炎のドレス」に落ちた「君の涙」が、遂にドレスの炎を消したからだ――言い換えれば、「君」が「遠い星の王位継承者」であることをやめ、ヘッドライトなしに夜道を明るく照らすこともない代わりに「迎えの馬車」に乗って「夢」の彼方へ去ってしまうこともない、どこにでもある普通の服を着た「人間」の世界に生還したからだ。

「家にいようよ」――⑦では「君」の「僕」への拒絶の言葉として発せられたこのフレーズが、ここでは逆に「僕」から「君」への誘いの言葉として再登場する。「ぴかぴかの蛍光灯」「ハロゲンヒーター」――これらは、いわば「地上」へ引き落とされた「星」たちであり、どこにでもある普通の電化製品でありつつ、同時になお「天上」の輝きで「僕たち」を祝福する――それも、「涙」をもってしか消すことの出来ない「炎のドレス」とは違って、「スイッチ」一つでいつでも点けたり消したりすることが出来るような。

かくして、「君が人間じゃなければよかった」で激越に口火を切られたこの詩は、最後に「家にいようよ」という「僕」からの暖かく穏やかな誘い――もしくは「君」への同意、或いは「僕たち」の合意――で締め括られる。そしてそれは、言い換えれば、畢竟、こういうことではなかったのだろうか――「やっぱり、君が人間でよかった」。私も又、この結論に心から賛意を表したい――とはいえ、それが真に尊いのは、この一篇の一行一行から迸るような「星」への――つまり「天上的なるもの」への――一途で純潔な希求に裏打ちされている限りでだが。

ちなみに、作者は女性。「略歴」によれば「二〇一八年神戸市外国語大学卒。在学中に劇作と出会う。学内の劇団にて、マーガレット・エドソンやテネシー・ウィリアムズ作品の演出を担当した後、自身で執筆した三作を多言語劇として上演。同時期に劇作家の北村想に師事し、想流私塾第二十期生講演にて、『君よわが恋踏むからは柔らかにこそは踏みたまへ』を発表」と、いわば演劇畑から登場した書き手であり、その点からも、作中主体「僕」、及び「僕」が迸らせる「君」への想いのかたちをそのまま作者のそれと素朴に――いわば「私小説」的に――重ね合わせる事には少々無理がある。「海を見に行こうと恋人を誘ったロマンチックで純粋な青年が寒いからと断られて傷つき、喧嘩になる。そして、その痛手を持ち前の『夢見る力』で乗り越えようとする極限で『現実』と『夢』の比重が逆転し、二人は遂に和解に辿り着く」。だが、それは、逆に又、例えばこんな「物語」でもあり得るのだ――「海を見に行こうという恋人の誘いを何の他意もなく寒いからと断った娘が突然怒り出した相手に『君が人間じゃなければよかった』という罵詈を浴び、傷つき又途方に暮れてしまう。そして彼が何故そんなに怒り、そんなにひどいことを言ったのかを知るべく、『君』と『僕』との人称を入れ替え『詩』という魂の旅に出た。そして、そこで見出したのは、『夢』という『炎のドレス』を纏って居心地よい『家』から出ようとしない古い自分であり、そんな自分に『星が一番綺麗に見える時間』を見せようと焦る恋人のもう一つの顔であり、又、破局間際で和解し『他者』を受け入れることで『家』を真に『僕たちの』ものに変え得た新しい二人の姿だった」云々。勿論、それとて又、最後にはきちんと消しておくべき「鉛筆書きの補助線」の一つに過ぎないが……。

「遠い星」と「家」。「夢」と「現」。そして「詩」と「真実」。君嶋の、そして彼女と共に時代を切り開く「新しい詩の声」たち全ての、更なる挑戦と探求を期待する。

それでも人生を抱きしめて

植松　晃一

「風のたより」第一九号

「憎しみが私の中にわきあがる。私の8歳になる娘に、死が救ってくれるまでの2、3日、おそろしい苦しみを味あわせたあの原爆への憎しみが……」

日系二世としてハワイに生まれた山本信子さんの原爆被爆手記「炎のメモワール」を再掲している。

信子さんは一三歳のとき広島に移り住み、英語教師の山本信雄さんと結婚。二児の母となり、自身も英語教師として働いていた。一九四五年八月六日、広島で被爆。夫と八歳の長女を亡くした。

原爆投下から二年後、信子さんは原爆の悲惨さを知ってもらいたいと、英語で手記を執筆。米国の「ＴＩＭＥ」誌宛に送付したものの、ＧＨＱにより没収され、掲載は叶わなかった。

その後、次女の小野英子さんが、信子さんの手記を英語、日本語、エスペラント語の小冊子にまとめ、一九八二年の国連軍縮特別総会などで配布したそうだ。しかし、大切な人を奪われ、当たり前の人生を生きる権利を奪われた被爆者の核廃絶への願いは、いまだ叶えられていない。「哀しい　苦しい　母の問いが／いまも　風とともにながれているよ」と、「風のたより」発行人の石川逸子さんは、手記の最後に一詩を寄せている。

「アルケー」二〇

井野口慧子さんの詩「散華」は、画家・木下和さんの油絵「江波山桜」（被爆樹）に寄せて書いたという。あの日、無残に散らされた魂に寄り添う、苦しいまでに引き絞られた願いを感じさせる。「いつまで／この沈黙に　この近さと　遠さに／耐えられるのだろう／眼差しは　わたしの胸に／ふりそそぐ　ふりつもる／花びらを開く季節を／幾度も　繰り返して／ただひたすら／散る花となりながら／言葉が結ばれる時を／念じながら／あの時舞い散った／言葉にならない言葉は／燃えるような幻の花になり／空を覆っていった／夜の暗闇の中で　火花になって／／生命は　慄きながら　躓きながら／やがて　跡形もなく――／黄泉からの風に運ばれ／遠く遠く流れ渡って／本当にたどり着いたのだろうか／それぞれの星座まで／／この広く深い宇宙の／この地で　この樹の下で／花を散らし合う魂よ／花はすでに　体を埋め尽くしていて／もし　時満ちれば／いつでも　すべてを捧げ／きっと／たどり着くだろう」

また、井野口さんは詩「彷徨う一日に」で、ヘンリー市川さんの油絵「黒焦げになった赤ん坊を抱く母親の母子像」に託して詠う。「生き地獄を見た人々は／生きている限り眠れない／死んでいても眠れない／神がいるのなら／なぜこんな世界を／見せ続けるのだろう／問いを抱いたままで／生き絶えた人たち／七十四年前　真っ黒になった赤ん坊を／抱き　赤く焼けただれた／裸身の母の飛び出したままの目玉／今もキャンバスの中で生き続けて／こちらを見ている」「苦役を耐えながらも／彷徨い流れる一日／消えるものあり／残るものあり／残るものの中に／消えたものの　悲の炎は／いつまで　燃え続けるのだろう」

　願わくは、悲の炎を包む幸の灯が大きくなっていくように。

「いのちの籠」第四三号

「その詩が／植字工の目の中で、／さかさまに読まれ組み立てられていく／つまり、世界も／さかさまな形で一旦は組み立てられるのだ／そこには／私や君には読めない／世界が存在するのだと。」と、葵生川玲さんは詩「さかさま」で綴る。神さまはどういうつもりで、この世界を組み立てたのだろう。世界をさかさまに見たら、少しは読み解けるだろうか。

　佐相憲一さんは詩「漁村」で、国籍制度が廃止された世界を描く。「祭りの灯りが霧のなかにぽつり／踊る姿が見えてきて／潮騒に／お面をはずした顔はどこの誰だろう／国籍制度は廃止された／／魚を焼き、貝をほじり、海藻を食べ／木の実をとり、畑をつくり／打ち捨てられた歴史の裏側に／舟、また舟／旅することで口減らしを生き抜いた／種族、また種族／網にかかるのは千年万年の家系図か／漁村は世界そのものだ／／墓があってもなくても／肉は地球物質を変転し／十年百年、あの人、この人／海岸を飛び交うトンボやカモメだ／岩をはうフナムシはあの人、この人／向こうからここへ、ここから向こうへ／生きる慟哭の波しぶきが風に乗る／／弔ってやりたまえ、鼓動の来歴を／癒してやりたまえ、くすんだ日常を／声もなく踊る死者に語りかけ／恋をしたり、夢を見たり、ため息をしながら／全うした、あるいは全うできなかった数十年に／祈るなら、共に踊ろう／国家の果ての人類の果ての個々のDNAの音色／／港はいまも祭りにちがいない」

　そこにあるのは原初の人々の姿だろうか。ディストピアの果てに訪れた新世界だろうか。彼此の境界に浮かぶ港かもしれない。実際は、現実の世界でも「肉は地球物質を変転し」、時空を超えて新たな生命をかたちづくっているだろう。この星では毎朝、転生の雨が降る。あらゆる生命に差別を認めず、「生きる慟哭」を抱きしめて、共に踊ろう、あなたと私を祝おうと呼びかける詩人の心は、どこまでも優しい。

「タルタ」四九

　図師照幸さんの詩「予感　詩にたどりつくためのメモ」に響いているのは因果の旋律だろうか。「曖昧な予感には確かな根拠がある／確かな根拠をごまかそうと／曖昧な顔をした予感を身に纏う／予感が恐れるのは導き出される結果だけではない／結果を導き出した自分という確かな根拠である」

　同じく図師さんの詩「変数Xの孤独　Ⅷ」のイメージは強烈だ。「這ってみたら／誰かが落とした20ペンスを見つける／そのわきには痰が吐き捨ててあり／子どもを産んだときにこぼした涙もしみて／人殺しを戦争という曖昧な言葉に言い換えた醜い知性が澱み／小学三年生が四百字詰め原稿用紙に書いた野球選手になりたいと／書いた夢もくしゃくしゃにまるめられてころがっていて／あんなにも激しく抱きしめた女の汗だけが感じられ／ああ／生きることはこんなにも／こんなにも／こんなに

も／こんなにも／／こんなにも。」

地べたに這いつくばってこそ見える世界がある。立っているときには見ようともしなかったものが見えてくる。たとえ苦しく、悲しく、そこに落とした、あるいは堕ちた自分を見つけたとしても、前に進む。それもまた、生きるということだから。

「komayumi」第四一号

照内きよみさんは詩「ある年譜　最後の宮澤賢治と…私」で、宮澤賢治の晩年の書簡や遺言を引きながら、自分にとっての賢治の意味を探るように綴っている。「混沌と疲労の渦巻き流れる水の空虚を抱きながら／触れえずこぼれおちて行くもの／気づきながら遠避けてきたもの／賢治という深淵に怯えながら紡いできたことばたち／〈信〉でしか飛躍できない未了のことばたち／反芻する失われた時のことばは　生きる資糧に充るものなのか／同義反復の渦に吸いこまれそうになりながら／賢治に囲まれることに抗い続けて来たと／天邪鬼のように　ただ修羅にはなれなくて／それでもなお。」

一方、若木由紀夫さんは詩「飛礫─チェーザレ・パヴェーゼに寄せて」で、ファシズムの時代を生き、自ら命を絶った、イタリアの詩人に思いをはせる。「チェーザレ・パヴェーゼ／孤独な夜を道連れに／あなたは永遠の別れを落ちていった／きっと　こう言い残して／〝世界のための、美しき天秤を準備せよ。〟／／チェーザレ・パヴェーゼ／あなたは引き潮に消された砂文字／若者たちの瞳の奥に／今もひっそりふきだまる飛礫」

この百年で社会生活は大きく変わった。しかし、幸福や生死など、考えるべき問題の多くは残されたままだ。先人との魂の対話は、そのことを知り、悩み、前進する力になる。

「阿字」一四五

岩崎守秀さんの詩「身辺雑記─その十三─緑雨」には、諦念さえ感じさせる詩情が漂う。新緑を濡らす「緑雨」の情緒。訥々と日常語で綴ることで、かえって読む人の共感を誘う。「並木道の若葉を濡らす雨／緑色の雨／細く／たおやかに／優しく／山野に注ぎ／人通りの絶えた夜の街にさえ／静かに／音もたてずに／煙たなびくように／雨は降る／／両手に受けて／空を仰げば／命の滴の止めどなく／遠い日の懐かしい人達が見える／あの日々の豊穣は／どこへ消えたのか／波立つ思いを抱えながら／雨の晴れ間を待ち詫びるけれど／今日は終日／止まないだろう／／思えば／命あるものは／生から死への挟間を／未知の時に夢を託しながら／歩を進めているのだ／力及ばぬものを／畏れ／焦がれ／祈り／悲しみ／怒り／人知れず／涙を浮かべる日もある／／せせらぎの音／打ち寄せるさざ波／僕達を支えている／あらゆるものには／鋭い痛みと／快い慰めが満ちているのだ／／緑色の雨もやがては／豪雨となり混濁の時を／もたらす時もあるだろう／降りしきる雨／背を濡らしながら歩く人／あるがままの自分／一切を受け入れて／雨の中を歩く」

同じく岩崎さんの詩「明日へ」も同様の味わいを持つ作品だ。日暮れ時、手をつないで土手を歩く幼子と老人。幼子の小さな影を、老人の大きな影が包み込む。「老いてゆく人は／昨日の影を／幼子は明日への影を引いて／夕陽が／いま燃え尽きる／最後の輝き／きらめきのなかを／二つの影は／溶け合って一つになり／老樹の影に包み込まれる／／老人と／幼子と／傷ついた桜の樹と／三つの影が一つになって／夕闇に／溶けてった」

人生の味がじんわり沁みてくる。

「沃野」六二七

岡田忠昭さんは詩「裕郁へ」で、孫の裕郁さんの誕生を祝して綴る。「生きるよろこびに／胸をはずませ／「やっ」とさけんで／とび出していけ／おまえを待っている／新しい世界に」

尾崎淑久さんは十歳になった子どもに詩「十歳の君へ」を献じる。「君のいいところはたくさん知っている／誰とでも仲良くできて／どんなことにでも全力で取り組む／数えだしたらきりがない／その一つ一つが／お父さんとお母さんの自慢なんだ」

家族を詠った詩は多くの共感を呼ぶだろう。詩人・諏訪優が「批評の圏外にあって光彩を放つこと程美しいものはない」と語っていたことを思い出す。

「野の草など」四八

長谷川美緒さんの詩「宮殿」は、魂の宮殿である肉体が、否応なく廃墟となる定めであることを痛感させる。楽しく、賑やかな人生の正午を過ごし、夜の静けさが宮殿の床を冷やしていくとき、自分の魂は何を感じるだろうか。「どんな形をしているものか／知りたかった／生まれてきて／空気を吸い込んでからずっと／部屋までの道順／曲がりくねった回廊の行方／隠し扉の在り処／そういうものをたどりたかった／ひとりで／歩いて／壁に嵌め込まれた装飾品の／大きさや硬さや温度を／時おり確かめたりしながら／／それなのに／光のある場所へ出て行って／戻って来るやり方を忘れた／空中で笑う蝶の群れに／交わって踊るばかりで／ふと地上に目をやると／口を閉ざした堅牢な建物が／くろぐろと影を落としている／／夜／台所へ降りて／冷蔵庫の扉を開ける／束の間のささやかな照明が点く／紙吹雪も／とりどりの風船も／仮装のための服と化粧も／すっかり片付けられた後の／廃墟の内を／呑み込まれたひと口の食べ物が／順繰りに触れていく／壁の石の外れかけたところを／錆びついて軋む蝶つがいを／剥落する天井の絵画を／ひとつ　ひとつ／誰かに語り聞かせるように」

同誌を編集している鈴木良一さんの「詩の流通を支えているのは、詩人同士、同人誌間の寄贈文化によるところが大きい」（エッセイ「ひとかたけ36」）との指摘に頷いた。これまでの詩誌評執筆の中で、各回、九〇冊前後の詩誌類に目を通す機会に恵まれ、詩人と詩人が、詩誌と詩誌が交流を重ねながら互いの作品を充実させている様子を垣間見ることができた。

その一方で、一人で書き続けている詩人も多くいるだろう。詩の世界を俯瞰したり、気軽に参加したりできる仕組みがあればとも思う。

※井野口慧子さんは昨年十二月に逝去されたと詩誌評の執筆後に伺いました。井野口さんのご冥福を心よりお祈りします。

「存在者」（生の人間）と「精神の移動」

鈴木　比佐雄

一、「存在者」（生の人間）を詠む俳句
金子兜太句集『百年』（朔出版）に寄せて

金子兜太が亡くなって二年が経つ。昨年の秋に晩年の十一年間の句を時系列で年ごとにまとめた句集『百年』（七三六句）が刊行された。それらの句を読み直していると、兜太という俳人が晩年には「ふたりごころ」や「存在者」をキーワードとして語られていた意味が少し了解されてきた。
冒頭の「二〇〇八年」五句目に興味深い次の句があった。

蕉翁に
脳天や雨がとび込む水の音

この「蕉翁に」と前書きのある句を読むと兜太は芭蕉の「古池や蛙とび込む水の音」という句に対して、言葉だけの共通性を見ると「とび込む水の音」は共通であり、芭蕉の句を意識し改変した句のように思える。しかし切れ字の「や」の使い方が全く異なることがわかる。芭蕉の「や」はあらゆる「古池」を想像してもいいという普遍的なものに転換させていく超越的な働きがある。したがって多くの人びとが普遍的な大きなイメージから小さな「水の音」の落差に日常と非日常が飛躍していく面白さを感じてきた。しかし兜太の「や」は「脳天」と「水の音」との関わりが緊密であり飛躍がなく、実際は自己の頭の上に驟雨が降り注いでくると言った、一見するとリアリズム的表現とも思える。兜太は自己という「生の人間」が「古池」を「脳天」に、「蛙」を「雨」に転換することによって、新しい想像的な俳句を創ることだと考えたのではないか。兜太が晩年に「存在者」といった「生の人間」こそがこの句の主役になっているように思える。このイメージを物理的に変換し作り変えていくことを兜太はかつて「造型俳句論」として実作の俳句論として自覚化していったのだろう。兜太は芭蕉の超越的で俯瞰した視点からではなく、超越しないで身近なものや私の身体に直接的な影響を与えてくれる「水の音」のような物質を直結させる句を創りたいと願ったのだろう。私の「脳天」に直接的に激しく「水の音」が入り込むことを想像した「造型俳句論」は、フランスの哲学者であるガストン・バシュラールの物資的想像力や力動的想像力と言った「夢想の詩学」とどこか共通性があるようにも思われる。その意味では兜太は、物資的想像力を誰よりも豊かに駆使していた俳人だったのかも知れない。

梅雨の街青年狂となり潰《つい》ゆ

このような「二〇〇八年」の句を読めば、兜太は現代社会が生み出した青年の叫びとその悲劇を劇的に俳句の中に詠んでいる。同じ生身の潰れていく「存在者」を畏敬しながら見届けていくのが兜太の俳句なのだろう。〈地を叩くよう鴉鳴く夏だ〉のように鴉の鳴き声を全身で受け止めることや、〈この夏森南中の

蠍座を蔵す〉などの森と宇宙が照応しあっている感受性は、先に記した力動的想像力そのもののように感じられる。これらの俳句から詩や物語が生まれてきても不思議ではない。

句集『百年』には〈朝食べるバナナ亡妻笑いおる〉のように一割近くの七〇句ほどの追悼句が収録されている。兜太が交流した俳人、戦友、さらに妻、親族、父母の一人ひとりの「存在者」の個性とこの世の生きた証を俳句で再現しようとしている。悼むことよりも生き生きと「存在者」たちを想起して甦らせるような表現は、兜太がたとえ他界しても、その「存在者」と対話をして生かす深い「ふたりごころ」を私たちに呼び起こしてくれる。句集の帯文にある「俺は死なない。この世を去っても、俳句となって生き続ける」という兜太の言葉は、この句集を読み終えた時に肯くものがあるはずだ。最後に心に刻まれた句を記しておきたい。

一茶もわれも世紀跨いで寝正月
語り過ぎて臍《ほぞ》をかむなり敗戦忌
あけびの実最澄に似た人の手に
眼の奥に陽光溜めて猪《しし》撃たる
泣く赤児に冬の陽しみて困民史
裸身の妻の局部まで画き戦死せり
飴なめて師の流離あり敗戦忌
立待や自然死なら何時でも宜し
妻と見ていた原郷の月曼珠沙華
熊や猪や飢えて物の化の如し
明けの荒星人喚く声泣く声
放射能に追われ流浪の母子に子猫
被曝の牛たち水田に立ちて死を待つ
被曝福島米一粒林檎一顆を労わり
有るまじき曾遊《そうゆう》の地福島の被曝
海鳴りの地鳴りの仮設住宅なり
日本オオカミ復活せよと玉蜀黍《もろこし》噛む
みちのくの西行憶《おも》う寝正月
戦争や蝙蝠《こうもり》食らい飢《うえ》とありき
サーフィンの若者徴兵を知らぬ
原爆忌被曝福島よ生きよ
沖縄を見殺しにするな春怒濤
相思樹空に地にしみてひめゆりの声は
雪晴れに一切が沈黙す

二、萩原朔太郎と西脇順三郎たちの「精神の移動」
岡本勝人『詩的水平線―萩原朔太郎から小林秀雄と西脇順三郎』に寄せて

詩人・評論家の岡本勝人氏が評論集『詩的水平線―萩原朔太郎から小林秀雄と西脇順三郎』を刊行した。この評論集の興味深いところは、萩原朔太郎と西脇順三郎という二人の詩人を核として、「詩的水平線」という詩的精神が相互交流していた明治中期から大正・昭和の詩的現場を解き明かそうと試みている。

朔太郎に影響を与えた浪漫詩人島崎藤村を始め、伊藤静雄の第一詩集『わがひとに與ふる哀歌』が、朔太郎はもとより中原中也、立原道造たちから「失われたリリシズム」の出現として高く評価されたことなどを、詩「晴れた日に」を引用し詳しく論じている。さらに伊藤静雄の詩がヘルダーリンから影響を受けた田中克己や、異国的なロマンティシズムの北原白秋、そして朔太郎などの詩的抒情性や保田與重郎による歌人・俳人の隠者の系譜などからも触発されてことを明らかにしていく。さらに朔太郎の口語自由詩が「精神の移動による詩の生成」によって生まれたものであり、それが西脇順三郎、「荒地」の詩人たち、「ユリイカ」の周辺にいた清岡卓行などに手渡されることによって、日本の抒情詩的で超現実主義的な現代詩の系譜が順三郎を軸にして動き始める。清岡の中国大連などのアジアへの視点と並べて、ヘミングウェイの『移動祝祭日』でエズラ・パウンドなどの国籍離脱者を紹介することなども、詩を世界的な視野でとらえようと試みている。最後に岡本氏の朔太郎から順三郎へ引き継がれた「東西の文化の融合の試み」がどのように試みられたかを記述する箇所を引用したい。このような「精神の移動による詩の生成」を読み取り論じていく評論はとても貴重であり、プロレタリア系、民衆詩派系などの系譜でもこのような世界的な視野で論じられて欲しいと考えられる。

> 萩原朔太郎は、故郷との葛藤のなかで、自らの言語の構造に無意識裡に目覚めている。精神のうちから、文語調がつきあげている。そこに朔太郎の故郷のイメージも、結ばれていた。
> 〈われは指にするどく研《と》げるナイフをもち／葉桜のころ／さびしく椅子に「復讐」の文字を刻みたり。〉（『純情小曲集』「愛隣詩篇」「講演の椅子」）こう書かざるを得なかった近代の運命のなかに生きた萩原朔太郎にたいして、故郷への帰郷を果たし、死に水をとられる西脇順三郎は、文語調ではない言語のネットワークの自由な詩をつむぎ、それはある意味で、空や無のような無色で幸せな帰郷をしたと言わなければならない。自由精神も口語自由詩も、淋しく憂鬱な故郷にはなく、近代の都会にあったのである。
> 小千谷市の昭専寺にも、西脇順三郎の詩碑が建てられている。

汝は汝の村へ帰れ
郷里の崖を祝福せよ
その裸の土は汝の夜明だ
あけびの実は汝の霊魂の如く
夏中ぶらさがつてゐる

（『Ambarvalia』「旅人」）

四枚の写真のはいった『Ambarvalia』は、椎の木社のものが復刻されているので、いまでも手にすることができる。朔太郎より八歳ばかり年下の西脇順三郎は、その詩集のなかの「旅人」から〈汝は汝の村へ歸れ〉以下の詩を引用して、色紙に絶筆として残していた。

詩人の詩は、その詩人の芸術観のうえに、最終的に編成されるものであろう。書かれた詩がたまたまある芸術観上の理念を体現していることはある。しかし、大方、その詩人の詩のありようは、詩人のもつ芸術観に近いところで、完成の終止符が打たれている。意識するとしないとにかかわらず、西脇順三郎の東西の文化の融合の試みのなかに読み取れるものは、具体的な相において顕現するそのことである。

詩作において閉じることを拒否し、ニヒリズムを超えようとするモダニズムがある。そこに西脇順三郎の詩があり、詩的現代の問題もさらに奥深いところまでたどりついている。近代詩から現代詩の命である自由詩に遊ぶ西脇順三郎の人生と詩は、円環することによって、健康なイメージとしての故郷小千谷への帰郷をはたした。〈汝カンシャクもちの旅人よ／汝の糞は流れて、ヒベルニヤの海／北海、アトランチス、地中海を汚した〉（『Ambarvalia』「旅人」）と出発した東西文化の架橋の典型的な詩のたたずまいは、言語のネットワークによる自由な詩という形によって、「山川草木」との融合や、自国と他国の植物や民俗や文化との融和をはたしたのである。

西脇順三郎のたどりついた水平的な自己言及性がさし示すものは、「オイモイ、ポポイ」というポエジーによって詩作された最後の詩集『人類』のなかにあった。

（四、ポポイの詩人―最後の詩集『人類』より）

高橋郁男・小詩集『風信』

十七

時を遙かに旅して
一九六四年・昭和三十九年の
オリンピックの開幕を控えた東京に
辿り着いたとする

一月
　初場所で　大鵬が柏戸をはたき込みで破り　全勝優勝

　埴谷雄高が　毎日新聞に「オリンピックについて」を寄稿
「私たちが、私たち人間の存在をまるごと、そのまま、即座に肯定するという場合は――きわめてまれであるけれども、しかし、現実のなかにないわけでもない。私たちの身近にあるそのひとつは、ただ一つの目標に向かって全身の力をこめ極度に緊張したみごとな姿態を示す運動の場合である」
　その例として、ローマ五輪の記録映画で観たハードルを越える瞬間の選手の張りつめた緊張と躍動に「不思議な感動をおぼえた」と述べ、続けた。「その不思議な感動をさらに魅惑的な美の陶酔のなかに持続するため、私たちの時代のオリンピックのどれかがギリシャの昔にかえって、すべて全裸で行なわれてもらえぬだろうかという、ひそかな幻想的な願望が私にある」

四月
　「ミロのビーナス展」開幕
五月
　佐藤春夫が　文京区の自宅で「自叙伝」をラジオ録音中に
　心筋梗塞で急逝　享年七十二
六月
　新潟地震
八月
　トンキン湾事件――アメリカによるベトナムへの介入

　高見順「死の淵より」(「群像」八月号)
　――食道ガンの手術は去年の十月九日のことだから早くも八カ月たった。この八カ月の間に私が書きえたものの、これがすべてである。

　　つめたい煉瓦《れんが》の上に
　　蔦《つた》がのびる
　　夜の底に
　　時間が重くつもり
　　死者の爪がのびる

九月
　高橋義孝が　朝日新聞で述べる
「聖火、聖火ってさわぐけど、何が神聖なもんか」

十月
一日　東海道新幹線が開業
新聞広告の映画は「第三の男」「誰が為に鐘は鳴る」「悶え」
十日　オリンピック開幕
当時の人気作家らが様々なメディアに寄せた文章を自在に編んだ編集者の冴えを感じさせる『東京オリンピック』（講談社文芸文庫）から　数か所を抜粋する――

オリンピック東京大会讃歌

佐藤春夫

オリンポス遠きギリシャの
いにしへの神々の火は
海を越え荒野《あらの》をよぎり
はるばると渡り来て
今ここに燃えにぞ燃ゆる
青春の命のかぎり
若人《わかうど》ら力つくして
この国の世界の祭――

（NHK制作）

東洋と西洋を結ぶ火

三島由紀夫

オリンピック反対論者の主張にも理はあるが、きょうの快晴の開会式を見て、私の感じた率直なところは「やっぱりこれをやってよかった。これをやらなかったら日本人は病気になる」
ということだった。思いつめ、はりつめて、長年これを一つのシコリにして心にかかえ、ついに赤心は天をも動かし、きのうまでの雨天にかわる絶好の秋日和に開会式がひらかれる――

（毎日新聞）

あすへの祈念

杉本苑子

――二十年前のやはり十月、同じ競技場に私はいた。女子学生のひとりであった。出征してゆく学徒兵たちを秋雨のグラウンドに立って見送ったのである。

（共同通信）

まさに疾風ヘイズ

柴田錬三郎

――疾風のごとく、という形容を、私は、しばしば、忍者などの疾駆につかうが、ヘイズの走りかたは、まさしくそれであった。
褐色のトラックの上を、さらにそれよりも濃い褐色の裸身が、疾風のごとく駆け過ぎる光景は、言葉に現わせぬ感動である。
人間が生きるということは、一瞬一瞬が過去になることである。百メートルの疾走は、それを象徴している。

（東京中日新聞）

中野好夫は「狂騒の東京」を離れて那須高原に赴き
ストーブをたいて　テレビ観戦を楽しんだ
「開会式の前日にこちらへ来て、閉会式の翌日には帰るつも
りである」
（「オリンピック逃避行」　朝日新聞）

フルシチョフ退陣
中国初の核実験
キング牧師に「ノーベル平和賞」
二十四日　五輪閉幕
十一月
池田内閣総辞職　佐藤内閣発足

以来　星霜五十六年
高校二年の　セブンティーンだった私は
古希越えの　セブンティになってしまった
そして　二〇二〇年の七月
第二次東京五輪が　猛暑の中で開幕

――ここで　報道局からニュースをお伝えします
今日　東京オリンピックの観客約千人が
熱中症のために救急搬送されましたが
うち百人が■■の模様です
また　出場選手も百人が搬送され
うち十人が■■の模様です
東京五輪の組織委員会は
これ以上の■■を避けるため
明日以降のすべての競技を取り止めると発表しました

あの　心地よい十月の秋晴の下で繰り広げられた
一九六四年の第一次五輪とは全く違う
酷暑の最中の第二次五輪には　以前から批判があり
「無理ンピック」等と揶揄されていましたが
残念ながら
「止めンピック」となってしまいました

*

惜別　ピーター・フォンダ
二〇一九年八月没　享年七十九
父ヘンリーとの確執　姉ジェーンのベトナム反戦運動
何よりも「イージー・ライダー」での
デニス・ホッパー　ジャック・ニコルソンとの怪しい共演の妙

役者の多くは　物語の中で死を演じる
それは虚構の死　いわば「虚死」
映画とは「虚死累々」の世界ともいえる
ピーターも「イージー・ライダー」で虚死を演じた
それは　時代を貫く鮮烈な死だった

そして　生身の人間は　いつの日か
実際の死　「実死」を迎える

十月二十日　日曜
戦後間もなくから
東京の都心で映画の歴史を刻んできた
「有楽町スバル座」が　幕を閉じた

半世紀前の一九七〇年の三月に
ここで「イージー・ライダー」を観た
私は二十二歳で
すぐ近くに本社のある新聞社の記者になる直前の
打ち合わせか何かで　集められた時のことだった
テレビの紹介で見て印象的だったこの映画を
封切り上映していると知り　合い間に覗いてみた
中は込んでいて　後ろの壁際での立ち見だった
ピーター扮する「キャプテンアメリカ」に
髭面のホッパーとアル中弁護士のニコルソンが絡み
人生への挑戦のような　逃避行のような
先の定まらない道行きと　その果てが描かれていた

アメリカの宇宙船が　月面にまで到達したあの頃
地球では　各地の大学が揺れていた
学生　であることの意味を突き詰めた人たちの中には
学生　であることを潔しとせず　ドロップアウトして
キャンパスから離れてゆく人も居た
私は　キャンパスから離れず　卒業し
間もなく　一企業に身を入れる
――記者なら仕事即生活になる
そんな　時と時代に激しく揉まれる
極めて動的で特殊な職を選んだつもりだったが
既成の組織の一員となることでは
一般の会社員と変わりは無い
画面に映る　フォンダらの
世の中からドロップアウトする群像とも対照的な
我が身を顧みて　引け目と苦みとを覚えた

スバル座閉館の日の午後　最終上映を待つ人達の脇に
過去の「観客動員ベストテン」のパネルがあった
トップは「イージー・ライダー」で
十七万七千四百七十五人
その内の立ち見の一人として味わった
あの早春の　苦い一刻が　蘇ってきた

アラ傘寿ピーター・フォンダ実死かな

＊

晩秋から師走へ
喪中葉書が届く

知人やその配偶者の厳父　母堂
そして
長い間　音信の途切れていた人
近年まで　付き合いのあった人
年を追って　この葉書が増えている

合掌しつつ　ふと顧みれば――
この地上で　最も付き合いの長くなった男は　私であり
地上で　最も付き合いの長くなった女は連れ合いである
その次くらいに付き合いの長くなった女は　娘であり
同じくらいに付き合いの長い男の一人は　息子である
ほかに　今でも付き合いの続く　懐かしい人々と
今では付き合いの途絶えた　忘れ難い人々があり
かつても又　この地上に
多くの　忘れ難く　思い出深い人々があった

地上とは思い出ならずや―足穂吟

＊

ことしも　かめはげんきに　とうみんしました
はるまで　おやすみなさい

十二月四日
通り道の角の御宅に　今年もまた　この張り紙が出ていた

道路脇の　昔のリンゴ箱ほどあるガラスの水槽に
体長三〇センチくらいの亀が　二匹飼われている

三十年前
小さくて　楽に手のひらに載るほどだった亀は
年々少しずつ　しかし着実に成長した
アメリカ原産のアカミミガメで
小さい時はミドリガメというペットとして
日本の各地にも広まった

世間では　大きくなって飼いきれず
捨てられることも多かったが
この家では　ずっと飼い続けてきた

「大きい方がメスです
通り掛かる人の姿を見ると　首を向けるみたい」
二匹の亀は　庭の片隅に移されて　また一冬を過ごす
名前は　まだ無い

柏原充侍・小詩集『冬のゆうやけ』十四篇

古本屋さん

大学のまなびや通り
いつも古本がだいすきで
古本屋さんの　おじいさん
いつものおなじみ
「君、こういうのがすきだろ」
一冊の　哲学書
人生が　世界観が　変わった
それから　くるったように
本ばかり　読みふけった
同級生は　そんなわたしを
かわりもんだ　と　でも
しあわせだった　かばんにたくさん
本をかかえて　えらくなった気がしていた
検事さんになりたくて　勉強ばかり
毎日が　徹夜だった
やがて　はなればなれになった
いまになってみれば　人生で一番幸福なとき
十年後に　大学院に行くことを決意した
あの　古本屋の　おじいさん
そのときもおげんきで　笑顔だった

ねむい

あたたかな　ひかりに　身を投げ出し
黄昏の大阪は　どこまでも
きょうは　くもり
きょうも　くもり
はるかかなた　大陸の　ひとびとの　なげきだろうか
途をあるくと　自転車にのせられた　おさないこころ
少年は　夕食前に　ボールをけっている
バスが憂鬱そうに　お年寄りは　太陽につつまれて
ねむい・・・ねむい・・・ねむい・・・
太陽　それは　いのちの源
川の堤防で　見放された　かつての恋人たち
輝ける　あの夢にまでの　愛の証
仕事帰りの　会社員
家族のため　電車にゆられ
ねむい・・・ねむい・・・ねむい・・・
気がつくと　女子学生が　文庫本を読んでいる
向かいでは　おばあさんが　だいじに　だいじに
かばんを抱えて
そのさきは　だれにも知らない
だれにもわからない

砂漠

都会
それは砂漠
鉄と砂につつまれた
かなしい　つらい
労働者たち
生きること
それすらわからず
うしなわれた　木々のみどりは
からすが天を舞っている
砂漠のオアシス
ビルのむこうには
飛行機雲
愛する人
貴方は　砂漠の
乙女でした
　失われた
こどもたちの心
都会という地獄で
ひとはまた　生きてゆく
ただ　生きてゆく

詠えや　しゃれこうべ

去年の夏のことだった
おとんがヒロシマにかえった
お墓参りのために
あつい　あつい　瀬戸内の島
いざ　お墓参りをするとき
おとんは　感動した
まるで　お墓が　おおごえで笑っているかのようだった
お経をとなえると　蝉の声
つくつくほうし　の　詩にあわせて
お線香のかおりが　そう　なつかしかった
詠えや　このはてしない　夏の
太陽のために
しゃれこうべ　最期はかならず　仏となる
蝉たちの　わらいごえ
お経と　お線香と　すべてが　夏の空に　まきこまれて
いつまでも　いつまでも　わすれないよ
しゃれこうべ　笑えや　笑え
また　人生が　ひと夏に　かさねて
年をとることの意味を
さあ　詠え

こども

ひとり　秋の日に　わかれを告げ
花の道を　散歩していた
なにもかも　平和で　せつない思いは
ただ　生きて　生きて　生きぬいて
とおくに　噴水広場がみえた
こどもたちは　かけっこ　おにごっこ
サッカーにバレーボール
おさないころ　ふと　考えていた
ボールが爆発したら　どうなるのだろうと
病を得て　おもむろに　たばこを取り出し
ベンチで若かったころ　おさなかった　けがれを知らない日々
おとうさん　おかあさん
ぼくは　おとなになれたでしょうか
少年時代　学校で　ひとりぼっち
神経質で　つらかった
こどもでいること　こころのなかを
そばにいてくれたのは　いつもやさしい
先生　先生
あなたでした

どこまでも

かなしい秋をむかえて
木の葉が舞っている
いずれは・・・
別れはつらい
生きること　あきらめない
そばには　いつも　笑顔でいてくれた
どこまでも　いつまでも　愛していると
太陽はおぼろげに　夕方を　わけもしらず
いつまでも　どこまでも
青春の挫折　信じたくなかった
街を歩くと　また　一日がおわった
もうじき　きびしい冬がやってくる
明日へ　未来へ　はるかかなた　天国へ
家では　父と母　親の存在が
なによりも　愛しかった
むかしのこと　むかしのこと
はじめて恋した　かのひとは
いったい　だれのそばに　いるんだろう
おじぞうさまは　ただ　わらっていた
ただ　わらっていた・・・

おくすり

おくすり
なくてはならない
ひとのいのちをささえている
台風や津波　洪水
厄は　まえぶれなく　やってくる
ずっと　ずっと　山の奥深く
寒村では　つつましいまでの　ひとびとの暮らしよ
おじいさんの　おくすり代
しんしんと　降り続ける　雪の季節
守り続けた　村のならわし
ゆうやけ　こやけ　さようなら
まずしい　けれども　いさぎよく
おくすり
まだ　おじいさん
だいじょうぶだよね　いなくならないでね
清らかな　愛の生活を
それでも　生きたい
ひとを　世界を　信じているから
おくすり　届いたよ
おばあさんは　ほほを真っ赤にして　わらっていた

おとんとおかん

さむい　さむい
そう　おとんはいう
年寄りは　たいへん　たいへん
おかんは　そうじ　せんたく
たいへん　たいへん
「昼はじぶんですませてな」
おとんは　おうどん　だあいすき
いつのまにか　いなかから　みかんがこない
みかんは　おかんの　だいこうぶつ
なあ・・・　おかん
いつから　おこりっぽくなったん
いままでも　ふたりは　ひとつ
まじめにいきること　それだけで
あと　どれくらい　いきてくれるかなぁ
もういちど　もういちど
やりなおすことできたなら
やっぱりな
おとんとおかん
あんたらの　むすこでいたいわ
ありがとう

あのときの笑顔

冬に風が吹きすさぶ
そんなある日　ゆううつなこころ
アルバムをひらいた
宝石箱のようだった
戦争をしらない　あの笑顔
さみしい　そう　感じた
生きること　それは
生きること
どんなにつらくても　冬の風は
試練のときだった　少女のほほえみ
いつの日か　自分もやがて
あたたかな家庭を　平和は　ひとりひとりの
ねがい　自然の厳しさ　それにたちむかい
また　今年も　おわりに向かう
おねがいです
もういちど　自由をください
街角では　たばこのにおい
冬の風は　この街にいきる　ひとびとを
まきこんで　むかしの自分は
雪は　まだだろうか・・・

冬のゆうやけ

つめたい　つめたい
息はしろく　ほほをなでる　愛しき日々よ
かならず　りっぱな大人になると
天に　誓った
たかい　たかい　雲をみあげた
太陽は　どこまでもつよく生きよと
きょうも　いちにちが　朝の冬の風に　約束して
やがて　夜がやってくる
冬のゆうやけ
ひとり　涙した
少年は　太陽のひかりにつつまれ
街の空には　命たちにつつまれて
みな　おとなになってゆく
いつか　また　出逢えたら
冬のゆうやけに　感謝しよう
そして　抱き合おう
苛酷な人生を　生きぬいた
あのころの　母のえがおは
いったい　だれのために・・・

冬の寒さを勇気にかえて

もうすぐ冬がやってくる
鉄の空
さむさでくるしい　そう悩みつづけた
雪がふれば　なおさらのこと
こどもは　特権
働かなくとも　生きて行ける
鉄の神　冬をもたらす
いつの頃から　雪の季節が　さみしいと
おとなは働かなくてはいけない
こどもは遊ばなくてはならない
ひとはまた　悩み　悩み　そして
鉄の空に打ち勝てば
やがて　残酷なさくらの　わかれと出逢いの季節
また　やさしさの意味　冬に舞う雪が
愛しかった
教えてくれた
冬の寒さ　それは　生みの苦しみ
いのちの春がやってくる
そのとき　もういちど
貴方をもういちどすきでいていいですか

雪の銃弾

さむい冬のことだった
おばあさんは　調子が悪い
朝から　雪がふっていた
かなしげな　しとしとしと・・・・
正月を無事　むかえれるだろうか
「年寄りと病人は大変じゃ」
じいさんは　もちをのどにつまらせんよう
たいへんじゃ　たいへんじゃ
雪という名の　鉄砲の雨が　ふりつけてきた
こどもたちは　そとで　大はしゃぎ
おばあさん　げんきをもらって
さあ　ごはん　ごはん
寒村の日々は　つづいてゆく
雪のあと　遠い空から　青空が
貧しくとも　きよらかな暮らしよ
あの雪の銃弾　それは　どんなに苦しくとも
平和を愛する　それが　人間だと
おばあさん　やっと　元気になった
よかったね

花の日々

くるしい　くるしい
冬は遠かりし風の日々に過ぎ去った
花のような　うつくしき　少年時代
あこがれた　風は花のにおいをつれて
出逢いとわかれ
どちらがつらく　どちらが苦しかっただろう
おとなになること
不安ととまどい
いつまでも　子供のままではいられない
若くて　そして　とおくにそびえる山々よ
やがて　花のかおりが　少女の花をくすぐり
「山に行きたい」
見上げると　山は人々の暮らしを
いつまでも　いつまでも
みまもっている
生きるつよさ　春がやってくる
そのとき　こころに　なにを誓いますか
人として　ひとでありたい
もうすぐ　花の季節が
愛するということ　教えてくれるから

花の都はいずこへ

雨　雨　雨
雨のなげきはどこにゆく
冬から　春へ
春から　夏に
あの　おそろしき　台風の　空の怒り
それでも　そばによりそってくれた
花の都は　笑顔をみせてくれる
風が　こどもたちの　ほほを　やさしくつつみ
うつくしき花々は　かぐわしき　香りによって
蜜蜂という　愛するものに　接吻して
春の太陽　夏の王者　秋のお姫様　冬将軍
また　季節がめぐりゆく
ひとは生まれ　そして　この世を去り
ふたたび生まれ変われば　いったい　いったい
だれの瞳を　見つめるのだろうか
この世に　命を授かり
けっして　争わず
いつか　恋人と　歩いた　花の道
さくらが舞い　かつての若かりし頃は
あのころの　親のすがただったかもしれない・・・

永山絹枝・小詩集『デンマーク―福祉研修の旅（二〇〇二年）―アンデルセンとノーマライゼーション―』

☆二〇〇二年、退職後入学したウエスレヤン福祉大学の卒業記念、森教授（医師）企画のデンマーク研修チームに加わった。
ハンス・クリスチャン・アンデルセンの誕生日は四月二日
恥ずかしながら私と同じ　なにかの縁よ
さあ行こう 行こう！ アンデルセンの元へ…

【一、旅することは生きる事】

アンデルセンの言葉に乗せられて
どんなツバメよりも 白鳥よりもなお速く
麗しき国 デンマークまでやってきた
血はかろやかに駆けめぐる
茜色に染まった童話の里／北風が吹く中を飛びまわる
マッチ売りの少女が みにくいアヒルの子が
裸の王様に叫んだ 少年の真の言葉が…
旅することは生きること
小鳥の羽が窓をうつ／人生の知恵の実が鈴なりだ
万民の幸せの在処を学びに！
弱い者に向ける眼差しに触れに
旅することは生きること！

【二、最初の授業は自由・平等・博愛】

前回の旅では夏の夜の夢の如く浮かれ尽くしたのに
華やかさを消し尽くした田園の冬景色を見る
当たり一面 霜が真白に降り敷き 人影もない
「日欧文化交流学院」を運営しているのは千葉忠夫氏
小柄で丸っこく気さくな行動派 彼の人生は波乱に富む
大学の夜間コースで福祉を志し 内なる磁石を頼りに
二六歳の時 片道切符
大学で志を同じにする現地女性と結婚
ソーシャルワーカーになり 児童施設に勤めた

宿舎は「三匹の子豚」の舘 暖炉だけは大きい
国民学校を改造した 田園に立つ茶色の根城で
先進国デンマークの教育や福祉施設を視察する
「ノーマライゼーション」何よりも貴い言葉
障害をもつ人も認知症の人も 老いて体が不自由な人も
みな人間らしく暮らす社会こそノーマル（正常）なこと
母国を護るために闘いナチスの牢に入れられた
ニルス・エリック・バンクミケルセンの提唱に
千葉氏は 記念財団を創り 凛々しく後《あと》を追う
知恵の木の実は デンマークに在りと
赤、白、青、の三色旗・トリコロールを示して勇気づけ
私たちを ひなげしの花をかざして旅へと誘《いざな》った

【三、飾らない素足の温かさ】

美しき土地よ／誇らしげにブナの林を広げ
バルト海沿岸で／丘や谷と曲線を描く
男たちは名づけた、古きよきデンマーク
女神たちが集まるところ…
（「ハローデンマーク」より）

北欧四ヵ国の最小国で九州よりも少し広い
贅沢ではないけど貧富の差は少なく 豊か
国民一人ひとりの日々の幸せがデンマーク全体の幸福
一日の充実の積み重ねが人生を創っていく
社会福祉国家の基盤は成熟した民主主義
人民の権利として勝ち取ってきたもの
頬をよせ 静かな歌声が聞こえて来る
まるでナイチンゲールの歌みたいに
五時だよ、さあ業務・労働を終え、家庭に戻ろう
夕食と寛ぎ／団欒の花が咲く
出生率はあがり 揺《ゆ》り籠《かご》から墓場まで安心、安全
丘の上に際立つ白い風車
一基、二基、三基、四基・・・
稼働する風力発電は約六千基
デンマークの花・マーガレットにも見えてくる
原発を放棄して 風力大国へ
富よりも民人のしあわせを願う国

【四、アンデルセン記念館】

オーデンセに在る記念館を訪れた
何処からか鐘が鳴ってきそうな石畳
旅行鞄を抱えたアンデルセンが今旅立つところ
彼は言う
「わらえ！」がモットーと
笑いは どんな哀しみをも 和らげる
信じたまえ わたしたちの 誉讃《ほめたた》える人は
たいてい笑ったことで 幸福を得《え》たのだ！
そして、夢の中で 歌の中で 愛を語る

アンデルセンさん あなたは小さい頃から
貧しく哀しくひとりぼっちだったのですね
周りが敵ばかりに見えたのですね
だから 笑えと励まし 絵本に向かったのですね
夢の中でしか 本の中でしか 旅の中でしか
喜びを 真の愛を 見つけられなかったのですね
だから最後の 一本のマッチを灯し夢見たのですね
どうして王子に恋した人魚姫を海の泡と化したのですか
共に愛を陸奥《むつ》み合えばよかったでしょうに
貴方の描く主人公たちが
夏に賑わう メリーゴーランドのなかで
ひょっと隠れ また現れては 笑いさざめいています

【五、小学校の少人数対話教育】

★ナチス時代のデンマーク王のとった／勇気ある政策

ユダヤ人を含むすべての人に
胸に 自宅の戸口に 赤いリボンを★

学校は木造の平屋建て 外見の厳《いか》めしさはない
校長先生もGパンとTシャツでラフな姿でご対面である
教育の要は 自由と民主主義が生活の中に生かされること
三歳までが保育園 六歳までが幼稚園
読み書きよりも／遊びを通して自由と責任を学ぶ
早い時期から障がい者とのインクルージョン
一クラスは最高二七名 担任教師は二名付く
生活指導は対話／問題のある生徒とは とことん話し合う
日本の四十人学級ではお手上げの話だ
無い無い尽くしのデンマーク 何がない？
試験がない 通知表がない 宿題がない
国指定の教科書がない 学費がいらない（無料）
競争原理がない 人に差をつけない
学校に縛り付けない （二時が下校）
あるのは？
保健室と歯科クリニック 学童があり スクールバスが待つ
大学まで無料で高等教育が受けられ給付金までもらえる
若者は国に感謝し 成人になったら必ず投票に行くのですって。

【六、認知症専門の老人施設へ】
太陽が燦燦とさしこむ明るい館
なんと気品のあるご婦人方だろう
緩やかな時の流れに 極まりゆく鈍色の命を透しながら
季節を回顧しつつ やがてくる 永遠の世界

各居室は一戸の家 表札がありノックをして入る
ご機嫌いかがですか？」「ヴォダン・ゴー・デ？」
「良いです」「ディ・ゴー・ゴト （Det går godt）」
電話の受話器には 大きい数字が…
絵文字を使った館内案内とスケジュール表
刺繍飾りのあるクロスに 陽の光とキャンドルの炎
利用者本位の 見守りと援助
尊厳を持って暮らし、年老いていくことができる
案内役の ミアヤム・ゲーテさんの福祉の真髄は
人はみんな 人生のリュックを背負っています
ケアはその中身・暗号を解くことから始まります
可能な限り彼らの思いに添い
普通の生活に近い個々のリズムで…

せかせかと流れ作業に汗する日本の介護システム
遅まきながら北欧の福祉に続け！と
カタカナ用語の氾濫冊子で旗をふる

続いてデイセンターへ
最後の輝きを彩る認知症の方々
日欧親善友好を兼ねながらの異文化交流
かつての紳士淑女が輪になっての歓迎パーティ

日本からの来訪者との挨拶を受け
「さーくら♪さーくら やよいの空を～♪」と
歌で返礼 彩ったフォークダンス
思い出す 片言の言語を交えたあの紳士
暗さが無いのは暮らしに心配ないから
誰もが 最後まで輝いていたいと 願う
人間らしく生きられる社会
それを支えるのが国の福祉行政だ

【七、フューン島の青木さん】
―四季を描く・青木憲一さん―

はたしてどんな方だろう 青木憲一さんとは
アンデルセンの街・オーデンセの北東二五キロ
戸数十軒の南エスタブレ村
さわやかに香る ブナ林／近くには大小の沼
見かけるシカ、キジ、野ウサギ
キツツキの幹を叩く音 フクロウの声
あれは薪を割る音だろうか
チェーンソーの轟音も響いてきた
青木さんのお住まいは 自慢の木材を使った手造
まっ先に目についたのが山積みの薪
昔懐かし 我が小さい頃の薪運び
温かく奥様と迎えて下さった
郷愁の想いが深いのか 情愛ある熱っぽい語り
ここではすべてが満ち足りていると‥

霧の夜が明けるとすべての樹が霧氷に覆われ
枝を離れた氷片が空中に煌めいている絵
四月初めの絵画は ラムの白い花木
画架を立てて描き始める青木さんの姿が見えて来る
八月は麦の収穫、大型機械の往き来
そんな作品が壁一面に陳列されている
コペンハーゲンのあるシェラン島にも
良いところはいっぱいあるが
この北フューンほど良いところはない と
穏やかな自然に包まれた晩年のお暮らしである
日々の生活は高められてゆく／とても気高く、豊かに！
別れを惜しんだ私達に帰国後届いた一枚のハガキ
東京で個展を開催されるとの嬉しいニュース
思い出友好の懐かしき一葉である

＊（参照：週刊朝日百科「世界の百都市」ここにいきたい北欧）

＊参考文献
・『母と子で見る―人魚姫と風車の町で―「幸福度世界一のデンマーク」』早乙女勝元／草の根出版

石川啓・小詩集『解き解す』五篇

カタルシス

ヒタヒタと打ち寄せる汀にいて
水の冷たさに境界線を引かれている
白い飛沫と灰色の水と
目の前の海は無彩色
いつのまにか覆われた透明な半円のカプセルの中
湿った砂地を波と並行に歩いていく
寄せて返す音信は途絶えることはない
呼吸のように何気なく深く続いている
海と浜辺のものがたり

言葉をさらっていった潮風も
今は凪の休息時間
足を止めて海に対峙すると
波　波　波　の　エントランスの向こうに
泰然とした大海原

その広さをいまさらのように目に留める
桜貝のような散った花片が波に浮かんで消えた
置きみやげの貝の片方ひとつを握り
できるだけ遠く海の中に抛ってみる

何度目かの海の手の到来の時
私の足元に届けられるだろう
海に来る度続けられた小さなコンタクト

過去を呼び出し　現在《いま》を映し　未来を語る
海は心の合わせ鏡だから気を整えよう
いつのまにか取り除かれているネガティヴな思考
人恋しさが揺れる素の心
雲が空を覆っている日のくすんだうねりを見ながらも
胸に届く海の色はいつも碧い
色を塗り替えられた海の気持ちは測れないが
心を浄化する波音をいつも聴かせてくれる
カプセルに護られた　海と私の心の置けない世界

スノードロップ

空と地の間《あわい》の中で
私達は試されているのだろうか
観察されているのだろうか
春夏秋冬　それぞれの彩りの中で

植物図鑑で
スノードロップの写真を見た
見つけてくれるのを待っていたように

俯きながらはにかんでいた
雪が積もった地の中で隠れているのに
踏み潰すことなく
よくこの花の在り処を知り
花を傷つけずに雪を堀り起こしたのに感心した

父が居た頃家族で住んでいた家
小さな庭だが
ベランダから眺めるのが
父の唯一の楽しみだった
ある年の早春
何気なく庭を見ると
黄色や紫のクロッカスが
一輪　一輪　ほっこりと横に連なっていた

その時初めて知った
クロッカスは自分の熱で雪を解かしていた
あのスノードロップも掘り出されたのではなく
自分の力で雪から顔を出していたのだ
こんなにいとけないものたちでさえ
自分を護る本能があるのに胸を衝かれた
厳しい冬に一人で耐え雪を割って笑顔を見せる
たとえそれが人目につかない野辺であっても
冬の戒めを解いて精を尽くして生きている

香りの誘い

ゆるやかに時がほどけてゆく
凍えていた気持ちもほぐれ
滑らかに　和やかになる
光りの訪ないは
花々を目ざめさせてゆく

フリージア
　柔らかい響きと
丸く無邪気な香り
黄色い　ためらいがちに開いた口
この花を
祖母の通夜で初めて知った

沈丁花
　懐かしい響きと
切なく清新な香り
赤紫の　丁字のような花弁たち
この花に
幼い日の思い入れのある人がいる

ヒヤシンス
　優しい響きと

甘く愛しい香り
青紫の小花の寄りそい
この花を
いつかの折に贈った人がいる

花の
いろ　かたち　かおり　なまえ　が
一人一人の姿になる
いま
花屋の中では花の香りが薄らいできている
忘れがたい思い出を留めるため
授けられた香りを花に纏わせたい
一本一本の蕊から香る記憶に耳を傾けたい
甦る蜃気楼のような映像を確かな像《かたち》にしようと
懐かしさをこめて香りを見つめ続けている――

千の琴爪

はなふぶきはせんのことづめ
さいごまであかさぬおもいをくうにとむらう

櫻吹雪は千の琴爪　最期まで明かさぬ思いを空に弔う

糸田ともよ

歌集『しろいゆりいす』より

陽を透く花片《かへん》
重なる花片
空を染める櫻色の霞
片恋の儚さと深さを湛えて

千年前から想っていました
千年経っても想っています
人知れず明かさずに
心に秘めて明かせずに

それでも想いは花にと現われます
隠しても隠してもその色　その香り
淡いながらも想いの重みにしなだれて
小さく揺れる櫻花

あなたがそっと触れるとき
春の吉兆をその掌に載せました
三度《みたび》生まれ変ったあなたの
見目は違えども　その心根は同じでした

私ももはや古木の翁となりました
花をつけるのもこれが最期です
あなたがもうじき足元を通ります
精一杯華やいで別れを告げます

咲ききった花に風が吹きつけ
諸手を挙げて　背を伸ばして
風のままに花片を舞いあがらせると
千の琴爪このときとばかりに想いを弾く

琴の音が激しくかき鳴らされ
消え去る前の一期を飾ります
抑えていた想いが空をしきつめます
人には聴こえぬ音を目で追う葉桜

誰に看取られずとも
風がすべてを知っています
愛《かな》しみの花片が地に触れず
空の奥へ奥へと吸い込まれ飲みこまれていきます——

椿

首から自ら落ちる棘のない花の潔ぎよさ
落ちる手前の予兆はあるのだろうか
生き急ぐ花を前にして彼女は心を無にしてじっと待つ
紅い椿の落ちる瞬間を
惜しまれつつ見切った命の軌跡を網膜に留めたいと

蹲っていた彼女は落ちた花を手に取ると
やおら立ち上がり
「生き切る」というカードを選ぶ
「ジョーカー」も選べられたのに
「全て事もなし」に　寄りかかるのを止めた

黒い螺鈿細工の器に水を張り椿を浮かべる
うら若い命を惜しむのは
椿にとっては酷であろうか
生からの解放を試みた花を
朽ちるまで保とうとするのか
「充分」の引き際はどこまでか
ためらい傷といわれるその呆気なさ
に似ている椿の落下　生からの脱却の未完

「形が崩れる前」と彼女は定める
紅い紅が薄れないうちに
黄色い蕊が崩れないうちに
水盤の中の美を堪能したあと
もう一度掌に載せ　儚さの重みを量ってみる
ただいたづらに生から死への引き渡しを延ばしただけなのか
それに答えることもなく目を閉じている沈黙
浅い眠りしか得なかった花を　いま心ゆくまで
永遠の眠りの中にそっと解き解《ほぐ》す——

古城いつも・小詩集『プール見下ろして』四篇

プール見下ろして

わたしは研究所の3階から
道路を隔てたむこうのK高校の
プールを見ている
夏休みの午後はやく
泳いでいるのはただひとり
男子生徒はクロール
ときどき平泳ぎ
わたしの人生の選択ミスで
K高校へゆくことは
叶わなかった
わたしはあのプールサイドで
男子生徒たちを
チアアップする
一群であったかもしれないのに
そう思っても
すぐ打ち消してしまう
おとこのかたわらで
笑顔純心の女神をやることは
ありえなかったから

夏休みの研究所
わたしはカウンセリングを待っていた
何度かよっても
救いがあろうはずはない
わたしは若く
未来という資産を
すでに持っている
カウンセラーが救いの手を
差し伸べる
筋合いは最初から
ない
支配被支配の
上下関係の繰り返しで
十九のわたしは
偉ぶるお仕事はだめだな
と
大学進学をやめてしまう
プールサイドで
わたしはおとこを
応援しない
わたしがやりたいの
と思う
中学の体育教師は
K高校出身だと思いだす
女性同士は反発をするのだけれど

体育教師は
女子生徒に
創作ダンスを教える
誰一人指図せず
みな対等に協議する
曲目は
宮城道雄の春の海
フルートで
わたしたちは
ダンスをやりたいと
思った
わたしは演じるひとで
ありたいと思った
躍るひとを追いかけてゆく
オートクチュールの
ファッションショー
オリンピックの開会式
映画
たとえばフラッシュダンス
ダンスはうまく踊れない
下手すぎる
ときが過ぎる
夏休みのプールに
泳ぐ男子生徒
でも
プールサイドで
手を振るつもりはない
わたしは踊ってみたい
そんな人生の
伏線もある

オブジェ

絵描きになりたい
でも
何を描けばいいのやら
行為するひと
これは難しくって
身体、肉体
そして
ポージング
たいそうな企てと
たいそうなお膳立て
脳内プランを
描いては消す
消しては描く
日々の仕事の合間に
麦わら帽子を一個描く

作家の特徴もなく
これはハット
オブジェであります
そのあとは
椅子
リュックサック
白象
裏庭のシャベル
鯛
マスカット
ひとつのキャンバスに
一個のオブジェ
それらは背後に
言葉を持っていて
その言葉を符牒として
鑑賞者と繋がってゆく
これって立派な
芸術行為
こころを宿す
ものを描く

人面瘡

忘れていると突然
話しかけてくる
まったく存在しないかのごとく
だが
いつもわたしの身体に
出来上がっている
人面瘡
わたしの生活
行動の節々で
指図し
吹き込み
あざ笑う
わたしも話しかけてはみるが
すべてが否定語
だからわたしも
どうでもいいことを話しては
否定させることを常とし
無駄な行動をあらかじめ
消去してゆく
ダメにして
ダメにして
本当にやりたいこと
自分の決意は

人面瘡には
けっして話すことはない
行動の節々で指図
入れ知恵
すっかりわたしの身体を
自分のものとしてしまっている
乗っ取られているかや
言いなりなようで
指図させてるようで
差し障りなく
喋らせて
言いなりになるふりをして
共存する所存

柚子と葱

お料理をしない日々でも
スーパーで
ゆずを買っておく
それと長ネギ
これを薬味という
うどんに
おそばに
入れようと思う
乾燥の海苔なんかも
いいかも
辛い生活が続くと
一膳どんぶりと称して
イージーランチ
とイージーサパーで
やりすごすと
これは詰んだ
となってしまう
銭湯行って
お蕎麦湯掻いて
柚子と葱

井上摩耶・小詩集『生きている人へ』五篇

生きている人へ

一人を知れ
一人ではなく
独りを

目には見えない繋がりで
雁字搦めになりながら
私たちは皆
独りを味合う

一人を知れ
一人ではなく
独りを

自己と対話する時
初めて出逢う自分がいる
初めて他者を思いやれる
独りは寂しいものではない

悔しくて涙が出る
苦しくて 寂しくて 情けなくて
恋しくて

そんな心の動きに敏感になれ
独りで じっくり
つぎの瞬間 貴方に差し出される
涙をとめる何か
信じれば良い
目には見えない沢山の想いに支えられると

いつか貴方が
「生きている人」を支えるまで

手紙

どうしていますか?
二十年近く経ちました
私は人生の折り返し地点を超えましたよ
寂しく眺めていた景色は
幸せ見れていますか?

大好きだったアーティストの曲を聴いています
ラブソングばかりで気持ちが落ち着きません

子供は授かりましたか？
私は猫二匹引き取りました
私の娘たちです

貴方の遺伝子が残っていれば
それだけでも幸せなことだと思います

年頃になったら
貴方を困らせるでしょうけれど
この世に残せる何か欲しがっていたから
きっと宝物になるでしょうね

まだ書いています飽きもせず
噂話も飛んで来ない遠いところから
貴方の幸せを願っています

少しでも自信を持って歳を重ねていたらいいなと

また手紙を書くかもしれません
届かない手紙ですが
私の為でもあるのです

全てを許しています
私も未熟でした
寒い夜にコートをかけてくれてありがとう
おにぎりを食べる時に目をそらしてくれてありがとう
カギを返した後に、自転車で追いかけて来たことを後から知ってびっくりしました

最後は貴方が番号を変えて終わりましたね
全てリセットですね
私には出来なかったから
有難いことです

そのお陰で、今　貴方の事をとても愛おしく思います

生きて下さい
無茶はしないで下さい
幸せに、心から幸せになって下さい

真剣に向き合ってくれてありがとう
また来世で逢うまでお別れしたままでいましょうね

今の貴方

振り返るとき
ああしてたら、とか
こうだったら、とか
人は傲慢だから
過去を否定したがるけれど

「今の貴方」があるのは
その過去があったからで
どうにもならない宇宙規模での
凝縮した時間のなかで育った
散りゆく時間のなかで
もがいているだけ

今夜はお酒を呑みましょうと
はしゃいで
無礼講だからだなんて
それもありだけど
帰ればまた知らず知らず現実はあなたに突きつけくる
「今の貴方」を

そんな時
話したくなる人かいるね

心を分かち合いたくなる相手がいるね
それを「本物」と呼んではいけないのですか？

数えきれない出逢いの中でも
あなたが心許せる相手はそういないはず
どんな関係であれ
その時その時
思い合って
労りあって
その夢を応援して
傷付いていたら優しく包み込んで…

昔、書いた事があるんだ
会話に男も女もないと

そんな出逢いがあなたにもあれば
貴重なこと

この世の、計算されているようで
まるで計算されていない関係性よりずっと
ピュアで自然なこと
そんな出逢いを大切にしたい

男女も年齢も関係ない
あるのはお互いの「今」を受け入れている事

「今の貴方」は
在るべくして此処にいるです

人生という映画

そこに心はあるか？
今この瞬間
響く心があるか？

誰かを想う時の
朝露の
夕焼けの
美しいと想う心があるか？

精神薬で死んだんだ
何度も
コントロールがきかないオンボロぐるま
心は猫に触れた時にだけ蘇る

心はあるか？
この世のあらゆる人々と

あらゆる職種と人格
環境で成される交わる事のなかった人たちでも
心があればと思う

あともう少しの命なんだと思いたい
やれる事もやれなかった事も
意味を持つものなど
心に訴えるものだけ
それだけ残せたらもう満足だ

人生という映画は
心を残せるか？

悪友

長年の悪友と縁を切るには
治療が必要だった

薬も時間も
カウンセリングも

最終的には自分の意思の問題ではあったが

私の身体の一部のようになっていた悪友との別れは
何か身体から剥がす作業をしているようだった

まだ話していたい
まだ会いたい
また吸いたい…

ニコチン中毒の二十年以上
認識が甘かった
冊子を読めば一発で理解出来たのだ
この悪友の悪さを

世間も悪い
中毒性の高いものを売りに売り
誰もが簡単に手に入るようにして
いつのまにか禁煙ブーム
健康ブーム
構わないけれど　ちょっと悔しい

心細い　とても
悪友とは色んな話をして来たし
仲間も出来たから
未練があるんだ
それを「依存」と呼ぶらしい

私は今、束縛から解かれるように
自由の身になるのだが
どこか前より弱い自分を感じている
悪友とは言え
友人が一人減るのだ

その「依存性」の怖さを今
とても感じている

小説

『戦艦大和の最期』吉田満著
―深き鎮魂の想い―

宮川　達二

徳之島ノ北西二百浬ノ洋上
「大和」轟沈シテ巨体四裂ス
水深四百三十米
今ナオ埋没スル三千ノ骸《ムクロ》
彼ラ終焉ノ胸中果シテ如何
『戦艦大和の最期』―最終部―昭和二十七年（一九五二）刊

―東京駅と「戦艦大和」―

二〇一九年十一月初旬、私は東京駅に降り立った。丸の内中央口を出て、御幸通りから振り返ると赤煉瓦三階建ての堂々たる駅舎を見た。建築家辰野金吾による設計で大正三年（一九一四）竣工、関東大震災では被害はなかったが、昭和二十年（一九四五）五月二十五日の東京大空襲で三階部分が焼失した。戦後に二階建てに復旧されたが、近年本格的な修復作業を経て、二〇一二年に創業当時の姿に復元された。横幅三三五m、尖塔を含む高さ四五m。私がこの日、東京駅へ来たのは大きな目的があった。

昭和二十年四月七日午後、世界最大と言われた戦艦大和が、米軍に占領された沖縄への海上特攻へ向かう途中、徳之島沖で猛攻撃を受けて沈没した。天一号作戦という名の特別攻撃、燃料は片道を超える程度、護衛機は一機もなし、米軍による八回にわたる延べ千機と魚雷による攻撃を受けた。乗組員は総員三三三二名、このうち生還者は二七六名という苛酷極まる最期である。

私は敗戦から七四年目となる今年の夏、戦艦大和の乗組員で海軍少尉だった吉田満（一九二三〜一九七九）の書き残した『戦艦大和の最期』という作品を読んだ。私はこの作品を読んで、長い間、単なる戦記文学に過ぎないと考えていた自分の先入観を恥じた。全体を通しカタカナ交じりの文語体、現代を生きる我々には決して読みやすいものではない。内容は、太平洋戦争末期、極端に異常な状況に我が身を置かれざるを得なかった青年による自分と他者の生死を巡る壮大な叙事詩である。吉田満は、この闘いで奇跡のようにして生還した。彼の多くの戦友の死を悼む鎮魂の想いの深さ、そしてそこに流れる反戦の想いに心を打たれた。吉田の反戦とは、声高に書き連ねたものではない。作品の「あとがき」で彼は戦争について次のように述べた。

「私は戦争に参ずることを強いられたものである。しかも戦争は、学生であった私の生活の全面を破壊し、終戦の廃墟の中に私を取り残していった」

現在、海の底に眠る戦艦大和の姿を見ることはできない。私の心に思い浮かんだのが、創建当時に復元されて間もない東京駅の事だった。戦艦大和の全長は二六三m、長さは東京駅に比べれば七二m短い。しかし、左右に余裕を持って東京駅を見ると、戦艦大和がすっぽり眼に収まる。私はこの秋の日、遥か昔の海上に浮かぶ戦艦大和のイメージを求め、吉田満という青年の軌跡を心に刻むために、東京駅に降り立った。

―『戦艦大和の最期』という作品―

吉田満は大正十二年（一九二三）一月生まれ、東京帝国大学法学部在学中の昭和十八年（一九四三）に学徒出陣、海軍電測学校を出て海軍少尉に任官、副電測士として戦艦大和に乗り組んだ。昭和二〇年四月に沖縄特攻作戦に参加、三千名を超える戦死者が出る中で、沈没後に重油が浮かぶ海を漂流、頭部に負傷はしていたが戦艦大和と共に沖縄へ向かう艦隊を組んでいた駆逐艦「冬月」に救助され生還した。

敗戦直後、復員した彼は父の知り合いで奥多摩吉野村に住んでいた作家吉川英治に促され、『戦艦大和の最期』の初稿を書いた。当時彼は二十二歳。この作品を読んだ文芸評論家小林秀雄の勧めで、雑誌『創元』創刊号への掲載が決まったが、ＧＨＱ（占領軍）の検閲で全文削除となる。その後、『戦艦大和の最期』は対日講和条約調印の翌年、昭和二七年（一九五二）八月に、創元社より刊行された。

作品は全二九章からなる。第一部の一章～八章は広島呉軍港に於ける停泊、出航から徳之島沖の開戦。第二部の九章から二三章が米軍の空爆と魚雷攻撃による大和の沈没。第三部の二四章から二八章までは数百名の漂流と生還。そして第四部の最終章「感懐片々」が生き残った後の回想と鎮魂の想いを綴っている。

創元社より刊行された本の末尾には跋文として吉川英治、川上徹太郎、小林秀雄、林房雄、三島由紀夫らが文章を寄せている。文学者として右翼的な立場とされる彼らの、吉田満のこの作品への評価は高い。だが『戦艦大和の最期』発表当時は、戦争肯定、軍国精神鼓吹の小説との批判があった。これは、戦後の世相の中でこの作品の真価を見抜くことがいかに難しかったかを証明しているに過ぎない。

戦後から長く、この作品への正当な評価が与えられることは少なかった。その中で、友人だった千早耿一郎が『「戦艦大和」の最期、それから』という注目すべき著書を残した。さらに作家阿川弘之、島尾敏雄など吉田と同世代で太平洋戦争を経験した二人は、この作品に対して正当な評価を与えている。

―臼淵大尉の言葉―

海軍司令部による「一億総特攻の魁」にという名のもとに、戦艦大和は沖縄へ出撃する。その途中、戦艦大和艦内では気風の違いがあると言われる海軍兵学校出身者と学徒出陣の士官たちとの間で激しい論戦があった。死生談議、日米勝敗の行方が議題である。彼らの間では、意外にも双方とも勝敗に関しては日本必敗論が圧倒的であった。戦艦大和は建造決定の段階から無用論があり、実際、第二次世界大戦中に戦艦同士の戦いは殆どなかった。実際は基地や空母から発する戦闘機による空中戦が主流を占めていた。戦艦大和の船内で行われた論議の中で、士官たちの間に次のような言葉があったことを、若い吉田満は驚きを込めて書いている。

「世界の三馬鹿、万里ノ長城、ピラミッド、戦艦大和」ナル雑言、「少佐以上銃殺、海軍ヲ救ウ道コノ他ニナシ」ナル暴言ヲ艦内ニ喚キ合フモ憚ルトコロナシ沖縄へ向かうのは乗組員全体の自殺行であり、今後日本が勝利へ向かう可能性は何処にもない。士官たちの必敗論議のなかで、吉田が強く印象を残したのが臼淵磐大尉という名の海軍軍人の言葉だった。

—強襲第二波—

進歩ノナイモノハ決シテ勝タナイ　負ケテ目覚メルコトガ最上ノ道ダ
日本ハ進歩トイウ事ヲ軽ンジスギタ　私的ナ潔癖ヤ徳義ニコダワッテ、真ノ進歩ヲ忘レテキタ　敗レテ目覚メル　ソレ以外ニドウシテ日本ガ救ハレルカ　今目覚メズシテイツ救ハレルカ
俺タチハ先導ニナルノダ　日本ノ新生ニサキガケテ散ル　マサニ本望ジャナイカ

—作戦発動—

臼淵大尉のこの言葉は、この死生談議の結論として皆に認められ、士官の間では反駁を加えるものはなかったという。この言葉を残した臼淵大尉はその後の米軍との戦闘の中で直撃弾にて亡くなる。吉田満は、臼淵大尉の死を次のように書いた。

臼淵大尉　直撃弾ニ斃ル　知勇兼備ノ若武者
一片ノ肉　一滴ノ血ヲ残サズ
死ヲ以テ新生ノ眼ザメヲ切望シタル彼、真ノ建設ヘノ捨石トシテ捧ゲ果テタルカノ肉体ハ、アマネク虚空ニ飛散セリ

—間断ナキ猛襲—

臼淵磐大尉は大正十二年（一九二三）八月生まれ、吉田は同年一月生まれである。臼淵大尉の言葉を吉田が正確に記憶し、作品に書き残したことにより、この言葉は後世を生きる我々に伝わることになった。

—文語体で書かれたこと—

戦闘のさ中、冷静に戦闘状況を見詰め、時を経て正確に書く困難は想像に余りある。この作品は、全体が簡潔で荘重である。それが鎮魂の想いを込めた挽歌として一貫している。

彼は、この作品全部を文語体で統一した。これに関して吉田は「あとがき」で次のように述べた。

全編が文語体を以て書かれているという事について、私に特に嗜好があるわけではない。初めから意図したのでもない。第一行を書き下した時、おのずからすでにそれは文語体であった。

第一　死生の体験の重みと余情とが、日常語に乗り難いこと
第二　戦争を、その唯中に入って描こうとする場合—戦い—というものの持つリズムが、この文体の格調を要求するということ

吉田満は、文語体に加えて漢字以外はカタカナを用いている。詩に於ける漢字とカタカナ併用は、宮沢賢治「雨ニモマケズ」、原民喜「原爆小景」がある。二つの作品は、詩自体は口語体である。私は詩人が詩を書く時、意識的にカタカナを用いることによって、固有の強い祈りの心が読者に伝わると思っている。吉田満、宮沢賢治、原民喜という三人の詩人たちの祈り

が、図らずも漢字、カタカナ併用に及んだことは不思議な一致という他にはない。

—死の海のバッハ—

吉田満は、高校生時代からクラシック音楽を好み、特にバッハが気に入っていた。昭和十八年の入隊の前日に、彼は日比谷公会堂でバッハの「無伴奏ヴァイオリンソナタ」を聴いている。バッハの音楽は、キリスト教と大きな関りがある。しかし、当時信仰を持たなかった吉田満という若き青年の心に、バッハの広大な宇宙を感じる旋律は強く焼き付けられた。

出港後約二日を経た四月七日午後十二時三十二分、沖縄への航路の約半分に満たない徳之島沖で、米軍の戦艦大和への攻撃が始まった。戦闘の末に戦艦大和が転覆したのは十四時二十三分、不沈戦艦と言われた巨艦は、三千名あまりの死者と共に、二時間余りで海へと沈んだ。

この時吉田満は、戦艦大和から黒い重油の浮かぶ海へと投げ出される。戦闘で、頭部に火傷と裂傷を受け、さらに寒さと飢えと恐怖に直面して海で漂流中、吉田は次の経験をする。

—空白、死ノ如キ静寂
サラバワレ、自ラノ音楽ヲ持タザリシカ　カノ愛着、カノ自負、スベテ偽リナリシカ
—待テ、今聴キシモノ、胸ニ蘇リタルモノ　何ゾ
マサニシカリ　「バッハ」ノ主題ナリ　耳馴レタル　ワガ心ノ糧ナル
「無伴奏ソナタ」ノ　主題ナリ

この部分は創元社版では、「バッハの主題」とは何の曲を指すのか明確ではなかった。しかし、昭和五十四年（一九七四）に吉田自身が付け加えた決定稿では、バッハの「無伴奏ソナタ」であったことが明らかとなる。

海での漂流中、実際にバッハの演奏が流れるはずはない。しかし、人は死に直面した時こそ、神と深く結び付き、幻聴の美しい音楽と向かい合う事になる。彼は昭和二十一年にこの作品を読んだカトリック教会の神父今田健美を知り、洗礼を受けて彼はキリスト教信者となる。おそらく戦艦大和沈没後の漂流中に、バッハを聞いたこの神秘的な経験が彼を信仰へ大きく導いたのではないか、そう私は思っている。

—一条の光—

吉田満は戦後すぐに日本銀行へ勤務、職務を全うしながら戦争の記憶、信仰、文学的な幾つかの著作を残した。しかし、彼は昭和五十四年（一九七九）に病で亡くなる。享年五六。戦艦大和で奇跡の生還をした彼にとっては、あまりに早すぎた死だった。

吉田満が残した言葉に次のものがある。

　ひとつの波が揺れて
　四海の波をゆれ動かす

苦しみを乗り越えたひとつの波は、何処までも波動が伝わる。彼は、戦友たちへの鎮魂と戦争で傷ついた自らの青春を綴りながら、遥かなる遠い未来に一条の光を見ていたに違いない。

草莽伝

青年期1

前田　新

県立高校の農業科を卒業すると同時に、会田真は集落の青年会に加入した。村単位の青年団とは別に、どこの集落にも、戦前の若者組から続いている青年組織があり、真の集落にも三十五歳を上限する青年会が集落の祭りや休日などの管理権もって存在した。特に真の集落には、民族芸能である鞨鼓三匹獅子舞が彼岸獅子舞として伝承され、かつては高等小学校を卒業した農家の後継ぎがその踊りや音曲を継承したが、戦後は中卒と高卒の若者がそれを担うようになった。

高校を卒業した真は他一名とともに、集落の集会場で行われた入会式に清酒一升を持参して加入した。戦後、十年は過ぎていたが、まだ復員した年長者も多く、三十人を超す先輩たちが居並ぶなかで、会員となったからには、青年会の活動には先輩各位に指導を仰ぎ、誠心誠意努力することを誓約した。酒宴となって、真は「学校と社会は違う。学校の成績と社会の掟は関係ない。社会の一年生は社会のしきたりで一から教育するから覚悟しろ」を言われた。そして翌日の夜から獅子舞の厳しい稽古が始まった。

集落では獅子舞は芸能と言うよりは、若者の鍛煉にあった。真は累代太夫獅子を踊って来た家筋だから、太夫獅子の踊り子とされた。踊りの演目も最も多く、獅子頭も大きく最も重いものであった。集落に生まれ育った者は、幼いころから、その季節になると獅子踊りの音曲を聞き、踊りを見てきているので、いきなりという感じはなかったが、見るのと演じるのでは大違いで、腰を落として踊る所作は、きつかった。真は先輩の容赦ないしごきに耐えたが、柔道をやっていて良かったとしみじみ思った。

春といってもまだ寒風か吹く夜の練習で、真は滴り落ち程の汗をかいた。

練習終えて帰ると、信助は病床で、真の踊りの仕草を見て、練習の成果に目を細めた。

集落の獅子踊りは戦時中、青年男子の応召で一時休んだことがあったので、真の父、信は踊らなかったが、信助もその親も踊っているので、真が継承したことに信助は「これで会田家の面目が立った」と、涙を流して喜んだ。真の集落のなかでは、獅子舞の踊り子になることが、将来のリーダーとしての要件でもあったのである。

春の彼岸の中日を挟んで、当時は一週間にわたって、近隣の町や村を回った。自動車がまだ普及していない時代で、日暮れて月夜のなかを獅子団と集落に帰ると、その音曲に村の老若男女が総出で迎えてくれた。

信助は病床の雨戸を開けて、佐和も操も家の前に出て真の帰りを待っていてくれた。獅子舞は集落をあげての催事で、長く冷たい会津の冬が明けて、いよいよ農作業が始まるぞ！という、それは合図でもあった。

踊りが終わって、さすがに真も二日ほど爆睡した。一か月にわたる獅子踊りの季節は苛酷を極めたが、これで集落における真の若者としての通過儀礼で、これによって集落における真の位置は確定した。

十種に及ぶ獅子踊りをマスターし、音曲の太鼓も覚えて太鼓打ちとしての試験にも合格した。それから真は十年余にわたって獅子踊りを踊り、後継者に伝授してその役目を果たしたが、彼岸の獅子舞が終わって、真の踊りを見た信助は、安堵をしたのか病状は悪化した。身内や親戚が病院への入院を促したが、信助は
「入院はしない。わしはわしの寿命を心得ている。わしはこの十年間なんとしても生きたいと願ったのは、孫の成長を見届けるためだ。孫が立派に成長して、この村に伝わる獅子踊りを支障なく踊った。これでわが家は大丈夫だ。わしは安心して息子たちにも親にもそのことを報告が出来る。時代が変わって、いろいろのことがあったが、三百年にわたって続いた会田家を孫に渡すことができた。思い残すことはない」と、入院をせず、静かに家で自らの死を待つと言った。二人の息子を失い、敗戦の日から十年に亘って病魔と闘いながら信助が生きてきたのは、唯一つの願いである孫へのバトンタッチを果たすためであった。

それから一月が過ぎた四月の末に、痩せ衰えて死期が迫った信助は、真を枕辺に呼んで、真の手を握り締めて
「真、わが家を頼むぞ、わしは作業場の建設まではと思ってきたが、」と言って絶句した。死期を悟った祖父の言葉に真はあふれる涙を止めようもなかった。ただやせ細った祖父の手を握り返していた。

泣いてどうなるものではないとは思っても、幼いころからの祖父の思い出が真の脳裏を去来して涙があふれ出た。その夜、集まって来た親族が帰った夜更けに、信助は眠るように息を引き取った。享年七十一であった。

その朝は晩霜が降りた。白く凍る夜明けの道を真は自転車で信助の死を知らせに信継の元に向かった。信継は当時として珍しいエンジン付きの自転車に乗っていて、すぐに来たが、真も操も佐和も、もう涙は枯れていた。

真ももう涙はでなかった。信助の葬儀を滞りなく行うための準備に没頭した。喪主は真に決まり、六尺と呼ばれる墓穴掘りの人たちに埋葬場所の確認や念仏講の人たちには葬送の行列の順序など、村の葬送儀礼に則って葬式は進められた。祖父の墓穴を掘っていた六尺の人たちに真と佐和が呼ばれた。墓所に行って見ると、墓石の上に頭蓋骨か一つ載せられていて、これがお前の父、会田信の頭蓋骨だと言われた。十七年前に亡くなった父信の頭蓋骨と再会した。真は父親信の記憶は朧なものしかない。晩春の陽に乾く頭蓋から佐和は懐かしげに草の根を取り砂を落とした。

先祖たちの墓石の間に曾祖父や父は埋められ、そこにまた祖父が埋められた。佐和と真は信の頭骸骨を祖父の棺桶のなかに入れて無事に信助の葬儀を終えた。

生前の信助とは昵懇のなかであった寺の僧侶は、葬儀のあとの精進上げの席で、真に、「若くして会田家の当主となったが、亡祖父信助のように、陰ひなたなく、人に尽くせ」と説教した。祖父信助の戒名は「大光院殿勲岳信住清居士」であった。

操は四十九日の日までは、信助の魂はわが家に居ると言って、奥座敷にしつらえた祭壇に油灯をともし、香を焚き、毎日、南無阿弥陀仏を十回唱えて、水を取り換えて供え続けた。喪明けが過ぎてまもなく操は、膝や足に激痛が走り動けなくなった。医者に神経痛だと診断された。気丈な操は何としても作業場を建設するまでは死ねない。それまではどんなことがあっても生きて。信助の真への思いを実現すると、痛みをこらえた。

佐和と真は、病む操を家に置いて、葬儀の翌日から田畑に出て働いた。

何があっても農作業は季節とともに行なわなければ、成果は得られない。

それが佐和の体験から得た信念であった。

九月の中頃、二階建て一部平屋の総面積四十七・五坪の作業場の建前が行われた。当初の計画は春の四月下旬に行う予定であったが、信助の病状悪化と死、その葬儀で一時は取りやめかと、大工棟梁も相談に来たが、操が何としても秋には設計通りに建築して、家を継ぐ真のために役立てたいと言う信助の約束を果たしたいと言っての実現であった。

しかし、村にはあらぬ噂が流れた。それは操にも佐和にも真にも聞こえていた。信助の死によって作業場の建築は取りやめか延期になるので、四月建築で準備したものは、五月に建築された去る有力者の作業場として使われたという話であった。信助は作業場の建築は、息子信の入院費用のためにおおよその山林は売却していたが、売らずに残しておいた里山の山林を伐採して孫の真のために近代的な農作業場を建てる予定で進めていて、その山林の伐採作業も含めて、大工棟梁と契約していた。信助の死後、それを格安で有力者に提供されていたのであった。

案の定、建築された作業場は設計図とは異なる部材が使われていた。上物は設計図では角材だが、大方が正角ではなかった。二回張りも丸太であった。明らかに残り材料によることが解るものであった。

真はそれを指摘しようと思ったが、かつて信助が真に

「その時を待て」

と言ったことを思い出した。真がそのことを棟梁に指摘しても、生意気な若造が何を言うかと、一顧だにされないだろう。「学校と社会は違うぞ」という言葉の意味を真はこの一件で知らされた。村の不文律の掟は強者が弱者を食うのである。その年、台風がきて大雨と強風で建てたばかりの作業場は雨が漏った。真が初めて就農して農協に出荷した米の半分以上が乾燥不十分で返却され、やむなく値引きして商人に売った。

踏んだり蹴ったりの経験をしたが、真はじっと「時を待った」。村社会のなかでは、サブリーダーたちの専横は容赦なかった。資金繰りにも支障をきたし、佐和は没落していく実家にも頼れずに、伯父に用立ててもらい、二年年賦で利子相当は冬に佐和と真は叺を織ってそれに充当した。

作業場の建築が終わった後、操は急激に弱った。その年の秋作業は夜まで働いても十一月入ってもまだ終わらなかった。佐和は義姉の信子に操の介護を頼み、信子は操を説得してリヤカーに乗せて婚家に連れて行って看てくれた。十一月も末になるころ、信子から速達の手紙が来た。操の容態が思わしくないの

で、佐和と真ですぐに来るようにと言うことであった。もう少しで秋作業も終わるので終わったらすぐに伺うと返信すると、折り返して「ミサヲキトクスグコイ」と電報が来た。当時まだ、村に電話は普及していなかった。馬に水と干し草を与え、行った先のことは解らないので、村親戚の人に留守を頼んで、佐和と真は二キロの道を歩いて夜汽車に乗り、信子の家に向かった。

操は、苦しい息のなかで、佐和に「忙しいところなのに面倒を掛けるなぁ、おめえさんには長いこと、お世話になった」と言い、真に

「おっかぁと喧嘩すんなよ、おっかぁはなぁ、ご亭も持たねでおめえを頼りにして来たのだぞ、家を出て行かねえでくれよ、爺やが一番心配していたのは、おめえが上の学校にいってしまうことだったのだぞ、どこにも行かねえで、家を守ってくれよ」と、言った。

「解った。婆や、どこにもいかねえ」真は後の言葉が出なかった。

操はぼろぼろと涙を流して、もう見えなくなっているのか真の手をまさぐった。翌朝、操は亡くなった。享年は信助と同じ七十一歳であった。

真と佐和と信子は、その日の夕刻を待って、操の亡骸をリヤカーに乗せて、十一月の冷たい夜風が吹くなかを会田の家に帰った。村の郵便局に勤めていた信子の亭主に頼んで、操の死を電報で知らせたので親戚が集まっていた。留守を頼んだ村親戚の人は、「昨夜から今朝まで、強い風が吹いたのか、屋鳴りがひどく眠れなかった」と言った。祖父信助が亡くなってから、ちょうど半年が過ぎた十二月の朔日に、「太光院殿冬宵妙操清大姉」こと、操の葬儀は営まれた。同じ日、斜向かいの真の同級生、Yさんは村野先生のもとに嫁いでいった。

操の葬儀のあと、真は集落ではなく旧村の青年団に入った。高校の恩師、河田先生との約束を果たすために、青年団のなかに農村演劇同好会を村に残って農協後継者の同級生たちと結成した。戦後の演芸会と産業振興研究会の二本立ての青年団活動から、地域の社会問題をテーマにした農村演劇と、青年の主張を発表して、地域青年団活動の主体性の確立が盛んに叫ばれたところで、真たちは農村文化協会の脚本集から「山は夕焼け」という、農村における男女の恋愛をテーマにした演劇をその年の春に上演した。それまでの歌謡曲に振りをつけて踊る演芸会から、稚拙でも演劇もどきの青年団の村芝居は物珍しさも手伝って話題になり、次年度からは町の連合青年団が主催して、加盟七青年団による農村演劇大会を開催することに決まった。その年、戦後の第一次市町村合併が全国的に進められて、真の村も一町六ヵ村が合併して町になった。

その最初の町主催の成人式が行われた、新町の誕生を記念して、成人者に町は感想文を募集した。旧村の各青年団もそれに協賛して、応募することになり真もそれに応募した。成人になっての感想に、真はその年に打ち上げが成功した人工衛星に擬えて、科学の進歩が人類の平和に役立つことを願ったものだったが、当時の東西冷戦や政治家の腐敗などにふれたので、政治色が強いということで最優秀にはならずに優秀賞の議会議長賞を受賞した。親への感謝や成人になっての心構えを述べたものが審査員の高い評価を得たのであった。

一月の半ば過ぎに会田家は操の喪明け、四十九日の法要を行った。その精進上げの席で佐和の兄弟たちから、真の嫁とりの話が出た。

春からは佐和と真の二人だけで会田家の農作業をすることになる。これまでも佐和が雇人や親戚の協力を得てやってきたが、自立をするためにも二十歳になった真に嫁を貰って、佐和への荷重を減らしてやりたい。という思いからであった。

当の真は演劇だの青年団の活動などと跳び歩いて、どうも農作業に身が入っていない。真に身を固めさせて家業の農業に専念させるにはこれしかない。と言う話は父方の親戚も大叔父の信継も賛成して、親戚一同は、冬の内に嫁探しをして農繁期前には結婚式を挙げる。不幸が続いたのでこんどは目出度いことで集まりたいと、真の意向など関係なしに、親戚の衆議は一決した。

まだ当時の農村では、恋愛結婚よりも見合い結婚が主流で、真たちが演劇で取り上げたのも「足仕入れ婚」という人権無視の村の結婚を、批判的に取り上げて演じたものだった。「足入れ婚」という風習は女性の人権を無視したもので、結婚式を挙げる前に、一年間婚家となる家に夫となる人と同居し、身籠りを確認して結婚式を挙げて入籍をする。というもので、男尊女卑の思想による戦前の農村ではごく普通に行われていた。戦後、そうした風習がいかに男女平等の考えにもとるものか、農村の封建性を象徴するものとして、青年団では恋愛の自由とともに、憲法二十四条に基づく結婚を奨めようと団活動のスローガンにもかかげていた。

しかし、真はそのことにというよりも、結婚に左程の関心を持たなかった。母子家庭で貧農のところに嫁いで苦楽をともにしてくれるという人がいるなら、そんな有り難いことはない。真自身、こうゆう生き方をしたいと言う思いはあるが、いまは何も出来ない。その力もない。また、自分の思いは自分のなかで実践していくもので他人に言う話でもない。と、黙って真は親戚たちの話を聞いていた。

二月の初めに、佐和のすぐ上の兄が、佐和の祖母に当たる人の家に、年は真より一つ上の娘がいるので、見合いをしてはどうかと言ってきた。

親戚なら家筋など見るも聞くもないと、仲人に頼んだ懇意にしている村の人と、叔父と連れ立って見合いに行った。真の村からは五キロほど離れた阿賀川沿いの娘の家は、父親を戦争で亡くしている母子家庭で祖母、母、兄夫婦に二人の妹がいた。見合いの時に見合いの相手には、農家に嫁ぐ心算はないと言われたが、見合いの後、二度ほど手紙のやりとりをした。

彼女の父は、陸軍兵として日支事変に出兵の後、満期除隊になって帰宅して、昭和十八年に再び召集され、昭和十九年の沖縄戦で戦死していた。

彼女には四人の妹がいたが、父の再応召のあとの昭和十八年に生まれた末妹は満一歳で父の戦死と同じ年になくなったという。山村の比較的富裕な家に生まれたが戦争に翻弄されて、父の記憶は再応召のときに駅頭で家族や村の人と見送ったのが微かに残っていると言った。

彼女は高校を終えて、兄のいる村の青年団に入り、生活改善研究発表の全国大会に県代表の数名とともに参加していた。彼女の母方の伯父が若松市で司法書士をしていて、冬期間はそこに下宿をして洋裁や編み物などを習っていた。農家に嫁ぐ心算はないと言っていたが、彼女の祖母が熱心に勧めて縁談はまとまり、喜与というその人と真は四月のはじめに結婚した。

　自宅でのささやかな結婚式に両家の親戚と真の高校の同級生が数人、恩師の河田先生と来てくれた。高校の同級生では一番早い結婚式だった。

　花嫁衣裳を着た喜与は、見合いの時に見たより小柄で華奢だった。

　ふと、苛酷な農作業に耐えられれかと思ったが、これが俺の運命なら、ここから俺は俺の人生を始めるのだと、真は自らに誓った。

　生まれ落ちたときから、数奇に満ちた運命を生きて来て、真は高校生の時に魯迅選集『野草』のなかで「絶望が虚妄なら希望に相同じい」というハンガリーの詩人ペテーフィ・シャンドルの詩句に出会い、それを座右に置いていた。絶望と思えるものが虚妄であるなら、そこに希望がある。

　恵まれない環境は、恵まれた環境の人と比較するならそれはマイナス要素で短所だが、この詩句はそこにこそ、その人の希望がある。真はそう読んでいた。村社会には分相応という言葉あるが、それが社会の常識だと言われれば二の句はない。分相応で一緒になった人と人生をつくりあげる以外に俺の希望はない。そのことでの意思統一ができる人なら、俺は伴侶として何も言うことはない。と、真は喜与に話した。喜与は黙って頷いた。

　新婚旅行も婚約指輪もなく、短い春の夜は明けて行った。

　結婚式の翌日から二人は田畑に出て働いた。貧しい農民には当時はそれが普通だった。自作貧農の分相応として、真と喜与は人生のスタートを切ったのである。

小説

博徒伽藍日誌《ばくとがらんにっし》　3—島

鈴木　貴雄

一

時《とき》どき、後ろを振り返ったものさ。走り出した最初の頃だけ、な。やがて、それも疎《うと》ましくなった。息は限界まで上がる。駆けながら半ば《なか》パニックになり、失神寸前。夜の九時は過ぎた。僕のお気に入りエリアなら、ずっと御機嫌なランになったハズだ。両側に林が広がる単車線の道路。路面はでこぼこ。良く無い舗装状態。日本時間では夕刻を少し廻《まわ》った頃かな。つまり、僕は今、外国の闇夜を這う這うの体で疾走している。

依頼は、ホールセンターの親会社からだった。東南アジアへの売り込み。今さらインバウンドに縋《すが》るつもりか。準備不足のしわ寄せは、末端が被る。現地で補佐役の要員が不足していると泣き付かれた。学生証を持っていない僕は、身分証代わりにパスポートを取得していた。それをどこから聞き付けたのか、僕を適任として上司が本社へ通知したのだ。

首都に構えた空港から、迎えの車に乗って一時間ほど。郊外のテラス風レストランに案内された。同行の上役が、現地の交渉相手と談笑している。酒が飲めない僕は、彼らの空いたグラスに注ぐ役回り。同行者から、普段の店舗の様子を聞かれる。相槌《あいづち》を打ち、それに応える。半時間ほど待った頃、料理が運ばれた。今は四月。晩は、外の風が心地良い。トロピカルなソースの肉、魚料理。語学はてんでだが、中国語と英語を交えた会話が聞こえる。徐々に解放される長旅の疲れ。なんだか心地良い気分。肉厚の魚を味わい、ウーロン茶で喉を潤す。周囲のテーブルでは、陽気にはしゃぐ客が替わるがわるやってくる。南国の夜に身を任せ、僕も雰囲気に酔いしれる。

二

突然、黒ずくめ制服の男達。現地の捜査官のようだ。テラスの入り口から四、五名、乗り込んできた。ダミ声で何か叫んでいる。その後方には、サブマシンガンを提げた要員も。僕の居たテーブルのメンバーは、互いに首を傾《かし》げ合い困惑している。何事か……。

「違法賭博のガサ入れだそうだ。お前だけは逃げて、本社に報告してくれ」
「逃げるって言っても……」

上司に促《うなが》されたは良いが、身動きが取れない。それまで談笑していた現地のスタッフが、捜査員に説明する。商談のために来ただけで、違法行為とは無関係である、と。しかし、相手はそれを払い退け、黙って言うことを聞けとの返事。マレー語で押し問答。僕らを投獄する積もりなのか……。突如、状況は暗転し、鼓動が激しくなる。他のテーブルで、誰かが椅子を持ち上げ放り投げた。それを合図にして、みな一斉にその場から逃げ出す。蜘蛛の子を散らした状況で、僕はテラスの正面から真向かいへ伸びる道路を目指した。

三

助けを呼べるような町並みを探す。最初は、その積もりだった。しかし、僕が選んだ道は、どんどん細くなっていく。それに伴い、両側の密林が道を塞ぐばかりにせり出す。一度でも立ち止まったら、何が飛び出してくるか分からない。それ位は簡単に予測できた。走り続けながら、所持品を一切《いっさい》持たずレストランを後にしたことについて後悔。スーツケースは、送迎の車の中。しかも、旅券を入れたジムサックは、椅子の下に置き忘れ。密林の手前には、ときおり、民家として使われている建物が目に付いた。また、家の外や林の際に立ちすくみ、こちらをじっと睨む住民も。僕は、息を切らせながら駆け続ける。必死のさなか、呼びかけた。

"Where is Embassy?"《領事館はどこだ》

「我怎么知道《ウォージェンミージータオ》！」

そんなの知るか、とばかりに吐き捨てられた。白地のYシャツと、ネイビーのチノパンツ。僕の姿、彼らにはどのように映ったか。逃走中の詐欺師？　盗賊には見えないはずなのだが……。出張へ立つまでは、実に平和な日々だったのに。その頃ではまったく予期できなかったシチュエーション。ああ。こんな事なら、アルバイトに海外出張の無い事務職を探せば良かった。いや、もっと遡《さかのぼ》れば、中高生時代にもっともっと勉強して、浪人せず大学へ行くべきだった。僕は、知らない土地の外国で行き倒れようとしている。

さきほどまでの道は、とうとう終点となり、その先は藪の中のけもの道へと続いていた。スローダウンし、やっと立ち止まる。前屈みになり両膝に腕を突き立てて、全速力の息を必死にリカバリー。なんとか呼吸を整え、これから進むべき道を案じる。奥へ分け入っても、その先の出口など、そう簡単には見つかるまい。やはり、一本道だった後ろを戻って誰かを探すかな。ひょっとしたら、テラスレストランまで戻れば、上司が待っていてくれるかも知れない。事態は既に収拾しており、国に帰れるのでは。そうだ。きっとそうに違いない。そこへ、後方から威嚇して吠える犬の鳴き声が聞こえてきた。一匹ではない。群れがこちらへ迫る。不安とためらいも、突然の恐怖には逆らえない。振り返った瞬間、僕は大慌てで密林のけもの道へ逃げ込む。捜査官が放った警察犬かもしれない。逃亡者のように扱われてしまったのでは、堪《たま》らない。木々のあいまに、人がやっと通れるくらいの幅で地面が顔を出している。月の明かりだけを頼りに、べそを掻きながら焼けくそで進む。追いかけてきた犬の群れは、森の入り口で躊躇《ためら》うようにうろついていた。

四

夜明かりが十分に照らされるほど視界が拓《ひら》けていた。うっそうと繁る密林かと思っていたが、外の道路から上っ面《うわつら》を見ていただけだったようだ。時おり、民家と四輪駆動車。住民が現れ、こちらへ微笑む。僕はそれとなくあいさつ。

「晩上好《ワンシャンハオ》」

「……」

相手は表情を変えず無言。まことに、不思議の国へ来たものだ。腕時計を見ると、レストランを飛び出して小一時間が経過していた。最後に睡眠を摂《と》ったのは、フライト中。突発的なアクシデントと、猛ダッシュ。そろそろ疲れて眠たくなる。ここがどこだか分からなければ、助けも呼ぶにも無理と言うもの。そもそも、携帯電話はとうに放ったまま。ゴツゴツした地面を歩む邪魔になり、デッキシューズは脱ぎ捨てた。おそらく、国境は越えていないと思うが。それすらも覚束《おぼつか》ない。林の途中で、膝から崩れ落ちるようにがっくり地面へついた。その場へうつぶせになると、丈の短い草や苔の薫《かお》り。実のところ、自然へ還《かえ》るようで安心した。僕は、孤独に異国の地でこと切れる。

なんとも、詰まらない人生だった。ここで眠りに就《つ》くならそれも一興《いっきょう》だろう。しかし、自分は、なんの為にこの世に生を受けたのか。ふと、研究者を志した頃のことが甦った。ランドセルを背負って一年目。夏休みにアサガオを育てる自由研究。植物を開花させるプロセスで、生命の不思議さが身近に感じられた。なぜ、水をやるだけで立派な花を咲かせることができるのだろう。ものごころ着くかつかないかの頃。そんな疑問を教諭へぶつけると、大きく開いた葉に高度な機能が備わっていることを聞かされた。土に含まれる水分をポンプのように吸上げ、太陽光と空気中に含まれる分子から栄養素を合成する。人間には逆立ちしても実現できないメカニズムである、と。

僕はその話を聞くと、さっそくアサガオの葉を色鉛筆で画用紙へクロッキングした。葉に現れている濃淡や葉脈、輪郭を分かりやすく精細に。それを見た両親や恩師は、観察力があるとして僕をたいそう褒めた。その出来事が原体験となり、やがて植物からその内部で起こる化学反応に強い関心を抱くようになる。そんな思い出が浮かんでは、地に突っ伏したまま丁度手に触れる草を掴んでみる。ネギ亜科ネギ属の多年草。お前も葉緑素を湛《たた》え必死に光合成して、この豊かな緑地をしたたかに支え続けるのか。せめて、志なかばで朽ちようとしている、ちっぽけな青年を慰めてはくれないか。外気は、ややひんやり。体を投げ出している地面は、日中の日差しで蓄えた温もりを放出している。奇妙な心地よさで、僕の体内に潜んでいた白いちいさな蛇が静かに天へ登る。そのとき、咄嗟《とっさ》に振り返って身を起こす。低く唸る動物。遠くからではない。木々の丁度死角に潜んでいた。一匹ずつ姿を表す。急いで立ち上がり、周囲を確認。僕は知らずのうちに追っ手に囲まれていた。先ほどは警察犬と見まがったが、とんでもない誤解。野犬の群れである。

五

こちらへ向かって、なんの容赦も無い勢いで吠え続ける。一方でそれを払い退けると、反対側から前足を僕の肩の辺りまで突き立て威嚇してくる。やめろ、やめろよ、と、情けない声で呻《うめ》くしかない。五匹の野犬と丸腰で格闘する。これでは、あの世行きを甘美な眠りで期待するどころではない。堕《お》ちるところまで堕ちたとき、最悪の最期《さいご》が待っていた。まもなく、僕は猛犬どもに噛み千《ち》切《ぎ》られるだろう。のどぶえから、内臓。腕も、頭も。とり囲まれ、すぐ止めを刺されるわけではない。お楽しみに時間を掛けて嬲《なぶ》られる。大《だい》のおとなが、身も心もボロボロになり狼狽してしまう。何か異変があったのか……野犬が一斉に吠えるのを止めた。そして空を仰ぐように睨んでいる。ぴくりとも動かないと思っていたら、ゆっくりと背を向け、群れは森の外へ帰って行った。遠方からヘリコプターのローター音。木々が疎になり丁度ぽっかりと空いた辺りから空を見上げた。上空にその音の主が現れ、機体に備わったサーチライトで僕を見つけたしるしに照らす。ボディの腹部には、檜を丸くあしらったロゴと「EMU《計算機大学》」というペイント。

「ナヲミさん……助かったよ」

死線をさまよい、思わずくだらない感傷に浸った時分。万がいち、恥と呼ぶべき事柄が僕の側《がわ》にあるなら、それは専《もっぱ》ら自分自身に対してのみ、認めることにしよう。ステージ間のミニゲームさ。これから食らわせて見せるショータイムの前では。

小説

お見合い

葉山　美玖

　早春のとある日、同じ小説のサークルの小母さんに、恵まれない子どもたちのためのお芝居に誘われた。お芝居は、宮沢賢治の童話をベースにしたものだった。

　芝居が跳ねたあと、小母さんに大戸屋に誘われた。鶏の黒酢あん定食を食べながら、彼女は急に言った。

「由貴ちゃん、もうそろそろ三十でしょう?」

「はい」

「あのね」

　小母さんは身を乗り出して言った。

「とっても不利なの」

「何がですか?」

　いらいらしたように小母さんは叫んだ。

「結婚よ。いい人からどんどん売れてゆくのよ。由貴ちゃんは、ぼんやりしすぎ」

「はぁ」

「あのね。はぁ、って言うのやめなさい。ええ、って言いなさい。それから、服もメイクもチェリーピンクにして、髪はくるくる巻いて馬鹿みたいに揺らしなさい。そうすればまだ間に合うわ」

「……ええ」

「世の中はね、お金なの」

「それはそうだと思います」

「自分で稼ぐこと言ってるんじゃないのよお。私は、国家公務員の旦那と結婚して、必死に内職したわよ。だから今こういう宝石も身に着けられるの」

「はぁ……いえ、ええ」

「実生活の方も頑張んないと、あなたの小説なんて売れないいんだからね。除名しろ、っていう人も沢山いるのを、私が庇ってあげてるの。わかる?」

　あたしはちょっとぞおっとしながら神妙に言った。

「よく、わかります」

　小母さんは、小豆のパフェをほおばりながら言った。

「いいお見合い写真撮って、頑張るのよ。あなたに私は期待しているの」


　こうして、あたしのお見合いは始まった。


　一番目に会った人は、背の高いイケメンの人だった。待ち合わせは帝国ホテルのロビーだった。

「はじめまして」

「はじめまして」

　あたしは、かなり緊張しながらつぶやいた。服は、コンサバにまとめてきたし、なけなしのお小遣いで買ったアイロンで髪はゆる巻きにしてある。口紅も桜色である。

　しかし、イケメンはそういうことには一瞥もくれてない感じだった。

「ここのティールームは混んでいますね。近くの別のホテルの店に移動しましょう」

あたしとイケメンは、桜の咲く街路をとことこ歩いた。十五分ほどで、ちょっと古いけど格調のある感じのホテルに辿り着いた。イケメンは最上階を目指した。

目の玉が飛び出るほど高い紅茶とケーキを注文した後、イケメンはいきなり言った。

「僕は自分が嫌いなんです。だから子供は欲しくありません」

「ええ」

「ご了承頂けましたか」

あたしはやばい、と思った。ここははぁ、と言うべきだった。

イケメンは構わず続けた。

「だから妻には、その代り創作活動をすることを認めます」

「……ええ」

「由貴さんは素直でとてもいい感じ」

イケメンはにっこりして言った。

「これから、ブルガリア料理を食べに行きませんか」

「ええ」

（あたしは、他に返事ができないんだろうか）

しかし、連れて行かれた銀座の裏通りのブルガリア料理はおいしかった。少し、ワインで酔った感じのイケメンは、しっかりした口調で言った。

「僕は県庁に勤めています。ご存知ですよね？」

「ええ」

「はっきり言って、今各県に美術館及び文学館があるのは予算の無駄なんです」

「……」

「今、国の予算には余裕がありません。中央にだけ、大きな芸術館を作って、あとは全部廃止すべきです」

「あの」

「はい？」

あたしはおずおずと言った。

「だけど、そうするとそこで活動できなくなります」

イケメンはむっとしたように言った。

「芸術は本来、孤独に耐えつつ一人で創作するものだと思いますがね」

「……」

あたしの、ちょっと憮然とした表情をとりなすようにイケメンは言った。

「ここのジャム、美味しいですよ。お土産にどうぞ」

有楽町で別れた後、「ありがとうございます」と言うメールを一応送った。返信はなかった。


二番目に会った人は。

井の頭公園の近くに住んでいて、小さな内装屋さんをしているという。あたしたちは、一緒に満寿家の鰻を食べた。

「おいしいですねぇ」

「ええ」

「由貴さんは、ちょっと体力に欠けるみたいですね」

「はい、いつも家でＰＣに向かっているので」

「それはよくないですよ」

内装屋さんは心配そうに言った。

「僕がいろいろ連れまわしてあげます。リチャード・クレイダーマンはお好きですか？」

「ええまぁ」

「今度、一緒に行きましょう」

背の小さい内装屋さんは、嬉しそうに帰って行った。


それから、内装屋さんはしげしげ浦和に来るようになった。問題は。だんだん、彼が勝手に予定を入れ始めたことだ。

「今度の八日に、ジブリの森の予約を取りました」

「その日は……」

「え？行けないんですか？」

「小説講座の日なんです」

内装屋さんはかなり怒ったように言った。

「あなたの気持ちはよくわかりました」

電話はがちゃんと切れた。あたしは、内心ほっとしていた。しかし。一週間後、再び問題は起きた。

「あのお」

「はい？」

「明日、会えませんか？」

あたしはさすがにびっくりしてメールを返した。

「女友達と渋谷に行く予定なんです」

「そうですか」

雪だるまマークとぷんぷん絵文字のついた返信が帰って来た。

（まずい）

（これ、ストーカーじゃない）

あたしは、考えた末三日後にメールを打った。

「父が倒れました。当分お会いできません。さようなら」

そして、間髪を入れず着信拒否にした。


三番目に会った人は。

ムラカミ・ハルキさんという人だった。ハルキさんは、おたふく納豆の会社に勤めているという。

晴れた日曜日、ハルキさんはアーガイルのセーターにリュックサックをしょって、待ち合わせに一時間半遅れてきた。

「どうも」

「どうも、ムラカミです」

ハルキさんはごめんと言わなかった。それからあたしたちは、駅ビルで一番安そうな喫茶店に入った。

「僕、ウインナコーヒー」

「わたしブレンド」

ハルキさんは、ブレンド代を払うのを一瞬躊躇っていたがあたしは無視した。

「僕、小説書いてる村上春樹じゃないですから」

「私は書きますけど……」

「どんな小説ですか？」

「二十代の女の子の恋愛小説です」

ふうん、と頷いてハルキさんは言った。

「僕、最近社交ダンスを始めました」

「そうですか」

「来年には、この駅前の不動産の会社に転職するつもりです」

「はい」

「おたふく納豆は将来性がありません」

「そうでしょうか?」

「あなた、納豆好きですか?」

「いえ」

「僕もです」

そこで話は途切れた。あたしたちは黙ってコーヒーを飲み干した。外は、曇ってあやしげな天気になっていた。

ハルキさんはぽつんと言った。

「小説、僕も書きたいです」

「それしか趣味がないので」

ハルキさんは、身を乗り出して言った。

「お料理はきらいですか?」

「いえ好きです」

ハルキさんは半ば夢見るように言った。

「僕は、和幸のとんかつ定食のシジミ汁が大好きです。ああいうお味噌汁を作る人と結婚したいです」

あたしは言った。

「そうですか」

「でも僕、村上春樹みたいにずうずうしくないですよ」

あたしは、ははは と笑った。ハルキさんもハハハと笑った。

外は暗くなってきていた。

「もう、六時ですけどお食事して帰られますか?」

「いえ、実家で食べます」

ハルキさんは、よっこらしょと腰を持ち上げた。それから、勝手にお勘定を払って喫茶店から出て行った。

あたしは生憎、折り畳み傘を携帯するのを忘れていた。駅ビルで、一番安い色つきのビニール傘を買って外に出た。もう豪雨だった。歩いている内にハイヒールが水たまりに水没した。新調したバッグに雨の染みがついた。

ほうほうの体で、家に帰りつくとメールが鳴った。

「とっても楽しかったです! またお会いしましょう!」

あたしは、そのメールを完全無視すると、otahukunattou なんとかかんとかと云うメルアドを、連絡先から消去した。


四番目に会った人は。

ずんぐりむっくりした、警察に勤めている人だった。

「僕は茨城から来ました」

「遠いですねぇ……」

「いえ」

「僕、普段の日曜日は水族館でイルカの生態を、子供たちに説明したりするアルバイトをしています」

「いいですね」

あたしはお世辞でなく言った。

「僕は子どもっぽいです。よく言われます。でも」

「でも?」

「笑顔の絶えない家庭を築きたいです」

あたしは直感的に思った。

(これはいいひとだ)

だけど。

その晩、母親にあたしは電話していた。

「やめなさいその人」

「何でよ」

「茨城って言ったたって、北の方でしょう？　福島との県境でしょう？　あぶないったらありゃしない」

「今どこも同じじよ」

「まさか部屋に入れたんじゃないでしょうだいたいね」

母親は金切り声になった。

「セシウムが残留してるかも知れないわ。お母さんが行くとき怖いじゃないの」

「あのねぇ、茨城だけじゃないの。埼玉も千葉も東京もセシウムが燦々と降り注いでるって知らないの、特に雨風に乗って２００㎞を越えたホットスポットは、私たちの住んでるこの市のすぐ近くだって話なのよ？　放射能物質に県境なんてない。」

「もう聞きたくないわ！とにかくぜったいにダメ！…だいたい、あんたが嫁に行ったらお父さんの世話は誰がするの？」

「知らないわよ」

「あんたのこと、なんのために小説なんか書かせて、ぶらぶらさせてると思っているの？」

「介護のため？」

「なんて言い方するのよあんたは！　遅い子だと思って、大事に大事にしてきたのがわからないの？　だいたいね……」

あたしは、電話をがちゃんと切った。


（お母さんはまるで宇宙人だ）

（自分の幸福しか考えてない）

あたしは、無意識に茨城の人のフェイスブックを検索していた。

（あの人に相談してみよう）

しかし、あたしが見つけたのは愕然とする内容だった。確かに、同じあの顔の人が別の女性と笑っている写真。それもいろんな女性と。

そしてそれは明らかに水商売の女性ばかりだった。


あたしは結局。

もう、見合いをやめた。それで、小説のサークルにも居づらくなった。と、言うよりも最初から宝石小母さんはあたしの事は追い出す計画だったらしい。

あたしは今、小さな会社でデータ入力をしている。月給は月に手取り十六万だ。母からの電話はかかって来なくなった。時々、疲れたときはモスバーガーでテリヤキバーガーを夕食に食べている。

秋になってふと、スーパーでおたふく納豆を手に取ったあたしは、武蔵浦和の駅前の不動産屋さんをそっと外からガラス越しに覗いてみた。

でもハルキさんの姿はどこにもなかった。

評論・エッセイ

重厚な問いの行方
～大城立裕「朝、上海に立ちつくす
―小説東亜同文書院」～

大城　貞俊

Ⅰ　はじめに

1　「東亜同文書院」と「上海交通大学」

二〇一九年十二月九日、かつて上海にあった日本の大学「東亜同文書院」跡を訪ねた。現在は「上海交通大学」の敷地になっている。その広大さに驚いた。多くは近代的なコンクリート造りの学舎が建立されていたが、当時を偲ばせるレンガ造りの古い建物も残っていた。

プラタナスの大木がキャンパスの街路にそびえ立っており、紅葉した木々も多く、銀杏の鮮やかな黄色葉も目についた。樹木の多いキャンパスは月曜日であったが、上海市民が自由に出入りして憩いの場所になっているように思われた。公園のような広い敷地では太極拳をしている数人の老人たちを見かけた。また、柔らかい陽光を浴びながら乳母車を押している若い母親や、鉄棒をしている子どもたちや学生たちの姿も目に入った。

古い建物の中でも一際目立ったのが図書館だ。赤煉瓦の建物で、現在は上海大学創立からの歴史を偲ばせる博物館になっていた。その中も案内してもらった。感慨深かった。

東亜同文書院跡を訪ねる機会を得たのは前日の十二月八日に「東アジアの平和と文学を考えるフォーラム」に招かれたからだ。韓国ペンクラブや韓国の文芸団体が主催するもので、上海ハイトンホテルを会場にして開催された。沖縄、韓国、中国、ベトナムの作家や研究者たちが先の大戦の負の遺産である出来事を報告し合いながら、過去を学び未来を考えるフォーラムであった。翌日には上海市内を案内してくれるという主催者のスケジュールであったが、無理を言ってバスでの観光から外してもらった。理由を言うと主催者側は快諾してくれた。自家用車の運転手と通訳をも手配してくれて感激した。

東亜同文書院跡を訪ねる理由は、沖縄県が生んだ最初の芥川賞作家大城立裕が一九四三年から終戦の一九四五年まで学んだ場所であったからだ。そして小説「朝、上海に立ちつくす」の舞台にもなっていたからである。作品の中で東亜同文書院の描写は、例えば次のようになされている。

院子（ユアンズ）は広い芝生だ。テニスコート二つぐらい、サッカーだって出来そうな広さだ。芝生は手入れが行き届いている。東に図書館、北に文治堂（講堂）と専門部の教室と寮、西に体育館と事務局、南に予科寮と、どれも赤煉瓦の見栄えのする建物だ。その建物たちに支えられるように、さらにプラタナスの並木に囲まれて、院子は美しい。もと中国の交通大学の学舎である。本来の同文書院の学舎が昭和十二年に戦火で焼けたので、近隣にあった交通大学が重慶へ移ったあとを、書院が臨時校舎として使ってきた。わずか六年来のことである。（37頁　注1）

東亜同文書院が敗戦で消滅すると、再び交通大学が戻って来る。交通大学といっても自動車の交通ではなく、人と人との交流や文化の交流を意味し、このことを目指した大学名であるようだ。

広大な敷地と緑豊かなキャンパスは、当時日本全国から選りすぐりのエリートたちが集まって学んだ学舎を彷彿とさせ、大城立裕の青春と戦争下の上海を想像するには十分な空間であり時間を超えた場所であった。

2 大城立裕文学の特質と東亜同文書院

大城立裕が芥川賞を受賞したのは一九六七年小説「カクテル・パーティー」であった。それ以前から94歳になる今日まで大城立裕は数多くの作品を生み出している。題材やテーマも豊富で幅広い。沖縄の文化や歴史にスポットを当てた作品や沖縄戦を題材にした作品、また米軍基地の兵士や、日本国家との同化や異化をテーマにした作品、さらに土着の信仰やユタ（巫女）を対象とした作品など多彩である。

これらと併せて、さらに海外を舞台とした作品も大城立裕文学の特質に上げられるだろう。例えば八十年代に雑誌『文學界』に相次いで発表された南米を舞台にした作品、「ノロエステ鉄道」（ブラジル）、「南米ざくら」（ボリビア）、「はるかな地上絵」（ペルー）、「バドリーノに花束を」（アルゼンチン）などもその例である。さらに琉球と中国との交流の歴史を題材にした「さらば福州琉球館」を加えることもできる。そして「朝、上海に立ちつくす　－小説東亜同文書院」（一九八一年）は、紛れもなく海外の上海を舞台にした作品である。特に本作品は大城立裕の青春期の体験がもとになった作品で、初版「あとがき」に大城立裕は次のように記している。（注2）

「幻の名門校」と巷ではよばれ、最近の週刊誌にもそう出た。私たちには苦い誇りである。

小説にするといっても、かつてこのような日本の学校が上海にあったと、歴史をなぞるだけでも仕方がないし、喪われた母校への追悼文を書く場所でもない、と考えた。

日本にとって、また中国にとって東亜同文書院とは何であったのか、私にとっては何であったのか、また彼にとって私は何であったか――十余年間、ぼんやりと考え続けたあげく、日本と中国との結びつきかた、さらには他国に学校を作るとはどういうことかと、しだいに普遍的なところへ思い及んだ末にこの作品は書かれた。

書かれた筋書きは私の青春の影絵である。事実と虚構とを腑分けして言い訳にする必要はあるまいと思う。その事実をつらぬいて焙りだされた私の悔いや誇りや甘えが、日本のそれとあるいは重なっているかも知れないと、わずかに自負するときのみ、この作品は読まれる意味はあるのだろう。

（332頁）

大城立裕にとって東亜同文書院は、青春の場であったのだ。不幸にも先の大戦を迎え、難解な課題を突き付けられた場所でもあったのだ。それゆえに「日本と中国との結びつきかた、さらには他国に学校を作るとはどういうことか」という問いかけや、「私の悔いや誇りや甘えが、日本のそれとあるいは重なっているかもしれない」と思う場にもなったのだ。

このことを確認することは、大城立裕の表現者としての営為を明らかにすることに繋がるのではないか。また大城立裕が先の大戦を東亜同文書院で迎え、戦後も担い続けた問いとはどのようなものなのか。このことの真相を探りたいというのが本論の目的である。

Ⅱ 「朝、上海に立ちつくす」で問われているもの

1 作品のあらすじと骨太な課題

『朝、上海に立ちつくす ―小説東亜同文書院』は、次のように書き出される。

> 一見いかにも兵隊であった。略帽、軍服、軍靴、そして軍服の襟には真紅の台座に黄色い星が一つ、恥ずかしげにだが紛れもなくついていて、陸軍二等兵に違いなかった。服装だけでなく三八式歩兵銃を担い、腰に締めた帯革には、実弾が三盒《はこ》、百六十発も装着されている。
>
> そういう自分の姿に知名雅行《ちなまさゆき》はたえず羞恥をおぼえ、ときにその羞恥は、背後から脅迫の視線を注がれているような怯えになった。
>
> 〈お前は学生ではないか。学生がなぜ、贋《にせ》の兵隊になっているのだ！〉

この冒頭の部分に、作品の概要や重い課題が凝縮されて暗示されているように思われる。

作品は、作者の分身と思われる沖縄県出身の主人公知名雅行が東亜同文書院に入学する一九四三年の四月から、一九四五年の敗戦によって書院が消滅し、上海で通訳の仕事を得た後、上海を離れる一九四六年四月までの三年余の歳月を時間軸にして展開される。

本場面は戦争が切迫してくる中で、東亜同文書院の学生も動員されて慌ただしく兵士に仕立てられる。知名が入学して一年余が経過した一九四四年十二月のことだ。一個分隊を作り、軍のトラックに乗せられて上海を離れ、江蘇省昆山県の沙城鎮という田舎へ行き、軍米の収買に出かける場面である。「分遣隊には本物の兵隊が四人しかいない。伍長の下に上等兵一人と一等兵二人だ。それに学生が三人も加われば、一個分隊として恰好はつく」（8頁）のである。

しかし、軍米収買といっても銃剣を突き付けて農民が隠している米を安い価格で買い上げるか強奪するのである。その三人の学生の一人が知名であり、他の二人は東亜同文書院で学んでいる仲間だ。怯える農民に銃を突き付けながら、背後からの脅迫の視線に怯えるのである。「お前は学生ではないか。学生がなぜ、贋の兵隊になっているのだ！」と。

東亜同文書院で学んでいる学生は全国から選りすぐられた若者たちである。日本と中国の架け橋になるのだと高い理想を持って入学する。当然、知名雅行も沖縄県から派遣された県費留学生の一人である。留学生には朝鮮半島や台湾からの若者もいる。作品はこれらの若者たちの互いの交流や見解を通して、戦争に突入していく日本国家の理想と矛盾を解き明かしていく。

また現地上海に住む中国人家族との交流を通して、戦争、民族、平和、国家などについて、大きな問いが投げかけられるのである。

この問いかけは、朝鮮半島出身の留学生金井恒明と日本から来た若い女性荻島多恵子との婚約と破棄、また金井の内地人留学生織田卓への発砲事件や朝鮮半島独立への思い。さらに主人公知名雅行と現地人家族范淑英親子や范景光との交流、また内地から留学してきた織田や、金井や梁など院生仲間との交流、そして沖縄に残してきた恋人新垣幸子の那覇十・十空襲時における死。さらに東亜同文書院の教授や学生たちとの交流、また中国人に対峙する侵略者としての兵士たちの葛藤などが描かれるのだ。日本国家に侵略され植民地となっている朝鮮半島や台湾からやって来た留学生も含めて、入り乱れた民族や人間模様が織りなされていく。この展開の中で個々の戦争に対する見解などを披瀝しながら幾重もの重いテーマが提出されるのである。

課題の提出の方法は、具体的には知名の自問や登場人物同士の問いかけの形で提出されることが多い。そして、その問いの多くには回答がなく宙づりにされたままで閉じられる。それゆえに問いの重さも暗示される。例えば戦争が身近に迫り兵士に駆り出されて学ぶことを中断された学生や、上海に住む人々との交流の中で発せられる問いには次のようなものがある。

○上海で同文書院の学生が学問をする立場というものが、どのようなものになるのか。(72頁)
○「沖縄県人は独立運動をやっているか」(79頁)
○あの闇の中で贋兵隊が水肥の匂いのする畑に伏せり、いるのかいないのか分からない敵の気配に神経を集中し、ときに空飛ぶ流星に一瞬の驚きをおぼえて夜空を見上げた、あのおよそ二時間の時間、それを思い出すのだ。今の自分にとって敵とは何か、という疑いがあるせいかもしれない。(136頁)
○今、上海の共同租界の兆豊公園に座っている。(中略)この日本人である自分は、中国人である娘を前にして、はたして何者であるのか。(145頁)
○中国の近代史と共に歩んできた東亜同文書院であるが、昭和十四年に大学に昇格した。(中略)米英駆逐という理念は不変としても、専門学校であった頃は技術的な勉強だけすればよかったが、大学となれば、さらに学問として深めなければならないのではないか。その学問はどうあるべきか。同文書院大学はいま、その理念の転換をはかるべき時期に来ている、と考える。(160頁)
○「あの六人は一体、誰のために動員されて、誰のために死んだのだ」(219頁)
○書院が上海に存在する意味は何なのか……。(226頁)
○使われかたによって利器にも凶器にもなる。それが日本軍にとっての東亜同文書院ではなかったか。(252頁)
○「日本は私たちが防衛だと思っているうちに侵略者となっていた」(中略)東亜同文書院そのものが、その運命を代表して表現したことになるだろう。それはしかし、その教育の責任なのか、それを動かした国の責任なのか。学生の責任はどうなのか……。(265頁)

○いま一九四五年十二月、中国革命はいまだ達成されていない。革命とはまず欧米勢力を駆逐することだと、中国近代の先覚者たちが信じ、日本がそれに手を藉そうとしたが、日本はいつのまにか欧米の代わりをつとめていた。それを中国に進出してきた日本人は、いま知らされた。革命を達成するのは国民党か共産党か。孫文はいずれにも信奉されながら、究極はいずれの神でもないのかも知れない。孫文はかつて日本に亡命し、日本を盟邦と頼んだが、それは誤りであったのか。日本を駆逐したあと、中国革命はどのような経過をたどって達成される見込みなのか。東亜同文書院はそれを見届ける資格を剥奪された。(277頁)

○「東亜同文書院は君たち中国人にとって何であったか」/「東亜同文書院は中国の敵だ」/范景光ははっきりと言った。(321頁)

○「そうか。敵か。そして、それをいま駆逐したことが嬉しいか。しかし、将来また米英資本の侵略があったら、どうする?」/「その侵略はもはやあり得ない」/「なぜ?」/「中国の歴史は変わる」/「そうか長江の流れは変わるか」/「長江の流れは変わらないが、その流域が変わる」(中略)「同文書院は敵だが……」/景光がゆっくり言った。「しかし、君や金井が将来同士になるよう期待している」/「僕や金井は長江の水か」/「そうだ」/范景光の唇からはじめて笑い声が洩れた。(321~322頁)

このような問いが、作品の冒頭から次々と繰り出される。そしてこれらの問いこそが作品の特質をも示している。作品は作者の上海での戦争体験を基底に据えた問いで構築されているようにも思われるのだ。

しかし、前戦での銃撃戦や戦争で犠牲になる人々の姿はほとんど描かれない。作者にそのような体験がなくても、軍服を着た兵士である以上、戦場での悲惨な殺戮や戦闘の場面が挿入されてもおかしくないはずだが。作者の関心はそこにはないのだろう。

作者大城立裕の関心は、血なまぐさい戦場での戦死者を描くことではなく、国家や民族の自立、あるいは平和な国際社会の創出や日本国家や中国社会の行方に関心があるかのように思われる。大戦に遭遇する過渡期の時代の中で、手探りするかのように国家や個としての自立を問うているように思われるのだ。

本書は、一九八三年に講談社から出版され、一九八八年には文庫本も刊行される。作品が書き下ろされたのは研究者黄英によれば一九七三年だという(注3)。この年は沖縄にとっては日本復帰の翌年である。沖縄の現代史におけるまさに過渡期の時代である。復帰反復帰の論争が交わされ日本国家が相対化された時代である。

本作品には、戦後二十七年余、戦争体験を描くことと並行して、いやそれ以上に米軍政府の圧政に苦しむ植民地然とした沖縄の行方、日本国家の対応が気になる当時の沖縄の状況が反映されたのではないかと考えるのは穿ちすぎるだろうか。

大城立裕は初版「あとがき」で次のように述べている。「私の悔いや誇りや甘えが、日本のそれとあるいは重なっているかも知れないと、わずかに自負するときのみ、この作品は読まれる意味はあるのだろう」と。

沖縄は一九七二年に復帰したとはいえ県民の多くが望んだ基地のない平和の島としての復帰ではなかったことが明らかになる。復帰前にもまた復帰後も沖縄に寄り添い沖縄を描いてきた作家大城立裕の関心が、沖縄の行く末を案じ、国家や民族や自己の自立に向かっていたことは容易に理解できる。沖縄を描き続けた作家大城立裕の沖縄への関心こそが、本作品の多くの問いを生みだしたように思われるのだ。

2　表現者の根源的な課題

作品の終末部分で述懐される「長江の水になる」という言葉はロマンチックな締めくくりだが、容易なことではない。作品で問いかけられている他のテーマも含めて、いずれも重厚な答えのない困難な問いのように思われる。問いは国家間の問いに霧消するのでなく、常にいかに生きるかという個のレベルまで引き寄せられる問いなのだ。

表現者の営為は、目に見えない問いを際立たせ、目に見える問いにして浮き上がらせることにあるだろう。同時に普遍的な問いにすることであるようにも思われる。自らの体験を過去の出来事として証言して記録するだけではなく、現代に蘇らせその意味を模索するところに文学の力も生まれてくるはずだ。本作品「朝、上海に立ちつくす」は、まさにこの力を問うた作品である。

もちろん、表現者の根源的な問いは「いかに生きるか」「なぜ生きるか」という形而上的な問いに収斂されるだろう。だが収斂される問い以上に、個々に発せられる生活の場面での具体的な問いは力を持つ。日々の生活の中での葛藤は普遍的な問いを導き出すはずだ。

現代が情報化、グローバル化された社会の只中にあると指摘されてから久しい。本作品は三十年余も前に発表された作品だが、沖縄を考え、グローバル社会を考える重要な視点や回路を示しているようにも思う。大城立裕はいち早くこのことに気づいたのだろう。「土着から普遍へ」という概念は大城文学を考えるのに極めて重要なキーワードであるが、大城は過去を現在や未来に蘇らせる優れた手腕を有した作家でもあったのだ。

Ⅲ　本作品への多様な読み

1　岡本恵徳と鹿野政直の提言

作品「朝、上海に立ちつくす」についての研究者の論及は、それほど多くはない。管見によれば、岡本恵徳、鹿野政直、武山梅乗、黄英らの作品論が際立っており参考になる。

岡本恵徳は最も早い時期の論及者で『新沖縄文学』第五九号（一九八四年）に論考を寄せている。岡本恵徳は次のように述べている。

この作品を「青春小説」ととらえている。そして主人公知名の判断や解釈が、これまでの大城の作品とちがって抑えられていることを評価する。これを評価したのは、この作品を客観小説、というよりも一種の「教養小説」的なものと読み

とったからである。（108頁）

この作品での注目すべきことに、主人公知名が、沖縄出身者でありながら、沖縄ということに対して少しもこだわりをもたない、ということがある。恋人の一家が全滅したというニュースに接しても一瞬の動揺だけで終わるし、朝鮮独立論とからんで台湾独立論が語られ、それにつれて「沖縄独立論」が話題にのぼる部分があるが、その際にも知名は受けながすだけである。これは、沖縄にこだわり続けてきた作者を知る多くの人に奇妙な感じをあたえる。どうして知名がこのようにさっぱりと沖縄からきれているかという思いをいだかせるにちがいないものなのである。

ところが、実は作者のモチーフは、このように沖縄からきっぱりと切れていて、全く「日本人」としての意識しかもたない知名を描くことによって、かつてまさにそうであった自己を確認することにあったようにみえる。（108頁）

岡本恵徳の見解については、強い共感といくらかの違和感を覚える部分がある。例えばモチーフであれテーマであれ、あまりにも整理し過ぎるように思われるのだ。作品のテーマは多様であり多層であることによって読者は既得の概念を揺さぶられる。この作品も例外ではない。整理し過ぎることによってこぼれ落ちる多くの作者の思いがあるように思う。特に「青春小説」や「教養小説」ととらえ、「主人公知名が、沖縄出身でありながら、沖縄ということに対して少しもこだわりをもたない」という指摘には肯うことができない。知名や知名の周りの人々が発する問いは、これまで検証してきたように深刻で難解な問いである。生きることの意味を探るラジカルな問いで、解決が容易でないアポリアな問いだ。「青春小説」や「教養小説」と断じるには余りにも骨太な問いである。そして知名の悩みは、自らの自立と沖縄の自立を重ねた多層的な色合いを帯びているように思えるのだ。

鹿野政直は、著書『戦後沖縄の思想像』（一九八七年）と、中公文庫『朝、上海に立ちつくす　―小説東亜同文書院』（一九八八年）の解説で本作品について言及している。鹿野政直の読解は、岡本恵徳と違い「沖縄」は重要なキーワードになっている。

まず、『戦後沖縄の思想像』では、「東亜同文書院学生としての自己」と「琉球人としての自己」の二つのキーワードを示しながら次のように述べている。（注4）

中国という彼が身を投じた場は、大城立裕に、閉じられた空間としての学園にとどまることを許さず、つぎつぎに新しい世界を開示しないではいなかった。「小説東亜同文書院」との副題をもつ『朝、上海に立ちつくす』は、そのような状況と彼自身の接触の全貌を、描きだそうとした作品である。フィクションとの体裁をとっているが、同文書院時代についてそれまでに彼が断片的にものした作品、（中略）と読みくらべるとき、人名を変えただけで、基幹部分は事実にもとづいていると判断される。

そこに描かれた精神的体験は、もとよりさまざまである。しかしこの青年の自己認識という点にひきつけていえば、第一に東亜同文書院学生としての自己への、第二に「琉球人」としての自己への、それぞれこだわりの発生と総括することができる。その第一と第二の要素が重層的にくりひろげられるのが、この小説の基幹部分をかたちづくっている。（274―275頁）

ここに点綴された数々の、エピソードとも見られやすい諸体験が、若い心のひだに食いこんで、のちの大城立裕をつくりあげるパン種となったことは、おそらく事実である。とはいえ、体験後三十七、八年を経て結晶した文字には、当時の意識の混沌が、あまりに手際よく普遍化され、かつ方向づけられていることもまた、否みがたい。ノート『新北風』はそのことを示す。それによって辿られる若い大城の精神は、のちにみずから語るよりは、はるかに深いヤマト志向のうちにあった。しかもそのヤマト志向は、八・一五によって青春の志が断たれた瞬間から、かえって失われたものへの痛切さをもって強まっていったとさえみえる。その意味で『朝、上海に立ちつくす』で語られた自己の境位は、実際には、「祖国」思慕にはるかに比重をかけるかたちで発現していた。そうしてその葛藤の中から彼は、第二の自己形成へと向かうことになる。（286頁）

さらに鹿野政直は、文庫版の解説で次のように語る。（注5）

作者が切りとって示したのは（中略）、果てしない心の葛藤と、「立ちつくす」わが姿であった。多産な文筆家としての大城の基調をなすところの、沖縄とは何か、ヤマトとは何か、ひいてはアジアとは何かの主題は、同文書院での発見と挫折をとおして、彼の体内に「活火山」として定着したからである。その意味でこの作品は、作家・知識人としての大城立裕を解くカギばかりでなく、アジアを解くカギ、十五年戦争を解くカギ、沖縄・琉球を解くカギをも内蔵している。（239頁）

このような鹿野政直の論考を読むと共感するところが大きい。ただ、「自己（大城立裕）の境位は、実際には、『祖国』思慕にはるかに比重をかけるかたちで発現していた」については、「思慕」の内実が曖昧で疑問の残る提示であるがゆえに、即座に肯うことはできない。

2　武山梅乗と黄英の提言

次に武山梅乗の作品評を見てみよう。武山には『不穏でユーモラスなアイコンたち』（二〇一三年）というユニークな著書がある。サブタイトルに「大城立裕の文学と〈沖縄〉」と付し、大城立裕を「現代」という時代に引きつけて論じた興味深い著作である。いたるところに新鮮な発見と驚きがあって刺激的な論考である。

本書の中で、武山は「朝、上海に立ちつくす」については、次のように述べている。

大城が処女作「明雲」から「老翁記」あたりまでの初期作品を書くモチーフは自己確認であるといえる。そういう意味で、この「朝、上海に立ちつくす」は「日の果てから」のように、沖縄なるものを問う大城の一連の作品群に位置づけられるのではなく、自己確認やアイデンティティの回復をモチーフとする初期作品の系譜に連なるものであるといえる。（中略）大城が大陸で経験した戦争（日中戦争）は彼が経験しえなかった沖縄戦のように社会秩序をその根本から破壊するような戦争ではなく、戦線が遠くにあり一見平和なように見えても、テロや突然の空襲という形をとって散発的に身近な人の生命を奪ってしまう戦争、そして二重スパイの存在に象徴されるように、誰が敵で誰が味方か判然しがたいような戦争である。そしてそのような戦争は、私（知名であり大城）から「日本人」「選ばれた者」「日支提携の指導者」といったアイデンティティをことごとく剥奪してしまうのである。「朝、上海に立ちつくす」で戦争はそのようなものとして、全貌はつかめないが確実に自らのアイデンティティを脅かす不気味な影として描かれている。そして、その戦争の果てに知名（大城）は「立ちつくす」しかなかったのである。（124頁）

大城のこれまでの作品は（中略）一貫して沖縄の表象をテーマとして創作されている。もし、この点が評価基準となるならば、（大城立裕）作品として「朝、上海に立ちつくす」の評価が低くなるのは当然であろう。そこには主人公知名の、そして大城の沖縄へのこだわりがほとんど見受けられないからである。

しかし、「朝、上海に立ちつくす」は、それでも、いわゆる〈大城立裕〉以前の大城を見事に形象化しえた作品であるということができる。そこでは大城立裕という作家が切り取るべきもう一つの戦争、「選ばれた者」の志や「内地人」としての誇りを一つひとつ奪い、若者の無邪気な無責任さや傲慢さを暴露してしまう戦争が十全に描かれているからである。「朝、上海に立ちつくす」という作品のなかにこそ、大城のもう一つの可能性、〈沖縄〉と切り離された作家・大城立裕を見いだすことができるのである。（127頁）

武山梅乗の論への共感は、本作を「自己確認やアイデンティティの回復をモチーフとする」作品と位置づけたことだ。しかし「沖縄なるものを問う大城の一連の作品群に位置づけられるのではなく」と述べたところには大いに違和感がある。つまり両者は二項対立的に分けられるものではない。少なくとも大城立裕にとっては、この両者は重なっているように私には思われるからだ。

次いで黄英（中国海洋大学助教授）は、岡本恵徳や武山梅乗の論へ違和感を表明し、知名のアイデンティティに注目して論を展開している。（注6）。

主人公知名は中国人にとっては侵略者としての日本人であるとともに、日本の植民地出身の沖縄人でもある。こうした彼がかつて琉球王朝と長く特殊な歴史関係をもつ中国という場において、自分のアイデンティティを考えないわけにはいかないのではないだろうか。

そして次のように結論づけて論を閉じる。「この作品において、大城が日本人としての痛々しい青春体験を語ろうとしても、沖縄は避けられないもの、内在化されているものとして表象されているのである」と。

黄英の論考や結論には、私も強く共感する。知名の繰り返される自身への問いは、戦争の悲惨さを描くことだけにあるのではない。沖縄への思いを巡らしながら、自らの自立と沖縄の自立を重ね合わせた重厚な問いのように思われるのだ。そうであるがゆえに、「あとがき」に次のように記すのだ。「事実をつらぬいて焙りだされた私の悔いや誇りや甘えが、日本のそれとあるいは重なっているかも知れないと、わずかに自負するときのみ、この作品は読まれる意味はあるのだろう」と。

3　フランス租界地での行為の意味するもの

ところで、いま一つ、難解な作者の問いかけがある。知名が酩酊してフランス租界地を散策中に「女性的な物腰」をする「日本人の男」に誘われてマンションに行き、性的な行為に及ぶ場面である。

このエピソードは本作品の大きな筋立てとは関係ないものに思われる。それなのに作者はなぜこのエピソードを挿入したのだろうか。このことの不可解さだ。「同文書院の学生さん?」と声を掛けられ、「日本人の男」と繰り返し表記され、「三十歳くらいか、背が高く神経質そうで、(中略)妙に無国籍な感じがした。しかし紛れもなく日本人だ」の男に誘惑されるのだ。

いつのまにか、男が知名の腰にぴったりくっつくように腰かけていた。男の体温が伝わった。(中略)知名は身を固くし、そこからもはや逃れようもないことを予感した。逃れられないのではなく、逃れたくないのかも知れなかった。(中略)やがて男の手が彼の膝を這ってくるのを、じゅうぶんに意識しながら知名は動かなかった。(中略)男は自分も果てたがり、知名の手をかりた。手をかして男を昂ぶらせながら知名は、この場所から逃げ出せないでいる自分を恥じた。彼は完全に男に搦めとられていた。霞飛路の浅い闇の中で男が囁いてきたとき、自分は逃げ出すべきだったのだろうか。しかし、かすかな好奇心が働いていなかったとは言えない。(234頁)

「男」への、このような知名の奇妙な対応は何を意味するのだろうか。知名自身にとっては、この行為は青春の過ちとして片付けられるのだろうか。あるいは作品全体の中で、このエピソードにはどのような意味が付与され位置づけがなされるのだろうか。

もちろん、作者大城立裕にとっては挿入すべき必然性のあるエピソードなのだろう。憶測するに、例えば知名のアイデンテイティ探しの行為の象徴として挿入されたものとも考えられる。あるいは執拗に「日本人の男」と表記されることから、日本国家の中国統治は「男」に象徴されるアブノーマルで危うい行為のようなものとして暗示したのかもしれない。あるいは同文書院の学生である知名にとって、国家や民族や戦争を理解するには、一度は既成の枠組みや思考パターンをリセットする必要があることを示唆しているのかもしれない。「男」との行為はこれらの意味を投与したものとして挿入されたのかもしれない。

さらに翻って考えるに、作者の意図は戦争に関与したイデオロギーを破壊し夢想やロマンを破壊するためには、我々読者をも含めてアブノーマルな世界、アブノーマルな視点を有して一度既得のイデオロギーをリセットすることの必要性を示唆したのかもしれない。日本の敗戦後の真実を見るためには、必要なエピソードとして挿入したように思われなくもないのだ。

いずれにしろ、答えのないこのようなエピソードや難解な問いかけは、教養小説や青春小説という作品の枠組みを超えているように思われる。それゆえにこれらの問いの行方が気になるのだ。

Ⅳ　おわりに（大城立裕文学の魅力と射程力）

かつて、私にもポールニザンの言葉に共感した青春期があった。『アデン アラビア』冒頭部の文章は長く記憶に残った。時には私を慰め、時には私を脅かした。次の文章である。（注7）

ぼくは二十歳だった。それがひとの一生でいちばん美しい年齢だなどとはだれにも言わせまい。一歩足を踏みはずせば、いっさいが若者をだめにしてしまうのだ。恋愛も思想も家族を失うことも、大人たちの仲間に入ることも。世の中でおのれがどんな役割を果たしているのか知るのは辛いことだ。（8頁）

私たち団塊の世代は、全共闘世代とも呼ばれ学生時代に政治の嵐の洗礼を受けた。この世で（社会で）存在する自己を確立するために呻吟した。そして多くは回答を留保にしたまま生き継いできた。これが人間の常体なのだとうそぶきながら、そして自問することを免罪符にして……。

大城立裕の上海での青春もまた、たくさんの問いを抱えたものであったように思われる。その課題の一つ一つに立ち向かったのが大城立裕の文学であるように思われるのだ。鹿野政直の解説の言葉を借りれば次のようになる。（注8）

問いは、作者が沖縄の根生いであるところから、たんに日本対中国との図式にとどまらず、はるかに重層的な相貌を呈することとなった。作者の自画像をなす「知名」の、日本人のはぐれ者としての意識、いいかえれば沖縄人としてのこだわりは、上海の地で、中国人から示される独特の親近感によって、増幅されるところがあった。「沖縄というよりは琉球といったほうが誰にも分かりがよく、琉球からも同文書院に来ているのかと范徳全が感心して見せた」ばかりか、その娘である范淑英にいたっては、「琉球人が日本の兵隊になる

なんて考えられない」とまで言うのだ。（336頁）

大城立裕文学は、このような場所から発せられる深く重厚な問いと戸惑いから創出されるように思われる。ここに大城文学の特質もある。例えば芥川賞受賞作品「カクテル・パーティー」も、基本的人権を守る重厚な問いが開示された作品の一つにあげることができるはずだ。もちろん「朝、上海に立ちつくすー小説東亜同文書院」も、大城立裕文学の特質である自問の文学としての顕著な例であろう。

翻って考えるに、大城は本作品を発表した八〇年代のこの時期に、南米を舞台にした作品「ノロエステ鉄道」などを次々に発表している。このことは、グローバルな社会でグローバルな視点で生きることを思索し、先行的な作品を生みだした時期だとも考えられるのだ。「朝、上海に立ちつくす」もまさにその例の一つであり、今日を生きる私たちにも大きな示唆を与えてくれる作品であるということができるのだ。

【注記】

注1　頁は『朝、上海に立ちつくす　—小説東亜同文書院』1988年6月10日、中央公論社発行の文庫本の頁である。本稿ではこの文庫本を定本にした。

注2　『朝、上海に立ちつくす－小説東亜同文書院』1988年6月10日、中央公論社。

注3　九州大学情報リポジトリ「大城立裕『朝、上海に立ちつくす』におけるアイデンティティ」2014年、黄英（中国海洋大学助教授）。

注4　鹿野政直『戦後沖縄の思想像』1987年10月15日、朝日新聞社。

注5　注2に同じ。

注6　注3に同じ。

注7　ポール・ニザン著作集1『アデン アラビア』）篠田浩一郎訳、1966年12月15日、晶文社。

注8　注5に同じ。

魂の教育者・詩人「近藤益雄《えきお》を読む」（その19）最終章
最後の詩集　第六詩集『木のうた』―
その一、「愛と平和への願い」―

永山　絹枝

「なずな寮」を発展させて、知的障がい者の楽園「のぎく村」にとの夢は一歩一歩実現に近づいていた。その為に今年の仕事として、のぎく人形の製作と販売、それを資金の一部として園舎の改築、教員生活三十七年の思い出を本にするなど計画を立て、年の初めから取り掛かっていた。

尊い教育実践家としてその晩年を飾ろうとしていた。

一九六四年に第六詩集「木のうた」（謄写印刷）を発行する。

「まえがき」には

私の心のお友だちに、私の貧しい詩をお送りいたします。

第五詩集「痴愚天国」につぐ第六詩集でも、ほんとうにそうなのは、この中の「草のうた」だけで、後《あと》は全《すべ》て一〇年以上からの年月をへております。

私はこよなく日本のことばを愛するばかりにこれらの詩に、何年もの年月をかけてみがきをかけてまいりました。そしてみがけばみがくほど、ことばというものはすりへってしまって、しまいにはわずかばかりの骨のようなものだけになるのだとわかりました。

そこですこしさびしくなってここらでみがくことをよして、あなたによんでいただくことにいたしました。

なにかひとことでもおみちびきのおことばいただけたらさいわいにぞんじます。昭三九（1964）年一月一六日

益雄は「ことば」をただ単なる言語ではなく、生きる糧とも捉えていた。「日本語がほんとうに美しく、ほんとうに正しく、そして、ほんとうに豊かなものになること」を願っていた。

そして、綴方教育で、障がい児教育で実績を積み上げ、自らも、自由律俳句で、童謡で、詩作で実証してきた。

「だれの耳にも受け入れやすく、分かりのよいことばで」と。常に、貧しい者、未就学者、障がい者やその家族等、社会の底辺で暮らす人々が念頭にあった。

第六詩集『木のうた』
＝白い花＝一九五一・二（昭二六・七年頃の作品）

益雄は、最後のこの詩集、第六詩集に、これから掲載する数編の作品を挿入・追加している。益雄の思いが凝縮された作品の数々。どうしても載せておきたかったのであろう。

◇「**山羊小屋で**」

山羊に塩をなめさせてひとりでいるとき
わたしの子どもたちはかえってしまっていた
山羊がわたしのてのひらを、くすぐったくなめるとき
なぜかわたしは子どもたちのことを、かんがえていた
山羊がさびしい目でみあげて、わたしにすりよるとき
わたしは口のきけない道夫の名をよびたくなっていた

しょせんわびし山羊と
さびしい子どもたちの守りをして
このまま年おいていくわたしか
それでいいそれでいいのだ
すこしずつほんのすこしずつ塩をなめる山羊の
ほのかないきづかいにそんなこともかんがえていた

♥一九六一年（益雄54歳）の時には、豚舎も新築、養鶏、果樹栽培も始めている。実習農場も拡大されていた。

◇**「白い花」**
やっぱりだまっていればよかった
しぐれにぬれた庭さきの／八つ手の白い花にも
こんなしずかな冬がきている
それをだまってみまもっていればよかった
はなしあってわかることではなかった
やっぱりわかりあうなんて／できるものではなかった
土のうえにこぼれし八つ手のしろい花に
こんなにすんだ月のひかりもながれてきた
しょせんは人間こんな庭さきのひとすみの
白い花のこぼれたのを／はいてはすて、
すててははくような一生ですごすものを
やっぱりだまっていればよかった

（♥善良で正義感が強かった。正しい道を真っ直ぐに歩んだ。だからこそ卑しい利己的な人の、偽りの言動は応えた。）

「わかりあうことのないとき」
いつかしらぬまに
月のひかりが卓のうえにながれてくるまで
わたしたちははなしあった
そしてよくわかったといってわかれてきた／／
それからわたしはひとりで
冬にはいったばかりのきれいな月夜の
一すじみちをあるいていた／／
わかったということはいったいどんなことなのだったのか
月はわたしのうしろにさえわたっていた
わかったということでわたしはまたさびしくなった
どこまでいってもわかりあうことなどのあるはず
のない人間と人間／／
わたしのすきな月はうつくしく
やっぱりわたしのうしろにだけさえていた
わかりあうことのないさびしさを
ただやさしくてらしていた

●**「なんとかなろうなんともならないと**
かんがえてどぶのなか」

と、自由律俳句にも詠んでいる。「どこまでいってもわかりあうことなどのあるはずのない人間と人間」という苦渋。想像を絶する苦悶だったのだろう。

○

「冬にいりゆく山」

やっぱり冬になると、欲も得もなくなるなれど
おしえてくれる自然の親切さ
はじもみじのくれないでさえ
指をふるればこぼれる
山にきてそのはかなさを
たなごころにのせてしばしおるとき
わたり鳥／この山かげの草むらにしばしいこい
むらさきの実をついばむ
木々も草もつゆけくぬれて
ひえびえと冬にいりゆく山

（♥澄み切った美しさのなかに無常観が漂うが、深い宇宙の肯定感が大きく優しく包み込む。おそらく読み手の誰もが、やさしさ、温かさ、するどさに心揺さぶられる詩群である。）

○

「草の実」（1）

あけがたのしぐれがすぎて／山みちのくさむらに
草の実はぬれていた／／
草の実はあいらしく／わたしのズボンにくっついた
でもぬれているのでほろほろとこぼれた／／
山の木々をすかして／日がさしてきた
草の実はすこしかわいてきた／／
草の実はつつましく／またわたしのズボンにくっついた
わたしはそのまま
いよいよ冬になる山みちをおりてきた

（♥益雄は悩みがあり、一人になりたくて明け方の山道を散歩したのだろう。草の実は、みどり学級か「のぎく学園」の子等の象徴。草の実のように愛らしくそして慎ましくズボンにくっ付いたりする。これでいいのだ、そう愛《いと》おしく思い直し、草の実をつけたまま、冬になる山道を降りたのではないか。）

「草の実」（2）

あさのしぐれにぬれた草の実を、むらさきふかい草の実を
山にいってとってきた／／
そのつぶらな実の一つぶ一つぶをすりつぶして
こどもはむらさきの汁をしぼった／／
子どもはそれで絵をかいた／草の実のむらさきは
しろい紙のうえにきえそうなはかなさでのこった／／
しぐれはひるもひとしきりふり
ゆうがたもしばしはらはらとふり
草の実の汁でかいた絵は
しぐれふるごとにいよいよほのかに
はかない色をにじませた
ちえのおくれた子の手すさびのこんなはかない絵が
月あかりのしのびやかにさすわたしの机のうえで
だんだんにきえていって
しぐれにぬれた月夜はまどのそとにながれていた

（♥教えても教えても、草の実のむらさきで描いた儚《はかな》い絵のように定着せず消えていく。月明りが象徴する静謐《せいひつ》さ。背景に、しぐれや、しぐれにぬれた月夜を配置することでより儚《はかな》さを誘う。益雄の子等を想う愛情と寂しさが凛とした表現の中にひしひしと伝わってくる。）

「霜」その１

額にひりひりとながれおちてくる月の光のなかに
霜はすでにむすびはじめたか
月夜の葱畑《ねぎばたけ》のしずかなじくざくの間に
霜はすでにするどく
花さく支度をはじめたか
天地四方声をひそめて
月夜の雲のひえまさる音だけ
そしてひえきわまって
空気零度にいたるときのこの一秒の
きびしくするどい静けさを
霜は天をさし月をさして
きらめこうとするのか
生きるも死ぬもこの一瞬のこと
夜深くしてわたしのまわりにむすびはじめる霜

「霜」その２

なにもないせまい庭の土に
月のひかりがながれおちている
となりの家の屋根から
ひっそりとおりてきたのだ／＼
それで庭の土は
はやしろじろと霜のむすぶけはいをみせて
なにもないこのせまい庭にも
やがてするどいあけがたをむかえるのだ／＼
夜ふけて雨戸をとざすひとときの
こんなひりひりとひたいにつめたい月のひかり
きょうがおわることの
なにかおしまれるしずけさ／＼
霜はそのときも
庭の土にむすぶために
月のひかりに音もなくたわむれかけているのだ

「霜」二篇は、なんと一瞬に焦点化され、凝縮された詩であろうか。空気が冷えて霜に変わる瞬間を「むすび」と捕え、その結節点、転換点、飛躍を静寂、緊張感を持って表しながら愛や命、そして生きることの厳しさを滲ませる。

《わたしを取り囲む霜》は、みどり学級の子等への世間の偏見、理解してもらえない哀しみ等、「どこまでいってもわかりあうことなどのあるはずのない人間と人間」の苦渋の思いで、月の光と霜を眺める益雄の心情から来るものかもしれない。

「赤い鳥」に益雄と同じように投稿し、西条八十《さいじょうやそ》や野口雨情に賞讃された「金子みすゞ」も、子との離別の苦しみと病に耐えきれず自死した。この詩の中にも「生きるの死ぬも一瞬のこと」

という一言《ひとこと》が気になるところ。益雄の心の片隅には「生と死」の問題が、微かに、でも深く潜んでいたのではないだろうか。

平和を願う詩群も又、ぜひ最後の詩集にと願った益雄だった。「佐世保の町で」「いじらしい祖国」「ぎりぎりの願いのために」が挿入されている。

○

「佐世保の町で」その1

佐世保の町にきて店さきにたてば
雪がふる
日ぐれの雪がふる／／
子どもにおもちゃとお菓子と紙風船と
そしておれも本がかいたい
そうすると
かえりの汽車の切符を買うだけしかのこらない
そんなすこしばかりの金
あれとあれとかつて、あれをあきらめてー
とおれはわびしい計算をする／／
佐世保の町にきて店さきにたてば
雪がふる
びんぼうなおれの耳たぶに
日ぐれのかわいた雪がふる

（♥貧しいゆえに欲しい本も買えず、詩集さえもガリ版で刻み、謄写板で印刷する手作りであった。）

○

「佐世保の町で」その2

かわいた雪を髪にとどめたりして
裏町の銭湯からかえってくる
それはぱんぱん／／
その湯あがりのほてった指さきに
雪がふかれてき、ふかれてゆく／／
まだ白粉《しろこな》にその肌をよろわず
口紅をそのくちびるにぬらず
夜がくるまえのひとときの／／
それはぱんぱん／／
じぶんのうまれ里でもあるいているように
雪かぜにふかれて
裏町のかたむいた家にはいってゆく

【三度の戦火―ベトナム戦争勃発に怒り】

（一九六〇年、益雄の正義感は、震え怒《いか》っていた。最愛の我が子を原爆で殺された深い痛みが消えぬのに、始まった三度《みたび》の戦火。労働運動の盛り上がりと弾圧の嵐が吹きまくっていた。

「いじらしい祖国」

うつくしい海岸線がくっきりと浮きだしてくる
白いレースのひだをひろげかける波うちぎわまでみえてくる
入江と岬と砂浜と、そして島々のあいらしい位置
ただこれだけでおれたちはこれがおれたちの日本列島だと、

あざやかにせつなくおれたちの胸にえがきだすことができた
そんなにも清潔でうるわしくて、おれたちの魂であった
おれたちの日本領土／／
その日本がその風土がその魂が
理不尽なものの手によって／貪欲なものの足によって
血をすすり戦争を欲するものの手練手管《てれんてくだ》によって
かきまわされ足げにされうばいとられる／／
そんな話があるものかそんな道理があるものかと
なんどもなんどもうちけしてきたのに
何もかもおそろしい事実であった
敵がいたのだ。この日本自体の中にさえ／／
美しくきよらかな風物がぐんぐんどこかへながれさ
ってゆくではないか／祖国とはいじらしい呼び名
敵らの手でしめころされるもののこえごえ
その敵がいたのだ／このいじらしい祖国のなかに

殺し殺される地獄と化した戦場を経験した人にとっては、戦場に駆り出した、祖国のなかの敵の存在を強烈に意識したのではないか。許せない思いと共に。一九六〇年代に入ると、新安保条約が調印され、安保改定阻止実力行使に五六〇万人参加、全国各地で学生デモ、勤評反対処分撤回闘争、炭坑合理化・首切りに反対。民間教育団体への圧迫も強くなっていた。

【益雄氏談】

とりわけ、平和の問題は、私の心にいつも重苦しいものを投げかける。世界がほんとうに平和になり戦争がなくなる日は、一体いつ来るのだろうか。私も戦争で子どもを失《うし》なった。この子ども達も戦争にでもなったら、虫けら同様の取り扱いをされるだろう。だから戦争はこわい。その戦争の用意を、どこかで、誰かがしているような気がしてならない。

平和が見くびられ、人間の値打ちがおろそかに考えられる今の世の中をして魂のことが軽々しく取り扱われる世の中。この世の中こそが、アブノーマルで狂っている。病に罹《かか》って呻《うめ》いている。そんな世の中に、この子ども達を生きてゆかせようとすることのむずかしさ。・・」

「ぎりぎりの願いのために」

くずの花のようないじらしいことばをすてた
水引ぐさのようなひそやかなおもいをころした／／
生きたいから／ころされたくないから
びっこやめくらや手なしになりたくないから／／
そんなぎりぎりの願いをいうために／／
形容詞修飾語間接法は／ごしごしとけしてしまった／／
そんなぎりぎりの願いのために／たったひとつのことばがある／／今のこのいのちのなかにある／／
たったひとつのことば／「戦争をやめろ」

益雄の愛と平和への願いは深く、強いものがあった。知恵の遅れた子等への救世の道、それは尊く美しい道であった。誰もが踏み歩くことのできない崇高な道であった。

参考文献
・『近藤益雄著作集2・4・7』清水寛他／明治図書／1975

魂の教育者・詩人「近藤益雄《えきお》を読む」（その20）

最後の詩集　第六詩集『木のうた』―最終章　その二、殉教「智恵の遅れた子等への救世の道」―

永山　絹枝

理想を持って生きるには福祉行政は厳し過ぎた。日々の激務に追われる彼にとって、年と共に衰えていく体力、退職と共に弱くなった気力は、辛いことであった。

第六詩集の『まえがき』にも、「すりへって」「わずかばかりの骨」「さびしくなって」という言葉が含まれて来る。「なずな寮」を発展させて福祉村をと、夢を掲げる一方で、暦年の疲れはドグマのように溜まり、限界まで達していた。

どう鞭打っても付随して来ない心身の衰えは、益雄が真面目な故に自身を許せなかった。目の前の家族は激務の渦の中にあり、子等は手をさし伸べ、愛を求め続けていた。全てに答えられない、惨めな自分の存在。彼は疲れ切っていた。心の片隅に『生と死』の問題が微かに住み付いていたのが、噴火直前まで来ていた。医師も家族も周りの者も気づけないまま彼は突然火になって燃え尽きたのであった。

この第六詩集は、益雄の命をかけた自分との闘いが詩の形で吐露されており、胸の痛む思いで読むことになった。私たちはどうして彼の苦痛を早めに掴めなかったのだろうか。何をどうすればよかったのだろうか。極めて貧しい教育行政と福祉の谷間で、一人のかけがえのない尊い命が昇天してしまった。

第六詩集『木のうた』（一九六三（昭三八年の作品）

岩井鶴次郎氏（一九六四年時佐世保市収入役）は、「草のうた」に次のような木霊を響かせている。

「このあいだ、私は奥さんにお願いして、君が最近書いたものを届けていただいた。それは君の手で書いた、ガリ刷りの詩集『木のうた』だった。頁をめくった。まぎれもない君の字がそこにある。「草のうた」「木のうた」、文字がつぎつぎと、しだいに心をゆさぶる。」と‥。

（1）草のうた一九六三（昭三八）年の作品

「草のうた」

こんなはげしい風に／かつでもなく
まけるでもなく／風ふくままの／草の葉

○

ひとりになりたいので／木のかげにきて／草をぬく

○

いっぽん草をぬけば／ひとつ雑念がきえる
そんなことならば／朝は未明から
夕べは黄昏まで／草をぬいてくらすものを

［益雄氏談］

年のせいのようだが、何か寂しいことや、辛いことがあると、庭の草をむしることをした。雑草を一本一本抜いていくと、さびしさも、つらさも、一つ一つ消えていくような気がする。

一日にどれほどの
日ざしがめぐってくるのか
こんな家うらに
みどりのきれいな草が
花をさかせようと
ひそかにしたくをしている
どうせさいても
ちいさくまずしい花なのに
だれにもみてもらえない花なのに
ここはこのいのちのいきているあかしか

(♥日陰の草が花咲かせようとしているのを見つめる益雄。「咲いても・見てもらえない」と世の理解の浅さを残念に思いでも、「ここにちゃんと命がある！」。「生きている証《あかし》が！」と、そっと抱《いだ》くのであった。

○

ここまできてみれば
みずはあふれくさはしげり
ここにわが墓がある
あえてほかに／なにをねがおう

(♥しぜんに墓に目がいく益雄。弱さに捕われないで！、焦らないで！、それこそ、「のん気，根気、元気」の「のんき」にやっ　ていってほしいと叫びたくなる。)

○

ずっととおい日から
水がくさをうつし
くさが水にささやくような
ほんとにしずかな愛をこそ

(♥賑やかさよりも静けさを。有言よりも無口を。
疲れている時にだれもが自然に求める有り様である。
「水が草を映し、草が水にささやくようなしずかな愛」
なんと哀しいほどに澄み切った美しい表現であることか。
彼は繊細で優しい心根を持った詩人兼教育者であった。
愛のある、互いに慈しみあう平和な世の中であってほしい。
益雄が終生、願い求め続けて歩んだ道であった。)

○

なんにもいいたくない日
みずもにうつるあしのはを
みにきた
「なんにもいいたくない日はだまっている日」と
ときたま風がきて
あしのはにささやいてすぎると
あしのはは
またしずまりかえった

(♥子ども達も、益雄の家族も、そっとそっとこんな日は遠くから見守っていたのではないだろうか。）
○
こどもたちよ／この緘黙《かんもく》をゆるせ
この無口の時をゆるせ
（♥寡黙な日もあります。生きるぎりぎりの物をまとい梢に小象を啼かせて風が遠い空を渉る日（茂山忠茂の詩）
○
草にきて／草にねころべば
おまえらも
わがまわりにあつまりてすわるものを
初夏の日はまぶしくかがやくものを
（♥草に寝転べば自分の周りに子等が集まって太陽のように輝くことは分かっている。けど、どうしても体が、心が動かない最近の益雄であった。）
○
水のも（藻）からのびて／いぐさのさきに
とんぼがすいととまるような
とまらせておいて／かすかにゆれるような
そんな愛をねがい／そんな愛をもとめることは
わがこころのおろかさか
（♥イグサの先にトンボが止まって微かに揺れる様《さま》は、不安に揺れる益雄の心情だろうか、細やかな愛が全ての人々の上に降り注がれるのを切望しているのだろうか）
○
たえまなくはびこる
くさをにくみ
このゆびにちからをこめて
むりしとった
そのくさに
ちいさなはながついていた
（♥自己嫌悪が心を閉めるようになってきた益雄。でも「焦らずに匙を投げださないで」「自分自身の中から弱気や間違いを起こさないようにする事こそ大切な事だ」と、自分を戒めてきた益雄だったはずなのに…。）
○
ひかげのすきなこけは
ひとにしられず
たれにもふまれず
いえうらにひっそりとはえていた
ときたまそこにいって
わたしはひとりで
こけをみていた
（♥この子が居るから、この子と共に歩く。学校の枠を飛び出し、生きる力、真実を見ぬく力を大事に、仲間と共に創り上げ深く関わって来た。でも今は、人に知られず、踏まれずそ

っと、こけになりたい益雄）

（2）おちばのうた・木のうた
（一九五七・八（昭三二・三年頃の作品）

益雄の魂が沁みこんだ遺言の詩群のよう思えてならない。読み進むにしたがって心がひりひりと張り裂けそうになる。益雄はそれより前から死と向き合って、覚悟して詩作をしていたのではないだろうか。最期の益雄の心境を読む上でも、大切な魂の叫びの詩群である。

「自分は知恵の遅れたこの子等にすべての魂も身も尽くし果てた。最善の道をここまでやって来た。これでもうよい。

この上は神のみそばにゆくのみだ」と、かすかに声が聞こえてくるようである。」と、富永南冠氏は弔辞に詠んだ。

◇「おちばのうた」

〇

もはや／梢にかえるすべもなし／
冬のつちに／ちりしかれは／いちまいのかれは

（♥散りいく枯れ葉と一体化してしまった益雄。
「もはや」のことばが痛々しく辛い。）

〇

きょうも／あさがくる／／
おちばは／みずにしずんだまま／／
いつのまにか／あさがくる

〇

木は／毎年毎年
たくさんなかれはを／おとしてきた
ことしもたくさんおとし
来年もまたたくさんおとす
どうせおとしてしまうものならば
土にかえしてしまうものならば
木は／はっぱなんかつけまいとおもったけれども
ことしもたくさんなはっぱをつけ
来年もまたたくさんなはっぱをつける
それをむなしくおもい
そして木は／だまってたっていた

（♥朝が来ると新しい希望と活力が湧いてくるはずだけど、子等との日々が始まるはずなのだけど、沈んだまま寡黙になってしまった益雄。）

〇

おちばよさようならと
こずえはよんでいる
くちるものはくち
のこるものはのこり
だれにしられることもなく
なにのかなしみもなく

（♥朽ちるのも残るのも、しぜんのままに・・）

〇
わがいのちの
おわりの日にこそ
神よ
おちばが
こずえをはなれる
そのひとときの
しずけさをめぐみたまえ

（♥ついに穏やかに神に召されますようにと願った益雄。

〇
われは
ひとひらの
おちばとなりたし
つちにちり
つちにくつるを
みるひともなき
ひとひらの／かれはとなりたし

〇
ははすっかりおとしてしまって
ほっとしたところで
木はやわらかな日ざしをうけた
しあわせとはこんなものでございますね

神さま
（♥さいごには、「神様」と言わずにはいられなかった。）

〇
すてられるものは／すてたい
ひとつのこらず／すてたい
そうおもって
木は／おちばしつくし
冬の日なたをつくった

（♥穏やかな陽を浴びながら、落葉となって、枯葉となって
冬の日なたのように暖かく、しあわせに神の元へ
そう、願ったように思えてならない。）

〇
いそぐことはいらぬ
そんなけはいで／木はおちばする
いそがねばならぬ
そんなにもみえて／木はおちばする
かぜがふけばいそぎ
かぜがやめばやすみ
くれやすい冬日

今になって思えば、「死」について書物の諸処で漏らしていたような気がしてくる。信仰を持った彼にとって、「生と死」「生と天国」は身近になったのではないか。殉教者たちも、信仰の苦難にハライソを求めて旅立った。

次の、原理氏との対話の中にも、「死ぬまでやり、やれないようになったら死ぬだけだな」と悟りきったような言葉を残していることを悲しむ。

◇ひまわりかさかさ空へ枯れてゆく

［原理氏談］
身をもって「教育のきびしさ」を示した父は、折りにふれ私どもに「子どものどこかにかくされた可能性をさぐり出すしごとは、きびしいものだ。」と語っていました。その父も、昨年暮れごろから体の不調を訴えはじめました。そのころ、父と私がこんなコトバをかわしたことをおぼえています。

（父）「風の中に一本のマッチの火を守るがごとく」はじめたこのしごとも、十年たってしもうたな。いつになったら、ゆっくり俺を休ませてくれるだろうか。

（私）「家庭のだんらん」が欲しいと思うときがあるね。やっぱり。

（父）のぎく学園の役目が終わるときは、いつだろうか。

（私）誰もたのみに来なくなる時代。いいかえると、日本の国の精薄者福祉行政が完全にゆきわたったときだろう。

（父）そうした社会が理想なんだがな。

（私）ぼくらが、個人の力《ちから》ギリギリいっぱいのところまでつかってやる時代は、変則なんだね。ほんとうは。個人にまかせておいて、愛だの慈善だのう美しいコトバでほめられたって、実際はだましておってという気もするね。

（父）そうなると、このところ休むときなんてないだろうな。死ぬまでやり、やれないようになったら死ぬだけだな。

［岩井氏談］
…近藤君。私は、君の子どもたちに対する徹底した愛情を知っている。それ以上に、君の手にかかると、どんなに知恵の遅れた子どもでも必ず何らかの可能性を生かしてくる、その素晴らしい、教育者としての技能を知っている。
原理君は、「父のそうした技能は無形文化財とでも言いたいくらいのものでした」、と目を潤《うる》ませて私に言った。原理君は、君の子どもとしてではなく、おなじ一人の教育者の冷静な目で君をそのように評価していたものと思う。そのような君に、我々は、はげしい教育者としての仕事のうえに、さらに企業経営者の重荷を背負わしたまま酷使したのだ。私は、君を一度でも政治の上に安んじて教育に専念できる立場に置いてみたかった。

［原理氏談］
父は、もともと体はそう強い方《ほう》ではありませんでした。知恵のおくれた精薄児たちと共に生活することは、大変な心身の疲れをもたらしました。朝は子どもたちとラジオ体操をやり、朝食も一緒、八時から午後三時までは日課表にしたがい学習指導と職業訓練、そして夜は日記の点検と反省会、風呂にも入れてやる。そのあいだに参観あり相談あり、記録をまとめ、依頼の原稿を書く、ときには講演に出かける――いつ読書をするのだろうかと思われるくらい多忙な毎日でした。

［岩井氏談］

近藤君、君は疲れていたのだ。どうして疲れないことがあろう。知恵の遅れた子ども達の、想像もできない身のまわりの世話、そしてその、僅かばかりの可能性を必死になって育てようとする努力が、どんなに大変のことだったか。一度あずかった子どもを何かの都合で引き取ってもらう話をすると、親達さえも引き取りを拒《こば》んで逃げようとする。それでも君はそのことを肯定し、子ども達の身の上だけを案じていたと言うではないか。
（著作集4／あとがき）

◇「**木のうた**」
すてるものはすて／いきをひそめ
ながい冬にはいろうとする／木
○
永遠なものを／いかすために
永遠なものを／いこわせるために
神は／おちばをはらはらと地にこぼし
はらはらとおともなく地にかえし
おだやかな日なたをつくられた

（♥老いて病のある身で、家族にこれ以上の負担をかけさせたくなかった、憩《いこ》わせたかった、優しさからなのですね。木は歌う、役割を終えて次の代に引き継ごう、しっかりと。）
○
あんなにたかいこずえから
いちまい
おりてくるもみじばの
くれない
地におち
地にくちるまでの
火のようなくれない
（♥炎のような人生を「もみじばの紅《くれない》」に例える。彼らしい見事な表現である。）
○
しぐれにぬれてたつ冬木の
ひややかさによりそえば
まだのこっていた一まいのかれは
こぼれてわがからだにふれ
そこからつちにおち
はらはらとしぐれにうたれた
（♥冬の季節の自然の摂理に自分を重ね合わせた益雄。落葉広葉樹の姿を見つめながら「はらはらと」「わがからだふれ」たのを払わず、キリストの様《よう》にしぐれにうたれる益雄。

この最後の詩集：第六詩集『木のうた』は、私達にとっては益雄への鎮魂歌であり、益雄にとっては全ての人への鎮魂歌に思えてならない。
そうならないために、益雄は終生、身を粉にして綴方教育と、福祉教育に尽くし、「全ての人に平等で、平和で穏やかな世の中」を念願し、書くことで行動した教育者であり、詩人であった。

〈参考文献〉
・『近藤益雄著作集2・4・7』清水寛他／明治図書／1975

反転の詩人Ⅱ（こころと魂）

【鉄腕アトムの遺言（手塚治虫の最後の言葉）】
〈一九二八～一九八九年・六〇歳没〉

黄輝　光一

15年前に亡くなった父の本棚を整理していたら、埋もれていた小さな文庫本が突然出てきました。それは、漫画家の手塚治虫氏（60歳没）の遺言ともいえる最後のエッセイ、「ガラスの地球を救え」（一九九六年出版）でした。

「これまでずいぶん未来社会を漫画に描いてきましたが、実は大変迷惑していることがあります。というのは、ぼくの代表作と言われる『鉄腕アトム』が、未来の世界は技術革新によって繁栄し、幸福を生むというビジョンを掲げている様に思われていることです。

『アトム』は、そんなテーマで描いたわけではありません。自然や人間性を置き忘れて、ひたすら進歩のみをめざして突っ走る科学技術が、どんなに深い亀裂や歪みを社会にもたらし、差別を生み、人間や生命あるものを無残に傷つけていくかをも描いたつもりです。

ロボット工学（※まさに現在のＡＩロボット）、バイオテクノロジー（遺伝子操作等）など先端の科学技術が暴走すれば、どんなことになるのか、幸せのための技術が人類滅亡の引き金ともなりかねない、いや現になりつつあることをテーマにしているのです。十万馬力の『鉄腕アトム』も、科学至上主義で描いた作品ではない事は、よく読んでいただければわかることです。

つまり、鉄腕アトムで描きたかったのは、一言で言えば、科学と人間のディスコミニュケーション（コミュニケーションが断たれた状態）ということです。ひょっとしたら、今の人類は、進化の方向を間違えてしまったのではないか、・・・」

このお話は、衝撃的です。本の題名は「ガラスの地球を救え」です。本の内容は、手塚治虫氏の人間愛。人類愛がみなぎっております。そこには、ヒューマニズム、子供たちに負の遺産を残してはいけないという「愛のメッセージ」です。その内容は多岐にわたり、「人類への警告」であり、それはとりもなおさず「自分自身への警告」でもあります。

【その他の漫画作品　ブラックジャック・ブッタ・火の鳥・ジャングル大帝・リボンの騎士・三つ目がとおる・七色インコ他多数】

☆　☆　☆

【「小沢昭一的こころ」⇩ハーモニカと「貧主主義」】

「小沢昭一（一九二九～二〇一二年・八三歳没）の小沢昭一的こころ」は、小沢さんが亡くなるまで、40年近く続いた、こころ温まるラジオ番組です。

「僕は以前から『貧主主義』という考えを唱えてきたんです。民主主義の単なるモジリですが、でも自分が貧乏だったとき、日本が貧乏だったときこそ、世の中が元気で、輝いても見えたからです。僕は貧乏は底の底までやりました。だから、貧乏の辛さは十分わかっています。でも、そんなつらさも、ハーモニカ吹いてスッ飛ばしていましたよ。そりゃー、貧乏じゃない方がいいに決まっています。だけど、世の中全体がやれグルメだファッションだと大騒ぎするのは何なのか。僕には今日の豊穣ぶりはどうもしっくりこない。ほどほどの貧乏、ほどほどの豊かさがちょうどいいんです。

政治家が掲げる目標も、結局、大量生産、大量消費の経済大国にあるようですが、僕らにとって、消費なんて悪徳だったんです。物を大切にすることを厳しく教え込まれましたし、修繕屋さんが街を流してたくさん来ました。徹底した再利用型社会だったんです。（中略）貧乏がいい文化を保っていたのです。僕は格差社会は気に入らないけど、等しくみんながほどほどに貧乏ならいいと思います。あの日本中が貧乏だったときこそ元気な毎日を送ることができたのではないか。だから今、あえて、「貧主主義」を提言しているんです。」

貧主主義《ひんしゅしゅぎ》、『どんなに貧しくても、こころはつつましい、そして、お金がない分、モノを大切にする「経済小国」をめざそう』、小沢昭一さんの、ユーモアとやさしい語りが、こころに響きます。（83歳没）

【参考　私の時代の大先輩たち、中年御三家、「永六輔・野坂昭如・小沢昭一」（年齢順）残念ながら、皆さん、それぞれ他界しました、あの世でも、雄弁に語り、三人でたのしくやっていると思います】

◇◇◇◇◇

【朝の露のごとき人生】

ある女性からの、お手紙。

「もし、人生が、死をもって終わるなんて、とても悲しいです。仏教の悟りでは『人生は、思い通りにならない』だそうです。人生は不条理ですね。人間は、いつかは、はかなく悲しく消え去ってしまう。自分というこの『こころ』『意識』、今まで一生懸命に生きてきたつもりの私の痕跡、かけがえのない私の命も愛も、死も持ってすべて無になり、消滅する。そんな『朝の露』のごとき人生。あっという間の人生に、いったいそこに何の意味があるというのでしょうか。人生の目的など、私には見えません。私は、恵まれない状況の中で、生きてきたつもりです。世の中には、何不自由なく生きている人、好きなように快

楽的に生きている人・・・
あっという間の人生、はかない諸行無常の人生に、私は今、涙しております。実は私には、心から愛する人がいました。彼は、5年前、突然交通事故で亡くなってしまいました。彼のことが、いまだに忘れられません。」

朝露に、はかなく消えた恋心、永遠《とわ》に旅立つ君のおもかげ

あなたは、人の命は、死と共に朝露のように消えてしまうとお思いですか？

私の思いをあなたお伝えしたいと思います。
人は死にません。あの人は生きております。人生には続きがあります。あの世こそが真の本体です。
魂は不滅です。あの世は「こころのふるさとです」。魂の世界。光り輝く世界です。
あなたの愛があれば、きっと、彼に会えます。

それまでの、「つかの間のさようなら」です。

【理想は、自然死。】

特別養護老人ホーム。石飛幸三　常勤医のお話。

「理想は、自然死（＝平穏死＝尊厳死）です。「自然にまかせたら人は穏やかに死ねる」逆に言えば、下手な延命は苦しみを招きます。自然死の遺体は、白く細身で美しい。一方病院で延命の末に亡くなった遺体は、両腕に点滴針の黒ずみが残り、体全体がぶよぶよとしています。私には、見た目の差は「苦しみの差」にしか見えません。人間は、自然に飲めなくなります。自然に食べられなくなります。眠るように逝きたい。それが私の願いです。」

安楽死は、ありえません。人間には、「死」という選択肢はありません。（私見）

【悟りと学び】

俗世間から離れては、学びはありません。山にこもって、滝に打たれようと、難行・苦行に耐えようとも、お経を何万回となえようとも、そこには本当の学びはありません。悟りは得られません。人生の目的は、決して仙人になることではありません。すべての学びは、まさにこの世俗的世界、人間関係、現実の実践社会にあります。その苦しみから逃避していては、「真実」は学べません。悪戦苦闘、大いなる困難こそ、それに立ち向かい乗り越えてこそ、魂は磨かれます。人生とは、究極の「学びの道場」です。

一度も大きな病気もせず、何の苦労もなく、平穏なる人生、そして長生きをして天寿を全うする。一見、すばらしい人生のように見えますが、私の想いは、違います。このような人生は人生とは言えません。苦難の甘受こそ、すばらしい人生です。「艱難汝を玉にする」。人生は、苦難を乗り越えてこそ学びます。真の感動は、そこから生まれます。

★★★

【悲しみ、苦難、地獄、乗り超えて学ぶ、本当の人生。】


すべては日常です。すべては「日々の行い」です。

苦闘なる人生こそ、学びの人生です。

愛と奉仕。私は、いつも、守護霊に叱咤激励されております。

反省の連続です。

反省は、進歩への試金石です。

ただし、後悔は、いけません。「人間が、生まれてきた意味」は、なんですか。

私は、「死ぬまで生きる」「とことん生きる」が私のモットーです。

でも、それを阻むものは、「強烈な痛み」「継続的な痛み」です。痛みは、時として、確かに、信念・悟りをゆるがします。

☆☆☆

【「自分を愛することが、すべての基本です」?】


「自分を愛せない人が、どうして人を愛することができますか」

「まずは、自分を愛しましょう」

その通りですね。共感する方も多いと思います。多くの精神書、哲学書、ニューエイジ、等に書かれている、共通した【基本的な言葉】です。私は、以前はその通りだと思っていました。

でも、段々と違和感を感じてきました。

そして、11年ほど前から、はっきりと観えてきました。

目覚まし時計が突然、鳴りました。

これは、根本がおかしいのではないかと、

「愛とは、与えること」

「滅私の利他愛」・・・。

「めっしとは、自分のことは全く考えない。ただ人のために尽くす」

見返りを求めない。「与え尽くしの愛」

ただ、それだけ。

☆☆☆

【最大の執着は「許せない」です。すべてを「許す」ことができた時、あなたのこころは、解放されます。】

☆☆☆

「いかに、余計なものを、そぎ落としていくか。美しさは簡素のなかにある。」

「限りなくシンプルに、豊かに暮らす」（枡野俊明）

シンプルライフ。シンプル・イズ・ザ・ベスト。シンプルは美しい。

☆☆☆

【人生の「勝利者」が書いた本より、苦闘の末に残念ながら「敗者」になった人が書いた本の方が、はるかに感動し、人生の学びもある。】

「いさぎよき敗者であれ」（橋本五郎）

☆☆☆

見えないものにこそ、真実がある。長生きをすることが、人生の目的ではありません。そもそも、あなたは不滅です。

★★★

「笑いヨガ」にハマっております。笑いは「こころの健康」のバロメーターです。理由があるから、笑うのではなく。理由がなくても笑う「こころの健康体操」です。大きな悩みがある人は、なかなか笑うことができません。現代人は、笑いを忘れています。笑って、笑って、笑って、ストレスを発散させましょう。

落語に、ハマっております。「笑いヨガ」は、理由なき笑いです。「落語」は、理由があるから笑います。どちらも、最高です。

☆☆☆

【努力する人は希望を語り、怠ける人は不満を語る。（井上靖）】

【人類と肉食】

『動物たちに愛を！ベジタリアン部長』（自著「告白〜よみがえれ魂〜」に掲載の短編小説）

「人間は、やりたい放題に動物を殺している。肉食だけじゃない、毎年何億という動物たちが、人間の身勝手な行為で残酷に殺されている。俺にはそれが納得できない。許されることでは

ないと思っている」（丸東ハムのベジタリアン部長の告白）
『肉食』、実は、牛や豚や鶏をそだてるためには、膨大な穀物（飼料）が必要なことを、ご存知ですか。
牛肉1キロには8キロの穀物。豚肉1キロには、4キロの穀物。鶏肉1キロには、2キロの穀物。
人類の「肉食」のために、膨大な穀物が必要です。もし、この穀物が、飢餓に苦しむ人たちに回すことが出来たら、「飢餓の問題」は一瞬のうちに解決されるはずです。

人類は、尊い動物の命と、人類の飢餓の問題と、二重の罪を犯しております。

肉食は、世界の人口を養えない。

★★★

【たとえ偽善者と言われようと、やり続ければそれは「聖なる善」となる。】

【愛がないから、写真がない?!】

捜査一課は、殺人容疑者A（45歳）の写真の公開を、求められたが一枚の写真も見当たらなかったとのだった。小学校も、中学校も。彼には、「人生の痕跡が見当たらない」。当時記者であった私は、なぜか涙が流れた。彼は、一度も人から愛されたことがなかったのだろうか。

【「ありがとう」と同時に、やるべきところがあります。それは「人の為に尽くす」です、「利他」です。「ありがとう」は、人類の合言葉です。「人の為に尽くす」は、光の世界の合言葉です。】

老いのほそ道（二）―九十歳をめざして―

外村　文象

10月5日（土）大阪市立美術館へ
第38回現代水彩画展を観に行った。初めてである。関西を中心とした展覧会である。

10月9日（水）近江八幡へスケッチ
高槻市の絵画グループ「ひまわり会」のスケッチ旅行。参加者10名。秋晴れの一日だった。東京から来たという絵のグループに会った。

10月12日（土）台風19号襲来
静岡県の伊豆半島に上陸し関東東北地方に被害。最近は強い台風が襲来するが、地球温暖化の影響で海水の温度が高くなっていることが原因と言われる。
死者　91人　不明4人
71河川が氾濫し浸水した

10月20日（日）　母校創立百十周年
滋賀県立愛知高等学校の創立百十周年記念式典と同窓生の集いが開催され出席した。
第5回卒業生の同級生の出席は7名。（男子4名　女子3名）で少なかった。恩師の出席もあったが、私達が習った先生は一人もいなかった。

10月22日（火）　夢スター歌謡祭
高槻現代劇場大ホールに於て「夢スター歌謡祭」が開催された。午後一時から午後三時十分まで。出演者　新沼謙治　瀬川瑛子　千昌夫　北原ミレイ　山本リンダ。それぞれ代表曲や新曲など三曲ずつ歌った。

10月30日（水）　22世紀アートの社員来訪。
5月23日に22世紀アートから電子書籍のエッセイ集「私と文学と人生」を上梓した。高橋雄大と言う若い担当社員が、ごあいさつと言うことで来訪した。近所の喫茶店で面談した。出版の現状について色々と話し合った。
これは日本詩人クラブの「詩界通信」88号、「関西詩人協会会報」第95号に紹介された。他には私の母校の滋賀大学経済学部の同窓会報「陵水会年報」の来年度版にも紹介される。一人でも多くの人に読んで頂きたいと願っている。

11月5日（水）　会社のOB会で沖縄の旅
綾羽株式会社の「綾友会」の2泊3日の親睦旅行沖縄の旅。参加者50名。神戸空港11時発SKY593。私は神戸空港は初めて。
那覇空港着陸後は琉球村見学。宿泊先はカヌチャベイホテル。

11月6日（水）美ら海水族館ではイルカショーを見る。名護、お菓子御殿（昼食、買物）万座毛見学。宿泊先はロワジールホテル那覇。両日共にホテルは広く立派だった。

11月7日（木）首里城は焼失したので守礼門のみ見学。平和の礎、摩文仁の丘見学。優美堂（昼食）ひめゆりの塔、ひめゆり平和祈念資料館を見学。修学旅行生が多数見学に訪れていた。那覇空港発16時40分。神戸空港18時30分。3日共に晴天に恵まれて幸いだった。

沖縄の旅は昭和63年に妻と銀婚式の記念の旅行をした。それからほぼ30年を経過しての再訪である。

11月8日（金）、高槻市絵画同好会展
高槻市文化祭参加行事として3日間開催される。出品者50名。私は水彩画10号「初夏の女」を出品。

11月17日（日）関西詩人協会総会で大阪へ
大阪キャッスルホテルで第26回関西詩人協会総会が開催され出席した。13時30分開会。
開会挨拶
物故者への黙祷（逝去　佐藤勝太　釣部与志　宇田良子　津坂治男　水谷なりこ）
代表挨拶　左子真由美代表
来賓挨拶　日本詩人クラブ理事長　佐相憲一氏
議長選出
一、議事
議長退任
休憩
二、講演　以倉紘平氏「現代詩と私―詩の原点についてー」
三、自選詩集、創立25年記念誌　出版記念会
四、新入会員の紹介
14名の入会があった。若い女性が多く見られた。
五、本年度会員が出版した詩書紹介
39冊の詩書が紹介された。私も5月に22世紀アートから上梓した電子書籍エッセイ集「私と文学と人生」を紹介した。

総会の参加者は92名であった。物故者の5名の方々とは長く親しくさせてもらっていたので思い出も多い。

第2部として懇親会が開催され盛会のうちに閉会した。世代交代を実感する会だった。

11月21日（木）ひまわり会スケッチ旅行
高槻市絵画グループの「ひまわり会」で一泊二日のスケッチ旅行に参加した。
行き先　知多半島　半田市　常滑市
名鉄知多半田駅に下車　赤レンガ館を描く、その中にあるレストランで地ビールを飲みながら昼食。その後紺屋海道旧中埜家住宅などを歩く。児童文学者新美南吉が歩いたという所もあった。半田市は古くは織布工場の街であった。
私は紡績会社に勤務していて、およそ50年ほど前に営業マンとして、よくこの地を訪ねていた。歳月を経て街の様子は一変していた。宿泊場所は名鉄イン半田駅前。夕食は近くの海鮮居酒屋「仙之介」で。

11月22日（金）常滑へバスで移動、やきもの散歩道を往復一時間かけて歩いた。参加者13名。古いものが保存されていて印象深い旅となった。

12月8日（日）今年初めての上京

快晴に恵まれ、新幹線の車窓から富士山が間近に見られた。山頂は冠雪していて見事な眺め。

「コールサック」一〇〇号『東北詩歌集』刊行記念会。エスパスビブリオ。60名ほどが集まり盛会だった。

エッセイ

「高齢讃歌」を歌おう

渡辺　健二

コールサック誌九十六号で拙作「高齢讃歌　百一歳が贈る」を発表した。

歳月の移り変わりは早くあっという間もなく一年が過ぎたが、この間に平成から令和に変わり、二紀元と大きく変わった。

コールサック誌との御縁は『平和をとわに心に刻む三〇五人詩集』の公募が、朝日新聞の「天声人語」に紹介されたのを見て、応募したいと考えた。

戦争体験者の生き残りとして、敗戦六十周年には講演を依頼され、レジュメ代わりの戦中戦後の自伝三百部を配布した。

七十周年には依頼も絶え、戦争語り部としての出番は無く、敗戦は死語となり終戦と言い、戦後は遠くなりにけりの文字通りの時代になった。

平和の詩集に賛同したものの、文芸には全く縁の無い植物が専門で、小学生時代の綴り方と、戦中の現地軍指令部参講部宣伝班で軍令による作詩や宣伝文を書かされたことがあるのみであった。

詩作に自信は無いが懇望もだし難く、出版社に電話で相談し、運よく社長の詩人鈴木比佐雄氏が応対され、「人は皆詩人」と激励されて、作詩投稿の決意を固めた。

御指導を仰ぎながらの小作は、同誌で発表して頂いたが、誠に僥倖であった。

続いて募集された『非戦を貫く三〇〇人詩集』にも応募し、拙作ながら掲載された。

この御詩縁を機縁に詩作を始め、コールサック会員に加えて頂き、八十五号以来寄稿しているが、老齢と不勉強で駄作ばかりである。

その中の一つに、九十六号の「高齢讃歌　百一歳が贈る」があり、五行二節の小詩である。病弱で一生と過し意外にも百歳を越えて長生きし、幾分でも高齢者に元気を与えられればとの想いを込めた。

歌としたのはこんな拙作でも誰かに歌って貰えればとの考えだった。歌うには曲が必要であるが、無能で作曲は到底無理である。

思い浮かんだのは戦中に大流行した「麦と兵隊」で、その替え歌とし、その歌詞の一部を借用した。

　傘寿卒寿と　高齢進む／しゃれた文句じゃ無いけれど／みんなで唄おう　この讃歌／閻魔ほほえむ　雲の上り第一節の全文（・は元歌から借用）

第二節は力足らずで、曲に合わずに歌えない。この拙詩には何の反応も無く、歌って頂くのは儚い夢の諦めていた。

私が川柳を始めたのは、百歳に達してからであった。近くには店一つ無いド田舎で、改田や河川の三面張り工事で、水生々物が総て全滅する環境破壊を訴えたい故であった。

これらの中で最も親しみ数が多いのは蛙でこれを代表に、散文や詩歌も考えた。

文学の素養の無い身で、刺激発奮の基となったのは、百歳にして俳句入門し、句集も刊行された日野原重明師である。師からは富士山砂漠の緑化活動の御支援と賛辞の直筆文を拝受した御縁も有った。新老人クラブを結成され、歌を唄うことは元気の元との提唱に共鳴した。

この目的には高雅な和歌や俳句は不向きと思い、批判風刺諧謔が可能な川柳を試みた。

目標は百句位であったが、転機が訪れた。

朝日の天声人語で、三十周年を迎える「かえる友の会の存在を知り、早速入会し、種々の情報知識を与えられた。

蛙の川柳作りは我に力を与えて百歳で年千八百句、百一歳で四百二十二句で、合計二、二二二句に及んだ。

かえる友の会会報の会員紹介で、蛙の川柳が初公開で、続いてコールサック誌九十二号で四十二句を発表させて頂いた。

川柳作句は蛙以外にも広げ、コールサック誌百号まで続け、市民文芸誌や川柳誌・新聞などに投稿するに到った。

川柳誌は駄作でボツが多いが、高齢作として元気を与えると評価される。

浜松の「いしころの会」の副会長鈴木千代見さんに「高齢讃歌」を送り、パソコンで練習されて、句会で斉唱したと御報告を頂いた。高齢の同人でこの曲を知る方は二回目に独唱とか。

名古屋のめいばん川柳誌の同人の方も、会合の際唄って下さるとご連絡を頂いた。

折角唄う場を得ても一節のみで短いとの指摘も有り、第二節を加えここに発表したい。

歌を唄えば　元気が出るよ／頭すっきり　気分よく／みんな長生き　出来るんだ／唄えよ唄え　この讃歌／この世も明るくなるだろう。

前節に続いて唄って欲しい。

当地御殿場市の老人クラブ連合会同好会「シニアコーラスひびき」会員七〇人が、課題曲として取り上げ歌唱して下さったと、御通知を拝受し喜んでおります。

高齢讃歌の歌詞は、コールサックから自由にコピー利用の御承諾を得ています。「コールサック誌九十六号記載を明記」全国の老いも若きも唄って下さい。（情報をお知らせ下さい）

エッセイ

青春原作・スタイロンとクレジオの誘い
――後悔も罪もすぐれて人間的な心のリアル

日野 笙子

映画「Sophie's Choice（ソフィーの選択）」

あることをする、そうすることでしか引き替えにできない苦悩が人にはある。忘れること、捨て去ること、そうできない痛恨が人の歴史の闇には存在する。私はある作品に出逢いそれがなんだか知ったような気がした。八十年代の始まりだった。

映画から原作へと、若い頃、取り憑かれるように読んだ作家を一人挙げてと問われれば、私は文句なしにウイリアム・スタイロンと応えるだろう。もとよりアメリカ文学はあまり馴染まず、もっぱらヨーロッパの翻訳本に傾倒していたのだが、一九八三年、公開されたこの映画を観た直後、原作者のそのすべてを読破したい欲求にかられた記憶がある。若さにはよくある衝動なのかもしれない。そのストーリーはあまりに切なく、悲しかった。たぶん今の年を重ねた私にはちょっと疲れる主題だと思う。けれども、青春期に出逢った本や映画は特別だ。今も尚、色褪せることのない情景として心に残る。

この作品は一九四七年のブルックリンが舞台だ。ホロコースト、アウシュビッツ強制収容所から生還した人間のドラマだ。二十二歳の作家志望、スタイロンの若かりし頃を彷彿とさせる青年スティンゴが、地方から出てきて、ある美しいポーランド女性と、その恋人の才気あふれるユダヤ人ネイサンと下宿のアパートで知り合う。スティンゴは若い純粋な情熱のままこの二人に惹かれていく。奇妙で不思議な三人の交流を軸に物語は展開する。メリル・ストリープ、ケヴィン・クライン、ピーター・マクニコルが主演を演じる。三者の入神演技は言うまでもない。画面から鬼気迫ってくるようだった。

セピア色の回想シーンがこの映画の根幹をなす。徐々に明かされていくソフィーの陰鬱な嘘の数々。そしてネイサンの狂気。ブルックリン橋のきらめく夜に、エミリー・ディキンソンの詩の一節が浮かび上がる。詩の暗示のようなソフィーとネイサンの最期。カタストロフィーの壮大で複雑な運命の糸が織りなすのだ。恋愛、絶望、デカタンス。光と闇の交錯するカメラワークもよかった。

反戦映画や人種差別ドラマというより、むしろ私は人間の禍根や原罪のなまなましさを、リアリズムの映像の中にそれを感じとってしまった。詩的な映像世界というより重層で複雑な散文的世界として。

修辞学にさほど詳しいわけではないが、こう言ってみたくなった。メタファー（隠喩）としてのロマンではなく（もちろん物語の随所に伏線が文学としても盛り込まれているのだが）、誰にも代わることのできなかったソフィーの選択は、個人のメトニミー（換喩）としての描写であり同時にドラマティックな出来事なのだと。だから小説としての細部が映像の描写と現実界に隣接し、手応えのあるリアリティそのものとして心を揺さぶられたのではないのか。歴史の事象の提示といい、人物の名称といい、そこで描かれる世界は詩情あるメタファーと言うより、メトニミー中心の散文的なひろがりを示していたと私は思う。

ソフィーは強制収容所に向けて移送され、軍医の気まぐれな命令で地獄のような苦悩に遭遇する。

「おまえはポラ公女だな、おまえもまた女共産主義者か?」そして「ユダ公じゃないなら、特権を与えてやる。選択の特権をな」と。ポラ公とはポーランド人、ユダ公とはユダヤ人に対する蔑称だった。

ナチスは歴史上の悪の権化だが、現代だって、特権意識を持つ人間ほど怖いものはないと私は思うのだが。隣接する史実として、日本軍による従軍慰安婦問題を私は何故か想起してしまう。未解決の最近のニュースとして報道されたからだろうか。ややこしい理屈は抜きに、現実の闇は深い。底辺に生きる人間は、ときに地獄の選択を迫られるのだから。生きている人間が一番残酷なのかもしれない。そういう意見を時折聞いたりもする。

私の知り得る知識などは、雑誌や新聞そしてネットの範囲を超えるものではなかった。それでも「ソフィーの選択」を書いたスタイロンは当時の私には驚異の作家だった。

「ソフィーの選択」は絶版になっていた。そして私の本当に数少なくなった蔵書の中に残った。装丁の帯にある黄ばんで褪せた映画の写真、ワンシーンがとても目立つ。「愛とはこれほどまでに激しく哀しいものなのか」。今では気恥ずかしい台詞が入っている。

映画や本の感動はそれぞれなのだろう。世界は見るまなざしにおいてさまざまなのだという自明なことを、身近な人の死や、死にゆく人の孤独に連れ添うことを多々経験してみて感じた。それは人生そのものに帰納されてくる、まさに悲しみなのだと思い至った。まるで末期の人のまなざしを受けるように、心に染みてくるのだ。

ソフィーには壮絶な過去がある。そしてネイサンは才能豊かだがすでに精神病だ。彼らは人との交流もどこか不通なのだ。そんな二人に惹かれた主人公スティンゴは、やがてソフィーへの愛情を救済という形に展開させようとする。スティンゴの独白によって物語は進行するのだが。そんな主人公の青年は、どこか滑稽で狂言回し的な役に描かれていた。多感な作者の青春の恋の遍歴も垣間見えて、若い時分の人の感性に親和性があるのも肯ける。

一方で私は原作でしかわからないことがあると思った。反ユダヤ思想、つまりナチス信仰の環境で育った彼女は、生き延びるために、子どもを救うために数々の嘘をつく。子供の選別を迫るナチの軍医にも、アウシュビッツの軍隊長ヘスにも媚態を示す。捕われる以前などは、レジスタンス運動に加わりながらも、わが子をゲシュタポから守ろうとして、屈することのなかった友人ヴァンダを裏切る。当時の恋人ヨーゼフはゲシュタポに捉えられる。のどをかき切られ殺されるのだ。

ソフィーの父親は反ナチどころか……。父親の弟子である夫も母親も大学教授の父のいいなりだった。そしてソフィーの一家は皮肉にもそのナチに殺される運命を辿る。ソフィーはもともとお人好しというか、おとなしい内気な女性だった。父親の、ソフィーに対する精神的な虐待にはっきりとした自覚が持てなかった。必死に耐えてはいたが、意思表示することもなく成人し、二児の母となるのだ。一方で父親の秘書的な務めもしながら。そこにホロコーストから生還できたわけがあったのかもしれなかった。一家を皆殺しにされながら、積極的ではなかったにしろ彼女は根強い差別意識を隠せなかった。

ソフィーの成長する過程は、そういう親を持つ異常な緊張の成育史でもあったのだ。回想の中で、彼女は父親やそれを取り囲む人たちを本当は怖れ憎悪していたことがわかる。これほどの体験をして罪責感を持たぬものはいない。時代の悲劇なのだからソフィーの選択は彼女のせいではないと思うのが通常の感覚だろう。けれども、そうとばかりは言えない、自ら意識できないところにすぐれて人間的なリアルがあると私は思う。原作に惚れ込んだわけはどうやらその辺にあった。同時にまたこういう感想も私は抱いている。自分が正義だとか正しいとか、またった一つの信仰のもとで何でもわかってしまう人達が私はとても怖い。そんな傾向を持つ権威的人間の、強者に対する謙虚さも従順さも、美徳どころかポーズとりに見えてしまう。何事にも自信が持てなかった穿った私の見方なのかもしれない。

作中のネイサンという人物は、人間社会の欺瞞や複雑な心理の機微もわかってしまう天才の狂気をあわせ持っていた。時に熱情的に、時にサディスティックなまでに。ソフィーとネイサン、二人の死は必然だったと言えよう。

スタイロンの作品には他にも「闇の中に横たわりて」（一九五一年）や「ナットターナーの告白」（ピューリッツァー賞）（一九六七年）そして「見える暗闇」（一九九〇年）など、もちろん大作ばかりだ。やがて死すべき人の世に生きて、まさに宿命の一作、私の青春期にとりわけ衝撃的だったのは「ソフィーの選択」であったことは言うまでもない。

映画「Mond（モンド）・海を見たことがなかった少年」

清冽で叙事詩的な短編映画。Mond（モンド）とは仏語で世界という意味を持つらしい。ニースを思わせる港町が舞台。どこからともなくやってきた少年がさすらう。人に好みを押しつけることくらいハタ迷惑はないと思っているが、主人公の少年モンド（オヴィデュー・バラン）はほんとに愛くるしかった。おそらく天性だろう。持って生まれたような、とでも言いたいが形容し難い。黒眼勝ちのつぶらな瞳が印象深い。利発さとさびしさを同居したような容姿。子どもはイノセンスそのものなのだが、どことなくあやうい。少年と海辺の風景が、木漏れ日の中にたたずむ小世界のように自然なのだ。

そして自然なはからいはすべて移ろう。海辺に打ち寄せるさざ波。変わりゆく季節へ吹く風。海岸も、墓地も、畑も、少年の寝床として、パラレルなシーンに写し取られている。子どもの魂と人間社会の不条理さ、悲しみがリリカルにたゆたう。終盤はサスペンスタッチで描かれ非情でさえあるのだ。子どもが観てもこの映画はその心をしっかりとつかむと思う。

思い出したくもないが、私はおよそ教育とか指導とか、もちろん権威とは縁遠い生徒だった。でも、今この映画が文〇科〇省推薦であっても許せそうだ。孤児である少年と港町の底辺を生きる人びととの触れあいが、抑制を効かせ、さりげなく描かれている。素直にいいと思う。あくまで個人的な判断であり価値観だが。

二〇〇三年頃だったろうか、ある町の深夜放送で放映されたのを、たまたま観た映画だった。旅先だった。私はこの作品がル・クレジオの原作とは知らずにいた。うとうとしながら観るうちに、おや、何だろう、この懐かしいような不思議な匂い、温かな感触、触れた途端、飛び去ってしまいそうな感覚だ。デジャヴュ（既視感）とも違った。積年封印していた世界とのシンクロニシティ（共時性）が起きたみたいな気配がした。ノスタルジィー。

ル・クレジオだった。十代終わりから二十代にかけて一番愛読した作家だった。時代は七十年代〜八十年代。あの頃、クレジオはメジャーな作家ではなかったと思う。少なくとも、受験期を控えたテイーンエイジャーには。もちろん私はパリやファッションって柄じゃない。仏文学がかなり好きだったことと何も矛盾しないと思うが、いつもトレパンかジャージのスタイルで隠れるように読書三昧。そして次々と「調書」「発熱」「大洪水」「愛する大地」「巨人たち」「物質的恍惚」、と読んでいった。当時は外国文学の邦訳がたくさんと出てきた頃で、ヌーヴォーロマンの全盛期とも重なる。まだ子ども臭さの抜けなかった私の眼からもその作品世界は「薔薇色の人生」だった。クレジオはパリの匂いとも少し違っていた。ある種アディクションめいた世界に私を慫慂したのだった。

青春と共にあったクレジオはその後の私の自閉症気味的な人生に大きく影響したと思う。クレジオの文体にテンポよく入っていた。何の違和感もなかったと思う。その世界だけでよかったと言っても過言ではない。一番好きな作品は「愛する大地」だったが、なぜだかずうっと隠しておきたかった。この作家はどうやら思春期の心もとりこにする魔法を使えたらしい。

いつのまにか歳月が流れていた。そして、映画「Mond（モンド）」との偶然の再会。運命の糸が絡み、幸運の青春に回帰を果たした気分だ。三十年近い空白の後、懐かしい人の消息を思いがけず知ったような。後日談として、クレジオは自作のどの作品も映画化を許さなかったが、このガトリフ監督の「Mond（モンド）」には、OKを出したという。ジプシーの少年、オヴィデュー・バランを少年役に選んだガトリフ監督の心眼は確かだったのだろう。見終わり、時間が経っても静かな感慨に包まれる。

私は原作の短編集「海を見たことがなかった少年・モンドほか子どもたちの物語」を探し読んだ。作風は平明でシンプルなものに変わっていた。が、やっぱりクレジオ。深く、清澄な世界だ。彼の作品に必ずといっていいほど象徴的に登場するのがデラシネ（根無し草）の民だ。その底に流れるペーソスの切ないこと！　どことなくシニシズムの影を感じさせる。そのダークな部分の町並と自然との構図が、そのまま海辺の町にやってきた少年と世間との対比に不思議と符号する。この作家の原風景である、動物、昆虫、生き物すべてに対する尽きることのない愛もまた健在だ。

二〇〇八年、ノーベル文学賞を受賞しているが、それを知って自分の好みはマイノリティーじゃなかったと知った。けれども何か秘密の扉が開けられたような落胆する気持ちもあった。
あまのじゃくなものだ。話はそれるが、三・一一の大震災、原発事故が起きて九年、今や原発廃止の動きは思想信条を超えて世界的な声になっている。事故後の二年余り、毎週末集会には、優に10万人を超える人びとが官邸前に集まった。凄い数だ。さかのぼって、八〇年代の始め、私は核廃絶と原発誘致反対のデモに参加する一人として、九段会館前にいた。反対する人も少なく白眼視も感じたものだ。曲折あって挫折多々あって現在に至るが、メジャーになるとどうも姿勢が消極的になる。私一人がデモに行かなくてもみんなが反対している。目的は核廃絶にあるのだから、と。もちろん比較できる性質の事柄じゃない。やりきれない無力感だけが残った。フランスもまた原発王国であるとしたら、クレジオの描く自然が、生きるものすべてが既に破壊されつつあったということに対して。

海辺の町に話を戻そう。身寄りのない少年は、町の底辺に生きる人びとに愛される。鳩を飼うホームレスの老人、ベトナムから来た老女、亡命者の妻を持つ大道芸人、貧しい船乗り、モンド少年に惹きつけられ、温かい季節の日だまりのような愛情を、彼らはそそぐのだが……。

筋書きを追ったら、クレジオの作品は迷宮入りしてしまう。旅先で偶然再会したように観た「Mond（モンド）」。夕暮れのさざ波、ニースの港にたたずむ少年、根無し草の人びとへ愛情を希求する様子が孤独で切ない。モンド少年はかなり極端な心性を持つ。弱いものいじめを陰でするような、ある種の大人を嫌う。露骨に彼らを怖れる。そして気に入った大人には心を全開する。モンドが好く大人はきまって権威もお金もない素朴な底辺の人々だ。当然人が世間で身につけるべき防衛機制が、極端に下手なのだ。おそらくそんなボーダーラインっぽい少年の特性がたまらなく人を惹きつけるのだと思う。そしてそれが原作者の人間観、世界観に当然帰納されてくるらしく、ル・クレジオの人生も起伏多くまた興味深いものだ。彼は好んで異郷や辺境に暮らし、ナイジェリアなどにも滞在している。

若い頃彼は、画家であり詩人のアンリ・ミショーに興味を覚えその論文を書いたという。アンリ・ミショーはアンフォルメル（前衛的絵画）の先駆者でもある。一方、ニースという町は、画家アンリ・マテイスがアトリエをかまえたところとしても有名だ。審美眼、というほど美術に詳しくはないが、映画「Mond（モンド）」の色彩美も充分にマティスの絵に拮抗しうるものに私は感じた。

アンフォルメルとは仏語で「非定型のもの」を意味するらしい。クレジオの初期作品はかなり実験的な言語世界であったが、彼自身の持つカオスにおそらく若かった私は羨望を投影したのだろう。容易に秩序だった世界に安住できない彼の子どものままの眼差しも、たまらない魅力だった。

つい今しがた別れて、再会した青春のさなかにいるように、「Mond（モンド）」はいつだって新鮮だ。

アメリカ東海岸に暮らす（二）
私たちはアジアの隣人

小島　まち子

　ニューポートニュース市内にはハングル文字の看板が多かった。夫が最初の日に家族を食事に連れて行ったのも、ハングル文字を掲げた韓国レストランだ。夫は慣れた様子で運ばれて来た付け合わせのキムチをつまみながら、

「ほぼ毎日ここのランチセットを食べているんだ」と言い、

「日本食レストランも一、二軒あるが、高額で不味い」と笑う。

　子供と私は辛い物を避けて、白いご飯と温かいスープ、焼き魚や野菜の総菜を美味しく食べた。

「この町は韓国人が多く、レストランの他にアジア食品のスーパーや雑貨屋なども経営しているから、そこで買い物をした方がいい」と行きつけの店を知らせてくれた。

　私達が話している間、子供たちは小皿のキムチをコップに入った飲み水で洗いながら口に運んでいる。韓国食が今ほど日本に普及していなかった、一九九七年のことだ。店内は昭和生まれの私には懐かしい「食堂」といった趣で、四人掛けの簡素なテーブルに赤いビニール張りのスチール椅子が置いてある。他の客は韓国人ばかりで彼らの話す韓国語は、生まれ故郷である秋田の訛りにトーンがよく似ていた。特に近くのテーブルにいる年配の男性たちが談笑している様子は、まるで亡き父親が近所の仲間と熱燗を酌み交わしていた時のようで、声が聞こえる度に振り向いてしまう。赤黒く日焼けした笑顔、節くれだった手、くたびれた作業服。想いは時空を超え、一人遥かな山里を彷徨い始めた。

　後日買い物に出かけた。スーパーのドアを開けると、「アニハセヨー」と迎えられる。小さなお店の中は様々な食材が山のように積まれている。ほぼ韓国の食材だが、日本食や見慣れた雑貨も置いてあった。アジア特有の大根、白菜、牛蒡などがあり、冷凍ではあるが、青魚、薄切り肉などが手に入るのも嬉しい。レジに向かうと、近くで賑やかに談笑していた三、四人の年配の女性たちが話しかけてきた。

「私は日本人です」とためらいながら英語で話しかけると、すぐに英語に変えてくれ「私たちは隣人だね」と屈託なく笑う。

　私の買い物かごの中の野菜を指さしながら、

「これはゴボウ、韓国語でもそう言うよ。これはモチ、一緒だね」と日本語と韓国語の発音が似ていると言う。そして私の腕をバンバン叩き、さらに笑い崩れる。他の女性たちもケラケラ笑う。

「韓国語は音がきたない」と、口を尖らせながら一人が言った。

「あら、私の故郷の言葉に似ているよ」と言い返す。

「だって、私たちは隣人だからね」と一人が言い、皆で笑顔を交わした。アメリカの東海岸で出会ったアジアの隣人、私たちは海を挟んだ小さな国のお隣さん同士なのだ。

　気を良くした私は韓国人経営の美容室にも行ってみた。東洋人と欧米人の髪質は違うので、アメリカ人の美容師では満足のいく仕上がりにならないのは経験済みだった。欧米人の髪は絹糸のように細くて柔らかい。インディアナにいる時に、パーマをかけるため地元の美容院に行った時のこと、白人の美容師が

ロットを巻きながら深いため息をつく。理由を尋ねたら、「あなたの髪は巻いても巻いても終わらない」とうんざりされたことがある。カットのみでもこちらが望んだようにはいかない。美容院に関して日本人女性は皆困っていた。日本に一時帰国する時まで我慢する人、シカゴやニューヨークといった大都市に行って日本の美容院を探す、という人もいる。

この町には同じ髪質を持つ韓国人がいるから、これはラッキー、と思いドアを開けた。中に入ると、若くてきれいな女性経営者が一人で応対してくれた。にこやかに英語で話しかけながら髪を切っていく。この町のことをあれこれ教えてくれる。そのうち韓国の話になり、日本のことに話が移り、次第に彼女の声の調子が変わりつつあった。いつしか戦争の話題になって行き、日本兵に殺されたという親族の男性の話になった。残された親族の悲しみや怒りを語る口調が激しさを増していく。鏡に映る彼女の顔が険悪になっているのを認め、次に視線は嫌でもはさみを動かす彼女の手元に釘付けになった。言葉の調子に合わせるように、はさみを使う手もぞんざいになっていく。体が固まったように動かなくなり、返す言葉が見つからない。相槌を打ちながら必死に善後策を考える。その時、店の奥からキムチの匂いが漂って来るのを感じた。

「本当に気の毒な話ね。戦争は二度と起きてはいけないわね」とまず切り出した。

「ごめんなさい、私さっきからキムチの匂いがすると思いながら、話を聞いていたの。あなたが漬けているの」と訊いてみた。

鏡の中の彼女の顔がふっと緩み、穏やかな笑顔に変わった。

「そうなの。姑に訊きながらだけど、最近は一人でも漬けられるようになったのよ」と、何事もなかったかのように彼女の顔に笑顔が戻り、キムチの話題に入っていった。終わって外に出るや否や、思い切り息を吐き出した。脇の下や手の平がじっとりと汗ばんでいる。その美容室には二度と行けなかった。

同じ頃、地元大学に入学する準備のため、大学のESLクラスに通っていた時のこと、数人の韓国人留学生と知り合った。ESLでは主に普通クラスに移れば提出が義務付けられる論文やレポートの書き方、様々なジャンルの本の読解、それに討論やディベートの進め方、などを学ぶ。彼らは韓国から来たばかりで、年の離れた私を「オンニ（お姉さん）」と慕ってくれた。この日本人は英作文、文法だけはできるらしい、と踏んだらしく、いつも宿題の添削をせがんできた。

大学の寮で慣れない食事に辟易している彼らを時々食事に招待した。皆で作った、と言ってよく手土産に餃子を持ってきてくれた。

「韓国の餃子はキムチを刻んで入れるけど、日本人は辛いの苦手だからキムチを一度洗って作って来たの」と優しいことを言う。

「留学させてくれた親に早く恩返しをしたい、弟妹の面倒を見てやれないのが申し訳ない」と真摯に言う。

「さすが儒教の国の子供達だね」と夫と感心しながら聞いたものだ。我が家の子供たちとも仲良くなり、和気あいあいと穏やかな彼らと一緒の夜は更けていく。しかし、やはり戦争の話は免れない。若い彼らは突然スイッチが入ったように、諳んじるような口調で、当時の日本の非道を語る。「戦争は二度と起こってはならない」と私はその都度相槌のように繰り返した。

ある日、彼らはＥＳＬの教室から忽然と姿を消した。教授に尋ねると、韓国が経済危機に陥った影響で交換留学プログラムが打ち切りとなり、急遽帰国したのだという。呆然とするばかりの出来事だった。その後何通か手紙が届いた。就職して社会人になったこと、弟妹が進学できるよう手助けしたい、またアメリカに行きたい、とそれぞれ拙い英語で綴っていた。

雑多な人種が住まう東海岸では、顔つきや容姿が近い東アジアや東南アジアの人々は、それだけでなぜか同胞と思えるほど親近感を感じた。ベトナム人、タイ人、フィリピン人、韓国人、中国人、会えば懐かしく自然に気持ちが寄り添っていく。相手も同じ気持ちで喜んでくれるのが分かった。当たり前だ。私たちはアジアの隣人なのだから。けれどもアジアの隣人であっても美容院の女性のように歴史認識・戦争責任に関して大きな隔たりがあり、文化や言葉が違うことを肝に銘じなければならない。この溝を埋めるにはまだまだ時間も努力も必要だと痛感させられた。

ノースランド・カフェの片隅で—文学&紀行エッセイ連載

第二十三回　巷に雨の降るごとく
—ヴェルレーヌとティボーの夜—

宮川　達二

「ある夜のことだ。外では大粒の雨が降っていて、天井に当たる音がきこえるほどだった」

ジャック・ティボー『ヴァイオリンは語る』（一九四七年）

フランスのヴァイオリニストのジャック・ティボー（一八八〇～一九五三）は、一九五三年（昭和二十八年）、三度目の来日の爲に乗った飛行機がアルプス山脈に衝突、彼は七三歳で亡くなる。ティボーは、戦前の昭和の時代から日本とも縁の深いヴァイオリニストだった。

彼は、一九〇五年にピアニストのアルフレッド・コルトー、チェリストのパブロ・カザルスと三重奏団を結成して活躍、独奏者としても活躍しよく知られていた。

ティボーは十六歳でパリ音楽院を卒業、だが、無名の彼はパリのカフェでヴァイオリンを弾いて生計を立てざるを得ない。後年の彼の著書『ヴァイオリンは語る』（一九四七）の後半に、当時を回想する「ヴェルレーヌ」と題する章がある。詩人と音楽家の出会いを語る心に深く残るエッセイである。この章を短く紹介すると次のようになる。

—ある秋の雨の夜、私はパリのカフェでサン・サーンスの『ロンド・カプリチオーソ』を弾き終わった。ここで私は、客席にいた蒙古人のような風貌をした詩人と出会う。彼は、私の弾くヴァイオリンの音色に感動し、音楽の話をしたいと言い近所の酒場へと私を誘う。夜の十時、彼は強い酒アブサントを二つ注文する。最近病院から出てきたばかりで、しきりとジョン・セバスチャン・バッハの話をする。

「いいかね、彼だけがこの短外套や、この垢じみたからだから引き出してくれるのだよ。あれは音符で作った素晴しい祈祷台だよ。あれなら虚無のなかに崩れ落ちるじゃないかなんて心配せずに、しっかりと身をささえられるな。あの音楽のなかには、みごとな確信がある。あれは、ごく簡単に手に入る、いちばんすばらしい、いちばん確かな天国だね・・・」

彼のバッハへの信頼は厚く、続けて『ロ短調ミサ』の事も情熱を込めて語ると夜明けがやって来た。酒場を出ると、細い雨が町全体を濡らし、リュクサンブール公園の一本の緑の樹の色が浮き上がる。

「ごらん、あの緑を。人間の世界というやつは、この灰色の雨と風みたいなものだ。何とか努力して、ちっぽけな緑にならなくてはね」

この男は、詩人でヴェルレーヌという男だった。三か月のちの、一八九五年一月九日、新聞で詩人のヴェルレーヌが亡くなったことが報じられていた。あの夜、私にバッハと一本の樹の緑について語った放浪僧のような顔をした詩人。彼がこの世を去ったことを、私はこの時知った—

若きティボーに不思議な印象を残した詩人ポール・ヴェルレーヌ（一八四四～一八九六）はこの時五十二歳。彼は若き頃から詩人として知られていたが、家族を捨てた後、ランボーと同棲、その後も放浪、入獄、病を繰り返す。彼はティボーとパリで出会った翌年、パリで娼婦に看取られて死亡する。彼の辿った道は、想像を絶するほどに険しい。

晩年の秋の夜、彼はパリのカフェで若きティボーと出会い、酒場で自分を救うバッハ、そして人が目指すべき到達点としての一本の緑の樹について語った。破綻多き人生、しかも彼の死は迫っていたが、意外にも詩人の魂は清く澄んでいる。

二人が会ったのは、ティボーが『ヴァイオリンは語る』を書いた五〇年ほど前のことである。ヴェルレーヌは生前、あたかもこの夜の詩人の心とパリの光景を描いたような詩を二篇残している。二篇の冒頭は次のようなものだ。

「落葉」　上田敏訳

秋の日のヴィオロンのためいきの
ひたぶるに身にしみてうら悲し
鐘の音に胸ふたぎ色かへて涙ぐむ
過ぎし日のおもひでや
げにわれはうらぶれて
ここかしこにさだめなく
とび散らふ落葉かな

「巷に雨の降るごとく」　堀口大学訳

巷に雨の降るごとく
わが心にも涙降る
かくも心ににじみ入る
このかなしみは何ならん？

やるせなき心のために
おお、雨の歌よ！
やさしき雨の響きは
地上にも屋上にも！

詩人ヴェルレーヌの魂は、ヴァイオリンと雨に浄められ、世の光である音楽、例えば『ロ短調ミサ』などを創造するバッハに繋がっていた。詩人ヴェルレーヌと音楽家ティボーのたった一度のパリの夜の出会いは、私に決して忘れることのできない印象を残した。

エッセイ

河原町のジュリーへ

河原町客人《まろうど》のごと歩み去るホームレスあり伝説となる

淺山　泰美

「河原町のジュリー」のことを久しぶりに憶い出したのは、先月十月三日の朝日新聞夕刊の誌面の「関西遺産」に新京極の「ロンドン焼」が取り上げられており、その記事の片隅に載っていた、グレゴリ青山の三コマ漫画に、「河原町のジュリー」が小さく登場していたからである。

　では、「河原町のジュリー」とは何者か。歌手の沢田研二のそっくりさんなどではない。河原町でよく出くわす、年齢不詳の蓬《ほう》髪のホームレスの男性のことであった。その独特の存在感ある風貌から、誰が名付けたものか、いつしか人は彼を、「河原町のジュリー」と呼ぶようになった。昭和五十年頃のことである。私も幾度となく河原町界隈でその姿を目撃している。母などは「えべっさん」と呼んでいたっけ。華やかな繁華街を飄飄と無言で通り過ぎてゆくその姿に、私は小川未明の名作「牛女」の主人公の面影を見ることがあった。

「河原町のジュリー」が路傍で亡くなったという噂を耳にしたのは、いつのことだったろう。ある朝、円山公園の片隅で静かに息絶えていたらしい。その最期を私は誰から聞いたのだったろう。あれから、時代はめまぐるしく移り変わり、河原町通りも昔日の面影は薄れてゆくばかりである。京都書院がなくなり、丸善ビルも姿を消し、スカラ座も消えた。この通りを市電が通っていたことなど、もう知る者は少なかろう。「河原町のジュリー」がいた頃、路上にはまだ靴修理の職人が出ていて、私は時折、靴の踵を直してもらったものだった。街から彼らの姿が消えて久しい。私は今でもはっきりと彼らのことを憶えているけれど。

「夜、河原町を通ったら、何やもう別の町みたいで。ここはほんまに京都なんやろうか、て思うてしまいますわ」

　寺町夷川の路地の奥でひっそりと懐《ゆか》しい珈琲の店を開いている、「それから」の主人の言葉に深く頷《うなず》いてから、もう数年が経ってしまった。今、もし「河原町のジュリー」が街角に現われたとしたら、道ゆく人々がどのようなまなざしを彼に向けるのだろう。襤褸とともに言いようのない静けさを纏《まと》っていた、彼。それは魂の深みから漂ってくるもののようであった。それ故、あの頃、「河原町のジュリー」とすれちがう度、誰もが忌避したり蔑すんだりすることはなく、むしろ微かな畏敬の念を抱いて見ていたのではなかろうか。

　どこからともなく現れ、又ふいにいずこかへと立ち去ってゆく。客人《まろうど》のような異形の者の姿を心の片隅に留めていたのは、私ばかりではなかったのである。

京都人の密かな愉しみ

今はなき京の町家の昼下がり幻聴のごと風鈴は鳴る

『ブルジョワジーの密かな愉しみ』という映画を観たのは、もう三十年以上も昔のことである。熊野神社の一筋北、京大病院の南の通りにある京都教育文化センターで、リバイバル上映を観たのは、六月の初夏の夜のことだった。監督は、ルイス・ブニュエルである。

記憶の彼方からこの映画の題名《タイトル》が浮かびあがってきたのは、好きで観ていたNHKBSの番組の『京都人の密かな愉しみ』の題名が、その件の映画から採《と》られたものであることを知ったからである。この番組のプロデューサーである川崎直子氏が、NHK文化センターでのレクチャーのなかで、そう種明かしをされていた。

それは二〇一七年の九月初旬の日曜の午後のことであった。会場となった大丸百貨店近くのNHK文化センターのレクチャールームには、百人程の受講者が詰めかけていた。その男女比は半々くらいであったが、見る限りシニア層が多かった。案内チラシにはその日の講師の写真ではなく、『京都人の密かな愉しみ』の主演女優である、常盤貴子の写真が載せられていた。全くもって笑い話にもならないのだが、私は「川崎直子」という名前を見て、三十年も昔に逢ったことのある、NHK京都放送局に勤務していた同性の女性ディレクターではあるまいかと思い込み、この講座に申し込んだのである。ところが、当日目の前に現れた川崎さんは、すらりとしたエキゾチックな憂い顔の知的な女性で、一目見るなり人違いであることがわかり、私は自分のそそっかしい勘違いに一人で苦笑するしかなかった。

もう、三十年以上昔のことになる。それはあのチェルノブイリ原発事故があった四月の末のことだった。ある友人を介して、NHK京都放送局が制作する番組への出演依頼があった。私が初めての詩集『水槽』を出版した二年程後のことだった。二十分程度の短い番組であったが、テレビの画面に私が撮影した白黒写真をバックに詩篇がテロップで流された。それを、府立病院に入院中だった父が見てくれた。その当時、私は四十キロ程の体重であったのだが、画面では実際よりもふっくらと映っていた。テレビ映りはたいして良くないと感じたのは、若さゆえの自惚れであろう。

その折、たいへん親切にしてくれたのが、川崎さんだった。一人、横柄《おうへい》な中年男性が突然現場で難癖をつけてきたときも、彼女は怯まず庇ってくれた。本番の後、美しい花束まで戴いた。彼女の細やかな心遣いと笑顔は今も忘れたことはない。

＊

『京都人の密やかな愉しみ』がNHKBSで放送され始めたのは、二〇一五年の正月のことである。ヒロインは、京都の老舗《しにせ》和菓子店「久楽屋《くらや》春信」の若女将《わかおかみ》沢藤三八子《みやこ》である。これに大阪出身の女優常盤貴子が扮しているので、京言葉の抑揚もほぼ異和感なく、上品な和服の着こなしも様になっており、見事にはまり役であった。又、もう一人の主役はその昔資生堂の「MG5」の男性モデルとして知られた、団次朗が扮するイギリス人の大学教授エドワード・ヒースロー。久楽屋の隣家に借り住まいしており、三八子を京女の象徴《シンボル》のように思慕している。「洛志社大学」で教鞭を執っている、という設定である。

三八子はすでにアラフォーである。大女将である母親は、何とか娘に良縁を授けたまえと、ことあるごとに神仏に願を掛けている。けれど、三八子には心密かに想い続ける恋人がいるのである。十五年前に泣く泣く別れた男は妻がある身であった。彼は久楽屋の和菓子職人として誰もが一目置く人物であったが、その時京都を捨ててパリに赴《おもむ》いた。今ではそこでかなりの成功を収《おさ》めているらしい。平成二十九年五月半ばに放送された「桜散る」では、その恋人が帰国し三八子の前に現れるのである。実は彼の妻は七年も前に他界していた。彼はその七回忌の明けるのを待って、京都に戻り三八子と再会を果たす。

そして二人は遂にパリへと旅立つ。その場面で、三八子は初めて洋服姿で登場するのだが、一気にこれまで彼女が身に纏《まと》っていたかぐわしい「京都」という虚構が、和服とともに脱ぎ去られた思いに呆然とさせられた。見事とも言えるし無残ともいえるオチであった。

エンディングに流れる「京都慕情」のアンニュイな歌声には、懐かしさと切なさに心が震えた。昭和四十年代に渚ゆう子が歌ってヒットした曲である。歌詞のとおり、遠い日は二度と帰らないのである。

昭和は遠く、平成も終わった今、その歌声はさらに切なくわたしたちの心を揺さぶってくる。何とわたしたちは遠くまで来てしまったのだろう。そして又、どこへ行こうとしているのだろう。

久世さんの遺影に

面白うてやがて哀しきたこ八郎　夢の波間に消えゆきにけり

久世光彦さんの遺影を撮影したのは、天才アラーキーこと荒木経惟《のぶよし》氏である。撮影されたのは二〇〇六年一月下旬のことであった。この時、まさかこれが自分の葬儀の際に祭壇に飾られることになろうとは、久世さん自身も、アラーキー始め他のスタッフの面々も思いもしなかったであろう。この写真は「ダ・ヴィンチ」という雑誌の企画として撮影されたものであった。

まことに、佳い写真であった。これが遺影として残ることに、久世さんはたいへんご満足であったろう。さすが、天才アラーキーである。煙草をくゆらせ、少し含羞《はにか》んだように目を細めている久世さんの柔らかな表情は、波乱に満ちた人生の最期を飾るのに相応《ふさわ》しいものだった。天は、粋な計らいをするものである。そこには、久世光彦という一人の人物の本質である、隠しても隠しきれない心の暖かさが滲み出ていた。生前の久世さんに逢ったことのある者もそうでない者も、心に残る遺影であったと思われる。

この写真を撮影して、ほんの一ケ月余り後の三月二日の未明、久世さんは自宅で急逝された。私が久世さんから最後の電話を戴いたのは、年明け間もなくのことだった。どこかその声に力がなかった。今にして思えばである。晩年の久世さんは無理に無理を重ねて、体に鞭《むち》打つようにして「カノックス」の社長としての仕事と、作家という仕事を続けておられたのである。けれども、ものを書くことはほんとうにお好きだったようで、「どんなに疲れていても、体がしゃんとなる」と言われていた。その集中力は凡人の伺い知るところではなかった。一九八七年に初めての著書『昭和幻燈館』を出されて以来、二〇〇六年に亡くなられるまでに二十数冊の著書を出しておられる。

　二〇〇〇年の秋に京都でお目にかかった時には、糖尿病でインスリン注射をしておられると聞いた。亡き父の姿が重なり心配だった。その後、軽い脳梗塞が起きたとも伺った。亡くなられる二・三年前には甲状腺を手術されている。それを知らずに電話で話していて、久世さんの声が嗄れておられるので、おや、お風邪をひかれましたか、と問うと、実は、と打ち明けられた。その折、「誰にも言わないでね」と固く口止めされたことを忘れられない。久世さんの強い責任感の表われだったのだろう。常人には伺い知ることのできぬほどの重い荷をいくつも背負って、久世さんは老いの坂を下ってゆかれたのである。

　久世さんのお通夜の晩は、三月初めにしては暖かな夜であった。余りに急なお訣れであった。久世さんの大きな遺影を前にして、私はただ言葉もなくうなだれるしかなかった。

　翌日の告別式の最後のお別れの時、白い棺の中で花に埋もれて横たわる久世さんのお顔は、生きておられる時よりも明るく輝いていた。表舞台で長年休むことなく働き続けた久世さんは今、この世のすべての重荷から解き放たれて、静かに目を瞑り、ゆったりとくつろいでおられるようであった。突然、頭上でフラッシュが焚《た》かれ、驚かされた。どこかの記者なのであろうが、不埒《ふらち》な振るまいに思えた。あの写真はその後、何に使われたのだろう。今はどこにあるのだろう。あれから、もう十三年もの月日が流れた。

　二〇一八年九月に亡くなった樹木希林さんの本が今、ベストセラーになっている。「死ぬときぐらい好きにさせてよ」という言葉はなかなかに洒落《しゃれ》ている。

　久世さんはかつて彼女のことを、「百人に一人の女優と言っていたが、今は、百年に一人の女優だと思う」と書いておられた。久世さんと彼女は一度は袂を分かちながらも、後年その絆は甦《よみがえ》り、又仕事を共にされた。演出家と女優という関係を超えた深い縁であったのだろう。もし久世さんに希林さんのように死と向き合う時間があったならばどうだったであろう。御本人は、まっぴらごめんですよ、とおっしゃったかもしれない。いつだったか、森繁久弥さんのように長生きされたならいかがですか、と言うとまっぴらごめんですよ、と言われた声が耳に残っている。急逝されるほんの一年程前のことだったろうか。

　久世さんが亡くなられた時、歌手の西城秀樹がＴＶでコメントしていたのを憶えている。「久世さんは、ドラマの中でほんとうの家族を作ろうとしていたのだと思う」と。そう語った彼も早々とこの世を後にした。ひょっとしたら、あの世で家族のように皆で軽口を叩き合っているのかもしれない。西城秀樹はドラマ『寺内貫太郎一家』の収録の時、久世さんの演出通り演じて足を骨折したという。まことに変な人たちである。あの頃、久世さんのドラマには面白くて少し悲しい人たちがちょくちょく出ていたっけ。元プロボクサーで明らかにパンチドランカーのたこ八郎もそうだった。「僕は、変な奴が好きなんだよ」と久世さんは言っておられた。あとさき考えずにこの瞬間を生きて、あっさりと死ぬようなタイプがお好みだったのかもしれない。たこ八郎も、ある夏、海であっけなく亡くなってしまった。四十になっていただろうか。本名斉藤清作。数奇な波乱の人生を海で終えた彼のことを、久世さんは「たこが海で溺れるとは」と懐かしむように呟いておられたことを、時折憶い出す。

「どんな人物もいつか死ぬと思えばいとおしい」

三十年ほど前、久世さんは役に入りこめず悩む渡辺えりにそう語ったという。先日それを朝日新聞の夕刊の誌面で知った。なるほど、と私は深く頷《うなづ》いた。久世光彦という人の心根の優しさをこれほど端的に表わしている言葉はあるまい。久世さんの人生の荒波の下で育まれ、心の内に秘められていた一粒の真珠のような言葉。その柔らかな輝きに目頭が熱くなる。

向田邦子と久世さん

夜を徹し語りあかせし触れもせで まことの友は異邦に散りき

『あ・うん』や『眠る盃』などで知られる直木賞作家であった向田邦子氏は、長きに亘り久世光彦氏演出のテレビドラマの脚本家であり無二の盟友であった。『寺内貫太郎一家』を始めとして昭和五十年代多くの大ヒットドラマを世に出した、ゴールデンコンビであった。

向田氏が台湾で飛行機事故に遭《あ》い、不慮の死を遂げた後日、その事故現場を久世さんは訪れておられる。台湾までは飛行機で行かれたのだろうか。久世さんは飛行機嫌いであった。パリのルーブル美術館を訪れた時は、渋々乗ったと伺ったことがある。

向田邦子氏の死後しばらくして、昭和が終わろうとする頃から平成十年頃まで、毎年一月十五日の女正月を過ぎる頃、TBSで向田氏の短篇小説を原作にした、久世さん演出の新春ドラマが放映されていた。私はいつもそれを楽しみにしていた。小林亜星のエンディングテーマの美しいメロディーは今も耳に残っている。黒柳徹子のナレーションもとても良かった。田中裕子や加藤晴子といった芸達者な役者が出ていた。それは久世さんの原風景だったのだろうか。毎回、東京の山の手の坂道が登場するのだった。あの階段の急な坂はいったい、どことどこを繋《つな》いでいたのだろう。

久世さんは一度、「徹子の部屋」に出演されたことがあった。久世さんが何を話されていたかはとんと憶い出せないが、番組終了間際に黒柳さんが何度も久世さんのことを「ほんとうに面白い方なの」と強調していたのは何故か憶えている。

僕なんか、ちっとも面白くなんかありませんよ、と久世さんが私に言われたのは、確か一九九一年の秋に初めて京都で御目にかかる御約束をした電話でのことだった。久世さんは私のことをある時、「京都のおしゃべり、って感じ」と言って面白がっておられたようだ。いつだったか、携帯電話でしばらく話していて、どうも話が噛み合わないので、「私、淺山ですけれど」と言うと、久世さんは「あっ」と言って絶句された。「だって声がそっくりなんだもの、K・Mと」それは知りませんよ、と苦笑してしまった。それは私と同世代のある女優さんだった。そんなことがあった。懐かしくて、可笑《おか》しくて、ほろ苦い思い出である。

*

ある友人が、京都の女性占い師から聞いた話である。男女の相性は一番目から五十番目まである、と言う。もちろん、一桁《けた》が良いのに決まっているのだが、面白いことには四十番目以降五十番目に近づくにつれて、その男女は一目惚れしやすく、電撃結婚などという事態が起こり易くなるのだという。ちなみに一番目から十番目あたりまでの上位の相性ほど、恋愛関係になりにくく、つかず離れずの良い友人で終わることが多いのだそうである。なるほど、と頷《うなず》かれるむきも多いのではないだろうか。恋愛の達人、瀬戸内寂聴師あたりにお伺いしたいものである。

向田邦子氏と久世さんの相性もたぶん、十番目以内であったと思われる。そのあたりの久世さんの向田さんへの心情は、久世さんの著書『触れもせで』に繊細に綴られている。マンションの一室で二人で徹夜をしたことも一度や二度のことではないが、噂にもならなかったそうである。やはり、火のないところに煙はたたないのであって、週刊誌が書きたてるネタは火があることがほとんどだと、久世さんは笑っておられた。

ある時、ドラマのスタッフたちが集まって談笑していたという。自分なら、どんな死に方がよいかという話題になった。向田邦子氏は爆死と答えたという。久世さんはさて、どう答えられたのだろう。往年の名歌手である藤山一郎は、家族に常々洩らしていたという。ピアノの曲が突然大きく鳴り響いてそのまま鳴り止むように死にたい、と。

久世さんは若い頃によく口の悪い仲間たちから、そのうち路上で刺し殺されるぞ、おまえは、と言われたそうである。ひょっとしたら、あの三月の寒い明け方、目に見えない透明な白刃がその胸をひと突きにしたのだろうか。刺客は凄絶な美形でした、とたぶん久世さんは嘯《うそぶ》かれることであろう。

仔猫の禍福

道端に啼き聲あげる仔猫居て 連れ帰れるは果報者なり

自らを「半猫人」と称するほどの無類の猫好きであったのは、英文学者の柳瀬尚紀氏であったと記憶している。かく言う私もややそれに近いのかもしれない。何しろ、猫と縁ができてからかれこれ四十数年が経つ。最初に私のもとにやって来たのは三毛猫の雌であったが、この猫は二十一歳の長寿を全うし、桜の咲く四月のはじめに亡くなった。いまだこれほど長命であった猫はわが家にはいない。三キロもないような、小柄で利発な猫であった。一番大柄であったのはどの猫だろう。サクラかマルかウナギか、今、ともに暮らしている雄猫のココも六キロを切ることはなかろう。

　これまで世話をした猫たちを数えると、もちろん十指では足りない。足の指をたして二十としても、たぶん足りないであろう。さて、その猫たちの毛並みであるが、白黒が半数を占めている。偏っているのには訳があって、一時、一家五匹を世話していたからである。近所の塒《ねぐら》を追われて家の庭に逃げ込んで来たのだった。その猫一家の最後に残った猫が「ハン」であった。ココは濃茶に黒の縞柄である。家猫の祖先と言われるリビア山猫のような、一番世界じゅうによく見られる毛並みである。顔は小さく、当節人気を誇る「ベンガル」のようである。顔は良いのである。だが、性格は狷介孤高と言えば聞こえはよいのだけれど、極度の人みしりである。私はいわゆる血統書付きの純血種の猫と暮らしたことがないのでわからないのだが、彼らは人当りがよいのだろうか。

　実は私は、ほんとうのところ薄茶色の虎猫が好みなのである。けれど何故なのだろう、縁がない。これほど猫との縁が深いのに、おかしなことである。今ではもうなくなってしまったのだが、昔よく通っていた修学院道の魚屋の親父さんが大の猫好きで、その店先によく虎猫が居た。余り物の魚を貰《もら》いに来るのだった。おとなしい猫だと親父さんは可愛がっていたのだが、哀れなことに車に轢《ひ》かれて死んでしまった。そんな猫がいた。

　昨夏のことである。我が家の一町内北の道端に、突然、虎猫の仔猫が現われた。生後二ケ月程だろうか。元気な啼き声をあげており、たいへんに可愛かった。心が騒いだ。けれど、そう簡単に連れて帰るわけにはいかないではないか。我が家の気難しい猫がどれほど傷つくことになるか。猫は人が思うよりもずっと細やかで複雑な感情を持っている生きものである。嫉妬《しっと》するし、僻《ひが》むし、甘えるし、そういうものなのである。

　どうやら、食べ物にはありつけているらしい。啼き声も大きく、尻尾もピンと立っている。けれど、私は気になってしかたがない。心中穏やかではいられないのは、猫煩悩《ぼんのう》というものであろう。

　そうこうするうちに、九月になった。大型の台風が来るという。どうやら、関西を直撃するらしい。かなりの暴風雨となると予報が出て、我が家でも滅多に閉めたことのない雨戸を久しぶりに閉めた次第である。あの仔猫はどこで台風を避けるのだろう、と思うともう気が気ではない。せめて、その間だけでも家に連れ帰ろうか。否いや。そんなことをしようものなら、もう手放せなくなるのは目に見えている。ああ、どうしよう、どうしようと迷っているうちに台風はやって来た。最大瞬間風速三九・四を記録し、昭和三十四年の第二室戸台風に匹敵する勢力の台風であった。幼な心に台風の目の青さを記憶している、あの台風である。私より年若い世代は初めて台風の脅威を身をもって知ったようである。台風で、猫が飛ばされたという映像はまだ見たことはないけれども、その日はずっと気を揉んでいた。

台風21号は、京都のそこかしこに大きな爪跡を残して通り過ぎていった。台風一過の青空にはならず、空は曇っていた。私は気がかりだったあの仔猫の姿を捜しに出たが、その姿は見あたらなかった。このあたりをテリトリーにしている外猫の姿を見ただけだった。あの仔猫は無事でいるのだろうか。

一週間が経ち、遂に路上にあの仔猫の姿は戻らなかった。気を揉んだだけで、結局何もしてやれなかったと思うと胸が痛んだ。ところが、である。さらに十日程が経ったある朝のこと、道で修学院小学校へと登校してゆく三人の少女たちとすれ違った。すると、そのうちの一人の少女が、「猫、拾ったの？」と別の少女に問うたのである。私は思わず歩みを緩《ゆる》めて聞き耳をたてた。すると、いかにも優しそうな少女が、「うん」と答えた。「どんな猫？」と聞かれて彼女は、「あの茶色の仔猫」と言うではないか。私は思わずその子を抱きしめたくなった。その手を握りしめたかった。胸にみるみる暖かなものが溢れてくるようであった。

ほんとうに愛らしい仔猫だったのである。あの女の子の家でたいせつにされて、すくすくと育ってゆくことであろう。まずは、めでたし、めでたしである。

けれども、もしあの大きな台風が来なかったら、あの少女は仔猫を家に連れ帰っただろうか。彼女は家族の同意を得て仔猫を飼うことができただろうか。近隣のモルタルの屋根が庭に降ってくるほどの台風であったが、あの仔猫にとっては大きな幸運をもたらしたのかもしれない。

時折、あの仔猫のことを想っている。御縁がなかった虎猫のことを想っている。あの少女の家で家族の一員として幸福に年をとるように、と願っている。

エッセイ

万葉集を楽しむ　四
――日本原住民の持っていた古代文学

中津　攸子

万葉集の謎

万葉集に掲載されている最古の歌は5世紀前半の仁徳天皇の皇后磐姫の歌、

君が行き日長くなりぬ山尋ね
迎えか行かむ待ちにか待たむ

です。そしてもっとも新しい歌は万葉集を編纂したとされている8世紀後半の大伴家持の歌、

新しき年の初めの初春の
今日降る雪のいや重け吉事

で、磐姫から大伴家持までおよそ350年です。

350年と一言で言うとそれほど長く感じませんが、350年とは織田信長が将軍足利義昭を追放して室町時代が終ってから戦国時代があり、江戸時代が約250年あり、半世紀に迫ろうとする明治時代を通り越してほぼ大正時代の関東大震災までの長い年月です。

そんな長い期間の4500首もの膨大な数の歌を、福島県以外の東北の地域や沖縄を除く全国から一体どのようにして家持は集めたのでしょうか。

日本固有の古代文字

漢字が伝わり、万葉仮名で日本語が表記できるようになっても、乞食のような食べて行くのがやっとの人や防人《さきもり》として招集された都から遠い地域のうら若い少年が万葉仮名をマスターしていたとは到底考えられません。が、万葉集に幼さの残る防人の歌が掲載されています。

大伴家持の偽作説もありますが数の多さから到底全ての偽作は無理で三五〇年もの長い期間の万葉の歌を、広すぎる地域からどのようにして家持は集めたのでしょうか。

この謎は、日本語の表記にふさわしい文字を私たちの先祖が持っていたと分かれば氷解します。

もちろん紙は貴重で誰もが使えませんでした。ですから古代から人々は、楤《たら》の葉に細い枝先で文字を書くと黒く浮き上がり、何年でも保存できることを知っていて木の葉に書いていたのです。明治期に郵便制度を作った前島密は楤の葉に文字を書くことから葉書を思いついたそうです。それはとにかく古代の人々は木の葉を使って文字を書き、それが都に集められたのです。しかし中央権力者から日本固有の文字は否定され、漢字を強要されていましたので、集められた古代文字で書かれている歌を読みにくい万葉仮名に直して表記し万葉集を成立させていたのです。

要するに日本民族の持っていた固有の文字も言葉も権力者から否定されたのですが、私たちの先祖は固有の言葉を決して捨てず、工夫して漢字による表記を可能にするだけの高い文化を

持っていて日本固有の言葉を守りぬいたのです。

5 7のリズム

万葉集に歌われているのは和歌（5 7 5 7 7）・長歌（5 7 5 7・・・・7 7）、旋頭歌（5 7 7 5 7 7）、仏足石歌（5 7 5 7 7 7）など全て5 7調の歌です。

この5 7音の表現は日本固有のリズムです。

遠い昔から口承で歌われていた歌の多くは5 7調のもので民謡的な歌が多く見られますが、少なくとも万葉集の中に記名のある古歌は記録されていた可能性が高いのです。

そして記録されていた代表的な文字が日高見文字であり5 7調で書かれているホツマツタエであったのです。

ホツマツタエの表記

ホツマツタエは一字一音で母音要素と子音要素を組み合わせて作られた48文字があります。この文字はａｉｕｅｏの母音を並べ、ｋｓｔｎｈｍｙｒｗとの子音とを組み合わせたローマ字と全く同じ構造です。

（《ホツマ》四十八音図）

（五十音図）

ア	イ	ウ	エ	オ
カ	キ	ク	ケ	コ
サ	シ	ス	セ	ソ
タ	チ	ツ	テ	ト
ナ	ニ	ヌ	ネ	ノ
ハ	ヒ	フ	ヘ	ホ
マ	ミ	ム	メ	モ
ヤ	イ	ユ	エ	ヨ
ラ	リ	ル	レ	ロ
ワ	ヰ	ウ	ヱ	ヲ

しかしホツマツタエはこの48文字だけでなく、数字や名詞に相当する文字など世界に類のない表意文字と表音文字を組み合わせて1 9 7文字あるのだそうです。

ホツマツタエの意味

ホツマツタエの「ホツマ」とは普通「秀真」と書かれています。真実の意です。また「ツタエ」は「伝え」で今と同じ伝えるの意です。ですから「ホツマツタエ」は「真の正しい伝え」、言いかえれば「正史」です。

ホツマツタエの発見と信憑性

「ホツマツタエ」は1 9 6 6（昭和41）年に愛媛県宇和島の小笠原家に所蔵されていたものが発見されたことに始まり、次第に注目されてはいますがまだ周知されていません。

江戸時代に国学が起こった勢いに便乗してか、安永8年

（1779）と9年にホツマツタエの版木「春日山記」が出版されているそうです。

売れるとは思えない分厚いホツマツタエを版木に刻み出版するなど大変な努力です。多分貧しさに耐え、一生をこのことに捧げた人がいたのでしょう。

どのように伝えられたのか詳細は不明ですが「ホツマツタエ」は後世に伝えられました。

この版木と同じものかどうかは分かりませんが、現在富士浅間神社や、滋賀県安曇川町の日枝神社の神輿蔵から漢訳付きの『秀真政伝記』が保存されているそうです。また福島県の古い温泉宿から大量の「ホツマ伝」が発見されたと報じられたまま影を潜めているとのことですが、日本各地にひそかにホツマツタエの香りが残っているのかも知れません。

もちろん「ホツマツタエ」を認めない人もいますが、確かに古事記、日本書紀の原典であることが、読んで両書を比べればわかるそうです。

古事記の成立

『古事記』について、梅原猛氏は古事記を、「祖母（持統天皇）から孫（軽皇子）への皇位継承を正当化するために書かれた」と言っていますが、『古事記』には日本固有の言葉が多く、他の古典に比べますと、一読して意味が分かりやすい文体です。『古事記』は稗田阿礼《ひえだのあれ》が暗記していたものを太安万侶《おおのやすまろ》が筆記したとされていますが、稗田阿礼の「ひえだ」は「ひた」と読めます。「ひた」「ひたか」は日高見のことですから稗田阿礼は日本固有の日高見文字、またはホツマツタエで書かれていた字が読め、それを聞いて太安麻呂が万葉仮名に書き改め、さらに藤原氏など朝廷の高官の目が入って、朝廷に都合の良い『古事記』が完成していたのではないでしょうか。

発掘された銅鐸の数

平成8（1996）年と9年にかけて島根県出雲の谷間に農道を作ろうとして土を掘っていた時、突然重機がバリバリッと異様な音を立てたため、すぐに重機を止めてみますと、何と銅鐸が埋まっていたのです。

幸いなことに銅鐸埋納坑は無傷で平成8（1996）年から9年にかけて発掘調査され、39個もの銅鐸が出土して世間を騒がせました。

その銅鐸発見場所が岩倉遺跡で、平成11年に国の史跡に指定されています。

ところが、なんと、「ホツマツタエ」に39個の銅鐸を埋めたとの記述があり、数さえあっているというのです。私はまだ確かめていませんが、事実ならホツマツタエの記録の正しさを証明していると言えます。

このように万葉集の歌がどのようにして集められ、記録されたかとの疑問を持ったことから、日本語の表記に適した古代文字を日本人が持っていたという発見が出来ました。古代の人々は当たり前のように、日常、何かにつけては歌を詠み、槵の葉に書いていたと思われるのです。

書評

齊藤實句集『百鬼の目玉』序文

能村　研三

齊藤實さんは「沖」には平成十二年、六十三歳の時に入会された。会社を退職された後、お姉さまの辻直美さんの勧めにより、東京例会に初めて来られた。大きな体格の方で声も大きく、下町育ちの人情味溢れる親しみやすい方という印象をもった。

円周をさらに大きく蟬しぐれ
背に受くる秋風吾が血揺り起こし
耳や鼻突き出るものの冬めける

その後「沖」にも投句されるようになったが、その頃の作品も初心者の戸惑いなどがなく、目を瞠るものがあった。

實さんは「沖」に書かれた文章で、謙遜されてなのか自分が作った句には系統性がないと言われているが、そんなことはない。ここで私なりに少し系統立てて實さんの句を見てみたい。

まずは實さんが生粋の下町生まれの下町育ちであり、句の中にも生まれ育った町を愛し、誇りに思う気持が随所に出てくる。

かにかくに三月十日の隅田川
燕やふるさとの載る江戸の絵図
新月や少なくなりし上野発
生まれたる土地を離れず立葵
神田祭すなはち粋と心意気
墨東の荷風の道を着ぶくれて

生まれてから離れたことのない押上は、今はスカイツリーのある町として装いも新たになったが、少し前までは北十間川南側の押上として、下町の気さくな雰囲気の漂う町として栄えた。創建六百五十年という天祖神社や、鬼平犯科帳の舞台となり江戸の歌舞伎作家としても知られる鶴屋南北が眠っている春慶寺などがある。

實さんは地元の長老たちに交って天祖神社の宮総代を務められ、時には神主さんの装束をまとい祝詞も奏上されるようだ。

年に一度外す錠前宮神輿
宮司以下衣冠正装秋祭
蛇穴を出るや神主正装す

實さんは、ご自分は無器用だと言われるが、決してそうではない。國學院大學を卒業されているものの、経済学部なので、神職資格を取得する神道課程ではないことから、お酒を飲んだ席などでは「偽宮司」などと揶揄したこともあったが、ある時、他の神社で二礼二拍手一礼の作法を教えていただいた。實さんは専門は違っていても真剣に神職の仕事に取り組んでおられるのだ。

東京スカイツリーは平成二十四年に開業したが、地元の人たちが積極的に誘致したのは、これより五、六年前で、實さんたち地元の方々にもその計画案が提示された。以来、建設が進むにつれて、次第に高くなって行く塔の高さに心が躍る思いで進捗を見守っておられたのであろう。

テレビ塔完成予定図月冴ゆる
数へ日や日ごとに高くなる新塔
新塔のバベルの塔めく聖五月
スカイツリー立ち鯉幟低し低し

實さんは、「沖作品」で二回の巻頭を採られている。その一回は平成十七年八月号。

蛇の衣草の途方にくれてをり

この句の面白さは、草の上に脱ぎ捨てられた蛇の衣を草の側の意志を読み取って詠んだことだ。茫々と風情もなく茂る夏草の中に目にとまった蛇の衣、草のほうは途方にくれて困っているのである。蛇の衣と夏草という二つの素材を独自の視点で句にしたのが眼目である。

實さんは、その後体調をくずされ毎回の句会の出席がかなわなくなってしまったが、今でも毎月「沖」の中央、東京、千葉の三つの例会に必ず欠席投句をされている。いつまでも勉強熱心な姿勢は変わらない。

来し方を三寒四温と思ふなり
生き方に器用さはなし寒卵
オンとオフ切り替へながら冬に入る
のどかさや一人で生きるより二人

これらの句を読んでも、お身体が不調な時と、調子が良い時を繰り返しながらも俳句に取り組んでいる様子がうかがえる。

つちふるや象の足裏萌黄色
平和とはこんな固まり貝割菜
軋む音させ流氷は風の遺書
夜濯の隙だらけなる柔道着
改札の別れそれより冬帽子
父さんとあらたまる声秋澄めり
漢文のかりがね点や寒戻る
遠足のどつと淋しくなる電車
アイロンに力の入る厄日かな
タバスコの緑のラベル聖夜来る
木枯一号剝製の動きさう
野分あとドレッシングの分離急
潮干狩太平洋が後ずさる
メロン切るいま満月の真つ平ら
地球儀の日本は赤や金魚鉢

この他にも、實さんの句で好きな句をあげてみた。どれも手垢のついた景を詠んだ句はないのが見事である。俳句を作る時によく言われる「予定調和」、これが罷り通ると、どこかで見たような句ばかりになってしまうのだが、實さんの句にはそうしたものがなく潔くて読んでいても気持が良い。おそらく、實さんの発想の奥に潜む人間の共通感情に深く切り込んでいるので、多くの人からの共鳴を呼ぶのである。

実石榴を割れば百鬼の目玉あり

「百鬼の目玉」は今回の句集名。石榴を割ると、濃紅のみずみずしい小さな実が宝石のように詰まっている。東京入谷などにある鬼子母神像にまつわる言い伝えを踏まえて、この句が出来たのではないだろうか。ルビーのような美しい石榴を百鬼の目玉と捉えたのも非凡な発想力である。

實さんから句集を上梓したいというお話をいただいてから、しばらく時間が経ってしまった。私が多忙であったこともあり遅延してしまったことをお詫び申し上げたい。實さんはお身体を厭いながらも、毎日句作に励んでおられるようだが、これからも實俳句の発想力の独自性を活かしながら第二句集に向けてご健吟なさることを望みたい。

齊藤實句集『百鬼の目玉』跋文

森岡　正作

本句集は年代順に編集されている。そのことを考えれば冒頭の一、二句は俳句を始めた初期段階のものと思われるが、しっかりとした手応えのある句となっている。

円周をさらに大きく蟬しぐれ

は、蟬の声に耳をとられていると、遠くからさらに自分を囲むように蟬の声が集まって来たという、言わば蟬時雨の円心にいて真夏を感覚的にとらえた句である。一方次の句

帰り来て触るる框の涼しかり

は、炎天の中を帰り来て、靴を脱いでふと触れた框の気持ち良さを実感したものである。気密性の高い現代住宅と違った木造家屋の通気性の良さが感じられ、帰宅した安堵感が良く表出されている。

こうした佳句から始まる本集であるが、作者はお姉さんの「沖」蒼茫集同人であった辻直美さんに俳句を勧められ、東京句会に連れて行かれたと言う。さらにまた姪御さんは「沖」編集長の辻美奈子さんである。まさに退っ引きならない情況で始められたのであるが、「あとがき」から察するに、作者の性格は凝り性のようである。それがむしろ俳句に幸いしたのである。

また、本句集のタイトルとなった

実石榴を割れば百鬼の目玉あり

という句は、美奈子さんが「剽軽な子供みたいなところのある叔父さんなんです」と言うに相応しく、いかにも楽しい。

改めて句を読んでゆくと

①改札の切符舌出す残暑かな
②炎天下鉄路を叩き工夫来る
③稲刈つて大地さつぱりしてゐたり
④立て掛けて力抜けたる梅雨の傘
⑤白失せて佳境に入りぬ干大根
⑥蟻地獄均してしまふ竹箒

①は、「切符舌出す」が単なる面白い表現ということで終わってはつまらない。切符に「この残暑の中を、何を齷齪」と言わせているのが良いのである。②は、見たままの景であるが、作者の心中の「仕事とは言え、この暑い中よく頑張るなあ」という思いが伝わってくる。③は、田に水を張った代田、苗を植えては植田、育っては青田と言い、その後穂が出て黄金の稲波打つ重厚な田圃となる。それがしまいにはあっさりと刈り取られて、あっけらかんとなってしまう。眺める者にとってその大地に感じる虚脱感は、まさに「さつぱり」であり、言い得て妙である。④は、先師能村登四郎の「霜掃きし箒しばらくして

倒る」の名句を思い出させてくれる。「力抜けたる」に立て掛けられた傘の有り様や梅雨の鬱陶しさが感じられる。⑤は、洗い上げた大根は「美白」そのもの、それが日々失われてゆく様を干し大根の佳境だと言うのである。漬物として仕上がった時の美味しさが想像されよう。⑥は、故意か偶然にしても人間と他の小さな生き物との共存、共住の境界を感じさせて面白い。

このように対象となる素材を的確に把握した句とは別に、冒頭句の感覚を呼び戻すような句に出会うことも出来る。

打楽器の初めは低き雪解川

この句は雪国で育った私にただならぬ感動を与えてくれる。雪解けの始まった山の斜面からちょろちょろと水が流れ出し、幾筋もの小流れが一本の流れに集約されて勢いを増し、麓を抜ける頃には激流となって迸る。そしてやがては大河へ合流し、末は平地をゆったりと流れ、春の川として太洋へと注がれて行く。言わば低い音で始まった打楽器が次第に激しい響きとなり、徐々に荘厳な調べへと変わってゆく。まるで壮大な曲の序章のように思える句なのである。

むつかしき話は御免初かつを
天下祭妻は神田の生まれにて

作者は墨田区生まれ、奥様は徳川のお膝下、神田の生まれだと言う。

新小豆木綿袋が似合ひけり
そら豆を茹で穏やかな日でありぬ
留守番の卓にみかんのあるばかり

と、江戸っ子夫婦の醸す家庭はさぞ賑やかだろうと思いきや、意外にもつつましく平穏であることが読み取れ、親しく感じられる句であるが、

かにかくに三月十日の隅田川

の句には頭を垂れる他にない。東京大空襲の悲惨さを写真や映像でしか知らぬ私であるが、「かにかくに」という語句に、当時をくぐり抜けて来た人々の言い知れぬ思いが込められていると思うのである。

すかんぽを嚙めば疎開の味のせり
秋草や特攻基地の先に海

忘れ得ぬ「疎開」の記憶や、もう生きて戻ることが出来ない「先に海」という暗示に、若い兵への追悼の意が感じられ、戦争世代の存在の重々しさを思わずにはいられない。

そうした中を今、

押しくら饅頭新塔どんと高くなる

五輪くるけんちん汁の具沢山

と詠むように、住まいの近くにスカイツリーが立ち聳え、東京オリンピックがやって来るのである。また他の句を読めば、

金柑のほどの恋して老いにけり
ＳＬの黒に金文字鬼やんま
蕗味噌の香り季節の幼かり
時刻表にレ点のマーク夏つばめ
オンとオフ切り替へながら冬に入る

など、正統の句や発想の面白さ、表現の工夫が見られる句が随所にあり、常に前向きに挑戦する気持ちが読み取れる。そのような姿勢に敬意を表しつつ、特に

鰈煮る背に切り込みの厄日かな

の句は、日常生活のひと齣でありながら、良い日も良くない日も泰然と受け止める、作者の生きて来た八十年、その喜怒哀楽の集大成のような大きな句に思えてならない。

そして、しまいの句は

噺家のすとんと落す夏羽織

となっている。普通噺家が羽織りを背後に落すのは、これから本番ですよという仕草であり、この句こそ冒頭に有って良さそうである。がしかし、懐が大きく人を楽しませることが好きな作者である。これからの句にも大いに期待を抱かせてくれるのである。

辻美奈子句集『天空の鏡』
生絹の詩情

和田　満水

辻美奈子さんは、二〇〇四年に第二句集『真咲』を発表され、俳人協会の「第二八回俳人協会新人賞」と所属結社「沖」の「第三三回沖賞」を受賞された実力ある作家である。今回、十五年の歳月をおいて、第三句集『天空の鏡』が刊行された。『天空の鏡』には、仕事と沖誌編集長の重責の傍ら、母として子を育て、父母の介護と死別の出来事などを十五年間に沸き上がった詩心を三二四句に纏められている。

天空の鏡を割りて五月くる

句集のタイトル句であるが、句集の中で唯一、具象性の乏しい句である。四月は曇りの日が多く、五月に入り今日、晴天になった。青空と言うよりも碧空の雲一つ無いまっさらな鏡のような空である。昨日と違い光が強く、気温が上がり、囀りも高く、行き交う人の声も明るくなってきている。五月である。待ちに待った五月が来たのだ。「天空の鏡を割りて」が、一変に季節が変わったことを適切に表している。

短日のきちんと疲れゐる体
生れやすき卵のかたち夏至夕べ

二句とも助産師としての仕事上の句であろう。助産師の仕事は、陣痛から出産まで付き合わなくてはいけないから、仕事の始まりも終わりも産婦次第である。短日の句は、安産であった。冬の短い日の中で、無事赤子を取り上げることができた。いつもより簡単で短い時間で済んだはずなのに、終わってみれば、いつものように疲れている。職業上のきちんと手順を踏んでやり遂げたからであろう。逆に夏至夕べの句は難産であった。苦しんでいる産婦が目の前におり、助産師として産婦を励ましている。ふと思う。鶏などは易々と毎日卵を産むが、生みやすいのは、先端が少し尖った流線型をしているから産道を抜けやすいのであろう。頭でっかちの人間はそうは行かない。卵形で産めば楽なものなのにと思う。日の長い夏至の日も夕方になってやっと赤子が生まれた。

はるか世の父へ新酒をこここここ
新涼や魚座に魚のひとつがひ
とむらひののちの刈田の匂かな

作者は、父を継いで母を亡くされた。亡くなった父に好きな新酒を注いであげている。生前は「飲み過ぎよ」とか「これでおしまいね」とか、父に強く言う娘であったし、父も母に言われるよりも娘に言われる方が堪えていた。徳利の注ぐ音は「ととと」が一般的であるが、それでは宴会の酒であり、接待の酒である。新酒の旨さを表すオノマトペではない。作者は新酒の味を強調した。「こここここ」である。生前に注ぐ新走りの音も旨そうであるが、オノマトペは「ここここと」で切れる。天国の父に対しては好きなだけ呑んでください。お好きなだけお注ぎしますからの気持ちから、「ここここ」と続いている。『天空の鏡』には、「露の草食むうさぎの口のふむふむと」や「生え際のまだぽやぽやと藍浴衣」など、作者が編み出した独自のオノマトペの句が多くあり、総て納得できる表現である。

　魚座の句は、母を亡くされた後に詠まれた句である。誰でも人が亡くなれば、星を眺める。母は先に亡くなった父の元に行かれた。絵入りの星座表を見ると魚座は秋の真夜中に天中のやや南に坐す星座で二匹の魚が頭をくっつけるように描かれている。作者は亡くなられた直後の動揺がなくなって、秋の澄み切った新涼の夜空の星を静かに見上げている。魚座の二匹の魚は、亡くなられた両親に思われ、天国でも寄り添って残された家族を見詰めてくれている。

　弔いの句はどうしても抹香臭くなるのが一般的であるが、この句はそうではない。弔いの一通りの儀式も済んだ。看病、看取りから始まった慌ただしい月日がようやく終わりほっとした。今までは外のことを全く感じられなかったが、刈田の匂いがする。見渡せば刈田の季節である。実り期の刈田の生き生きとした稲藁の匂いが鼻にくる。かな止めにしたことで、これから気を取り直して強く生きていこうという意志が表れている。

折り紙の音の続きぬ春の雪
おでこ全開木枯を帰りくる

　折り紙の音が続いていることから、雪で外に行けない子と親が折り紙を折っていることが想像できる。折り紙にはいろいろな色がある。明るい色もあるだろう。冬の雪だと明るさがないが、春の雪だから明るさがある。ふっくらとした牡丹雪だ。ゆっくりと地上に降りてきますから真冬のしんしんと積もる音はしまない。だからひそやかに折り紙を折る音も聞こえる。それは一つの作業に集中しているからかもしれない。春の雪だから長続きはしない。きっと雪が止んだら外で遊ぶことだろう。

　子が木枯しの中を帰って来た。真っ赤になったおでこだけが目立つ。「おでこ全開」の表現だけで、どのような様子で帰って来たか、読者は想像できる。実に上手い表現である。

霜の夜の機体深海鮫の如し
天水桶秋水硬く満たしけり
蛇衣を脱ぐ日おもてをちぢれさせ

　機体とあるから飛行機である。滑空中の飛行機ととるよりも駐機中の飛行機と捉えた方がよいであろう。地表には霜が降りていて、駐機中の飛行機は不気味でもある。作者は深海鮫のようだと思った。

　天水桶の句も蛇皮の句も、作者の優れた感性を示す句である。金属製の大きな天水桶である。秋の水が零れんばかりに溜まっている。冷たい感じから、溜まっている水が硬く感じたという。共感できる表現である。

　蛇の皮を脱いでいるところは見たことはない。作者も多分無いであろうが、蛇の衣を見て、想像しての句だと思う。蛇の衣は縮れている。日が当たった方がより縮れている事はないと思う。しかし、作者の感覚は日が当たっている方がより縮れてい ると言っている。言われてみれば、そうかも知れないと思う。

魚の身に銀の剝落寒波くる
ひぐらしや記憶の底ひ漣す
つくつくぼうし絶交の三日ほど

季語はそれぞれ本意を具えているから、季語一つで俳人は共通の季感、共通の景色を感じることができる。最近の俳句は、事象と季語とが即きすぎの感があると私は思う。そして、即きすぎ傾向はますます強くなってきていると思う。これは俳人の平均年齢が上がり、離れすぎの季語よりも即きすぎの季語の方が理解されやすいからそうなったのであろう。『天空の鏡』の事象と季語との距離は、今の傾向に迎合していない。その距離は作者が十五歳の時に俳句を始めた昭和五五年時の事象と季語の距離を保っていると思われる。判らないという人も居られようが、じっくり読めば、味が出てくる俳句ばかりである。

読み終えると、季語の豊富さと句形の多様性が目に付く。日常使う平易な言葉で、かつ、手垢の付いた常套語句を使わないで、しっかりと描写し、感動を与え、情緒に余韻を残る句ができるものかに驚かされる。俳句のかたちは有季定型が基本であるが、感情を表現するところでは数少ないが破調の句も織り交ぜている。沖の先師・能村登四郎の和歌的な調べの句もあれば、現沖主宰・能村研三のお好きな理化学用語を嵌めた句もわずかにある。しかし、大半の句は作者独自の芸域である。拳骨を振り上げて叫ぶ句は見当たらないし、人生の苦境に遭っても、大声を出して泣かない。どんなときでも明るく、爽やかとしている。嫋やかに生きる日本女性の鑑の姿が、そのままを俳句にしている。生絹のような姿である。何度読み返しても飽きない句集である。

皮膚感覚で世界を語る人
辻美奈子句集『天空の鏡』に寄せて

鈴木　比佐雄

辻美奈子氏の第三句集『天空の鏡』が刊行された。二〇〇四年の第二句集『真咲《まさき》』以後十五年間に詠まれた句から選ばれた三二四句が収録されている。前句集『真咲』は「第28回俳人協会新人賞」や「第33回沖賞」を同時受賞している。多くの俳人たちが辻氏の俳句の魅力を高く評価していた。数年前にも俳人の齋藤愼爾氏が講演の中で、戦後の俳句の中で若手の名句として、辻氏の第二句集の冒頭に置かれていた〈桜満開おのが身に皮膚いちまい〉を挙げて、辻氏の句の感受性の新鮮さとこの句の持つ存在することの驚きを強調されていた。齋藤氏の言うようにこの句は、この世に生まれた人間が奇跡のように存在している事実を了解させてくれる。と同時に絶えずこの地点に立ち返って、まっさらな心持で生きることを促してくれる俳句のエネルギーを感じさせてくれる。一人の存在者が世界と触れ会う接点で辻氏は赤裸々に俳句を詠んでいる。このように全身の神経を張り詰めて世界と対峙して句を詠んでいたのは、「沖」を創刊した能村登四郎だった。その俳句精神を実作においても継承しているのが辻氏なのだと思われる。この十五年の間に助産師としての仕事、子育て、そして月刊俳句誌「沖」の編集長として多忙な日々を送られてきたと聞いている。その充実した時間の中で生み出されてきたのが『天空の鏡』であるのだろう。

新句集『天空の鏡』は、三二四句が七章に分けられている。助産師の現場に立ち、二人の子を産み育て、両親を介護し看取ったことなどが詠まれている。辻氏の感受性は、世界や他者たちと共に汗を流し呼吸する息遣いとして俳句の中に刻印されている。

Ⅰ章「折り紙」の冒頭には、〈折り紙の音の続きぬ春の雪〉が置かれている。辻氏は折り紙を折る際の音に心惹かれる。普段は紙を折る音は気にも留めないだろう。しかし千代紙を折っている子供たちの真剣な表情や、病の人や平和を願って、心込めて鶴を折るその祈りの音が続いていき、「春の雪」のように心に残って欲しいと感じたのだろう。〈入園の子に風光りすぎはせぬか〉や〈鳥雲に入るおろおろと母である〉という句には、子が新しい世界に入る際に抱く母としての心配事が尽きないけれども子への自立を見守っている辻氏の姿が感じられる。そのような我が子を含めた人への繊細な配慮が辻氏の俳句の特徴だろう。また〈台風を海が身籠るうねりかな〉や〈戦争のはじまりし日の冬の蜂〉などの句は、自然災害や戦争災害を予知するかのような句で、水の巡る命の天体の力動感を伝えているし、戦争が決して起きないと油断してしまうところから「冬の蜂」とも言える一撃がやってくる危機意識を感じさせてくれる。辻氏の自然詠や社会詠には、ある種の予知性があるところに特徴があり、それが不思議な魅力を際立たせている。

Ⅱ章「純白」の句では、章タイトルにもなった〈あらたまの年純白の抗癌剤〉、〈病む父は冬の欅のやうである〉、〈父のゐるこの時止めよ揚雲雀〉などは父の容態が死に向かう痛切な句だが、父の気高さや生あるものの宿命もリアルに凝視している。

Ⅲ章「銀の剝落」の句では、章タイトルが入った〈魚の身に銀の剝落寒波くる〉の句は、魚が銀の鱗が剝がれてくると死に向かう兆候であり、衰えていく父を重ねている句なのであろう。この章の最後の句〈はるか世の父へ新酒をこここここ〉は、辻氏の父へ捧げる絶唱だろう。「こここここ」という言葉にならない音である、父のぐい呑みに注ぐ擬音語が、辻氏の深層の悲しみの言葉に転換されている。

Ⅳ章の「筆跡」では、〈シリウスを覚えて吾子は十代へ〉や〈サイネリア黙つておとなになつてゆく〉などの句は、子が親を離れて、世界や学校や友人という他者や事物の中で、自分とは何かを問うていることを受け入れている。〈無花果が熟すさうかもう居ないのか〉や〈日脚伸ぶ万年筆の筆跡に〉などの句では、母の愛していた無花果や母の筆跡と対話することによって母の存在がより迫ってくる。

因みに辻氏の母は「沖」の俳人で評論も書いた辻直美氏であり、辻氏を俳句の世界に導いた人物であった。辻氏は母の死後に遺句集・評論・エッセイ集『祝祭』を刊行し、母の作品群を後世に残した。

Ⅴ章「天空の鏡」では、〈とほざかる母を四月の海とおもふ〉や〈悪態もつけぬ母の日来たりけり〉などのような、母を亡くした悲しみを堪えた句に、より深い母への親近感と敬愛の念を感じ、同じ俳句作家としての対話が続いているように思われる。句集のタイトルがとられた句〈天空の鏡を割りて五月くる〉は、天空の透明感を「天空の鏡」と喩えたのかも知れない。その鏡には今までの自らの姿や世界との関係が映し出されてしまうのだろう。しかしその映し出される姿は辻氏にとっては時がたてば見飽きたマンネリ化した姿になり、新しく生まれ変わるために、その鏡を割ってしまいたい衝動に駆られるのだろう。すると荒々しい生がみなぎる五月の緑が、その鏡を破って降り注がれる思いがしてくるのかも知れない。「天空の鏡」は、時に出現する辻氏にとって透明感のある自らの純粋な思いを照らし出す鏡のような存在なのだろう。それは何度割られても再び甦ってくるのだろう。Ⅴ章の中でも特に印象的な句に〈スカイツリーは東京の杭終戦日〉がある。辻氏は生まれたのが東京下町で、育ったのは埼玉県だが、今も親族の多くは下町に暮らし、親しく交流していると聞いている。叔父にあたる親族の一人はスカイツリーの近くに暮らす「沖」の俳人齊藤實氏だ。そんな親族や父母から東京大空襲の事は、子供のころから話を聞いていただろう。それゆえにこのような決して東京大空襲などの戦争の記憶を忘れてはいけないという思いを込めて、スカイツリーが平和の象徴になり「東京の杭」となって、永遠に「終戦日」のことを忘れないで欲しいと願ってこの句を詠んだのだろう。

Ⅵ章「底紅」の章タイトル句〈底紅や私を嫌ふ私の子〉は、

きっと辻氏の代表句の一つとなる魅力的な句だろう。いくら親子であっても一世代が異なると感受性や考え方が違えば、母性愛を重たく感じて母を嫌う子になっても不思議ではない。その事実を率直に受け止める辻氏は、親の価値観を押し付けないで、むしろ自分の価値観にも問題があるのかも知れないと相対化している。「底紅」に対する感受性はどれほど母娘で違いがあるのだろうか。

最後のⅦ章「離宮」では、〈蒲公英に倣ひて空を見上げをり〉の句は一心に空を見上げる際に「蒲公英に倣う」ことを勧めている。そのような視線で空を眺めることが辻氏の俳句の魅力になっているのだろう。章タイトル句〈緑蔭に潮風至る離宮かな〉は、辻氏の中で緑濃い離宮のような場所で、海からの潮風が吹き渡り、その場所で親しい親族や仲間と句会を開くことを夢見ているのかも知れない。そこには亡くなった父母たちも参加するために、天空からやってくるのだろう。そんな様々な解釈を促す魅力的な句集を多くの人たちに読んでほしいと願っている。

加賀乙彦評論集『死刑囚の有限と無期囚の無限――精神科医・作家の死刑廃止論』
有限の時間を生きるということ

福田　淑子

かつて死刑囚の心理を描いた『宣告』という小説で、加賀乙彦の名は全国に知れ渡った。以来、「死刑」とは何かという問いかけが、頭の隅から離れなくなった人も少なからずいるだろう。この小説が発表された一九七九年ごろは、日本ではまだ「死刑廃止論」が議論される気配は薄かった。世界の動向をみると、すでに死刑を廃止している国は少なくない。むしろ、死刑制度を残している国の方が稀有となりつつある。しかし、「仇討ち」が美学の日本では、「殺人は万死に値する」という心理も根強く、「死刑廃止」の議論が沸騰するのはなかなか難しい。ましてや、他人によって意味もなく殺される被害者の無念と、大切な人を失った遺族の心情を考えれば「殺人者は死んで償え」と思う気持ちに同調せざるを得ない。

著者は精神科医として殺人を犯した無期囚や死刑囚と向き合い、死刑というものについて多くの著書を書きつづってきた。そのきっかけとなったのは、著者が医学部卒業後の人まだ駆けだしの医務官として東京拘置所に赴任した時に出会った死刑囚の正田昭との交流である。彼がその後の著者の人生を決定づけた。著者は、十六歳の多感な時に敗戦を迎えている。この多感な愛国少年にとって、戦後の日本の姿から受けた衝撃と喪失感、さらに深い人間不信は筆舌に尽くしがたかったことだろう。再び人間に対する信頼を回復していくきっかけが、この死刑囚、正田君（と筆者は呼ぶ）との出会いだったのである。この出会いについては本著に『ある死刑囚との対話』として二人の往復書簡の一部が収録されている。

以来、著者が間近で向き合った死刑囚や無期囚たちとの出会いを通して、考えたこと、感じたことを様々な作品のエッセンスを抜粋して収録している。それらは、精神病理学のみならず、パスカルやハイデガー、ドストエフスキーやカミュ、メルロポンティなど、古今東西の名著への造詣の深さに裏打ちされた、緻密な人間心理に対する洞察と、人間とは何かという問いを自らに投げかける著者の真摯な姿勢によって、「死刑」の持つ「むごたらしさ」と「無意味さ」を問う書である。「死刑」が凶悪犯罪の歯止めになるのか、むごたらしいだけなのか。確かに難問である。しかし、そのような複雑な社会的問題はさておいて、本著は日常を粛々と生きる私たち自身に、深く「人間とは何か」「生きるとは何か」を考えさせる文学・哲学の書でもある。

本著を読み終わったとき、ふいに「昭和十年十二月十日に／ぼくは不完全な死体として生まれ／何十年かかって／完全な死体となるのである」ということばではじまる寺山修司の詩の一節が浮かんできた。この詩にあるように、確かに私たちは、毎日「死」というゴールに向かって走り続けている。

死を「近い」と思うか「遠い」と思うか、それが「死刑囚」と「無期囚」の意識の差であるとすれば、日常を生きる私たちの「死」との距離はどちらだろうか。本著には次のようなパスカルの引用がある。

ここに幾人かの人が鎖に繋がれているのを想像しよう。みんな死刑を宣告されている。その中の何人かが毎日他の人たちの目の前で殺されていく。残ったものは、自分たちの運命もその仲間たちと同じであることを悟り、悲しみと絶望のうちに互いに顔を見合わせながら、自分の番が来るのを待っている。これが人間の状態を描いた図なのである。

（「世界の名著」『パスカル』前田陽一訳）

「死ぬこと」が怖くない人間などいないだろう。だからそのことを考えないようにして生きるか、寺山やパスカルのように言葉で明確に表現して認識するかどちらかの態度しかない。

実際の死刑囚や無期囚たちの日常では、「死」に対する意識にどのような差があるのだろうか。著書より、まず死刑囚の心因反応についての部分を引用する。

反応性躁状態があげられる。……大声でしゃべりまくり、歌い踊り、さわぎたてている囚人の姿は、彼らがおかれている状況から推して、異様な感じをあたえる。私がみた最初の死刑囚、松田敏吉のように、毎日を多忙のうちに暮し、俳句を一晩に三十も四十もつくるかと思うと、たえずせかせかと話し、歩きまわっている。それは上機嫌であるとともに、たえず誰かに追いたてられている不安の表出とともれる。実際上機嫌はたちまち反対の極の悲哀感に落ちていき、笑いは泣きに、喜びは悲しみに変わってしまう。この変わりやすさが、重罪被告と死刑囚の気分の目立った様態であり、躁から鬱へと、鬱から躁へ目まぐるしく変るため、しばしば躁と鬱が同時に存在するような奇妙な様子となる。

……騒々しく、多弁で、歌い、笑い、冗談をとばし、まったく抑制を欠いて興奮し続ける。看守に対しては一見従順であるが、ときにはかなり思いきった反則を行う。

（本書Ｐ５４『死刑囚の記録』Ｐ７４「拘禁反応の心因性」より）

このような、未決囚や死刑囚に典型的な心因反応に対して、無期囚の心因反応はかなり様相が異なる。

無期囚は、一つの鋳型にはまって安定します。感情を麻痺させ、無感動になり、刑務所の生活に適応する。……それを「刑務所ぼけ」と訳しました。「刑務所ぼけ」になった囚人は看守に対して子供のように従順で、毎日、毎日の単調な生活にも退屈はしません。そもそも物事に対する関心が少ない。だから退屈しなくなるのです。退屈と言うものを感じなくなるほど鈍感になる、と言ったらいいでしょうか。世の中のことについても関心がありません。次の夕食のおかずはなんだろうというくらいのことしか関心がない。もともとそういう性格だったのではありません。……一〇年経つといかにも囚人らしい囚人として刑務所ボケを完成させていました。そうなってやっと、無限の退屈な時間に耐え、普通に生活が続けていけるようになるのでしょう。

（本書Ｐ１９２『科学と宗教と死』より）

この心理状態をパスカルの次の一節で表現しよう。

人間は、死と不幸と無知とを癒すことができなかったので、幸福になるために、それらのことについて考えないことにした。

（前掲書「パンセ」より）

つまり、死刑囚の多くは常に「いつ殺されるか」という興奮状態にあるが、無期囚は全然別の能天気な人間になってしまうということのようだ。筆者はここで、環境が人間を作るのだと断言している。巷で日常を生きる私たちも、この死刑囚の有限と無期囚の無限の意識状態に心当たりがある。「騒々しくて、多弁で、歌い、笑い、冗談をとばし、まったく抑制を欠いて興奮しつづける。権力者に対しては従順であるが、ときにはかなり思い切った反則を行う。軽い躁状態で少し多弁な人という印象を受けるだけの者もいる」と「看守」を「権力者」と置き換えれば、死刑囚の実態描写は、まるで、世間やマスコミに露出し、騒がせている人々に近似していないだろうか。我々もまた、「時間のあき・ひま・空虚な時間を恐れる人で、その恐怖を恐れるあまりつぎからつぎへと仕事にかりたてられていく」という死刑囚の閉所恐怖に類似した心情で生活しているといわれても即座に否定はできない。また、「外部との接触をなるべく少なくしようとし、感情の起伏はせまく、すべてに対して無感動である。施設側の役人に対しては従順そのものであり、強制労働や厳格な規律には唯々諾々と従う。身のまわりの些事に視野や関心が集中し、単調な生活に飽きることがない。さらに、子どもっぽい状態への退行がみられる。これは自主性の欠如と拘禁者への依存傾向に認められる」という無期囚の生き方はまるで、多かれ少なかれ世間を生きる賃金労働者の生活心性としか思えない。我々も死刑囚と無期囚のどちらかの心情を行き来しながら、有限の世を無限と錯覚しながら生きているのではないだろうか。次に紹介するのは、心理カウンセラーと歌人の二つの領域を行き来してきた筆者の魂に触れた著書の一節である。

　心理学というのは非常に重要な学問であるけれども、限界があることです。ある程度人間を心理学用語で分類し整理しないと診断がつきません。ところが人間にはそういう既成の概念では整理できない、海の底のような深みがある。それは真理と言う言葉では言い表せません。魂と言うようなもう少し複雑なものが心理を支えているのではないかと思うようになったのです。私は魂の作家になりたい。人間と言うものの奥深いところにある死への態度、そういったものを中心にして小説を書きたいと思うようになりました。

（本著Ｐ２０８『科学と宗教と死』より）

人はなぜ死ぬとわかっていても、なお生き続けられるのだろうか。死刑囚の中には、死を見つめながら残された生を、澄み渡った空のような心情で生きたものたちがいる。この著書ではそのような死刑囚たちの貴重な記録をも読むことができる。
最後に、ひとつ死刑囚の短歌を紹介したい。

白日に罪の掌さらす大胆さ死の際なれば許さるるべし

純多摩良樹（死刑囚）

人は死に方によって生の価値や尊厳を示すのだという事実に魂を震撼された。

（本著Ｐ１８２『生と死と文学』より）

梶谷和恵詩集『朝やけ』
――深い思惟を易しい比喩に託す――

江口　節

　詩集をいただいてすぐ読む、ということはあまりない。詩は、心を書くものだから、こちらがニュートラルな状態であれば読み進めるが、そうでないとき、他人の心には入りにくい。『朝やけ』は、クリスマス直前に届いた。気ぜわしい年の暮れ、普段だったら、正月三ヶ日を過ぎほっとした時期に何冊か固め読みするのが、常である。ところが何気なくページを開き、そのまま一気に読み終えて、その日のうちに感想メールを著者に送っていた。

　梶谷さんは、素直な言葉で優しい心情を書く。けれども、その言葉が出て来るまでの日々をつい想像してしまう、そんな詩行が続く。易しくて優しいからいい、というのではない。

　生きる事は楽ではないし、単純でもない。むろん、長いスパンで見れば、シンプルな道筋だったと言う人もいるが、刹那刹那は誰もがあがいている。その、逡巡、錯誤、内省の眼を常に忘れず言葉を選ぶとき、生の厚みが伝わってくる。詩を読む悦びは、そこにある。表題詩「朝やけ」を見よう。

　どうしよう、／泣けてきた。／／昨日は　続いている。

　明け方の空は美しい。だが、美しさを描写するのではない。美の在り様に感極まって涙する人が確認するのは、自分の立つ時の流れ。私はいる。この世界に私は在る、ということ。

　小学生の頃から一人で詩を書き始め、一時大阪文学学校の通教部で学ぶも、どこにも所属せず今も一人で書いているそうだ。おそらく、たくさんの詩を読んでいるはずだけど、類型化することなく、独自の切り口で言葉を選ぶ。

　私を包む世界と／私を含む世界と／私が抱く世界の／その　はじまり。

「おかあさん」

　ここに述べられているのは、明瞭な存在論である。読んでいると、哲学的思考がベースになっている作品が多い。詩篇に、描写より思惟が勝る所以であろう。

　草むらがあり、／地面があり、／秋風があり、／夕暮れがある。／／その　全てを、／思い出させてくれる。

「すずむし」という詩は、鈴虫の鳴き声から思い出すものを並べて鈴虫を表現する。このように、Ⅰの短詩群は、梶谷さんの定義集でもあるが、一篇一篇どこまでも独自の視点を貫いており、パターン化を免れている。

　続くⅡも、時間、空、私がいるということを、難解な用語を使わず形而上的考察を繰り広げ、素直な感動に浸る。

　私は今、ここにいて。／私はある時ここにいなくて。

「空を見上げていたら」より

からっぽであることの、はじまり

「からっぽ」より

このような思惟の詩に、実は最近、あまり出会わない。一冊の中に、二・三篇入っていることはあっても、全体を貫くトーンにはならなかったり、あるいは、難しい用語を使ったり、不思議だと書くが、その不思議さが一向に伝わってこなかったり……その意味で、考えることが好きな純朴な詩人に久々に出会って、私は嬉しかった。

Ⅲは、家族に題材をとった具体的な作品が集めてある。等身大の詩人が見える。父のことを書きながら父という字は一度も出てこない「記憶」。母や妹のこと。出色は、祖父を書いた「ほんとうのこと」。

私のおじいちゃんは／人を殺しました。

衝撃的な出だしである。戦争に行った祖父は、銃で何人も人を殺したのだ。「私」は、祖父を〈好きだから。／よけい／怖いです。／／戦争をした人が／もっといやな人なら、良かった。〉と思う。

哲学者ハンナ・アーレントは、ナチス時代にアメリカに亡命したユダヤ人だが、戦後一九六〇年にようやく捕まったナチスの高官アイヒマンの裁判をエルサレムで傍聴する。そのレポートで、ユダヤ人大虐殺（ホロコースト）を担ったのは、組織に忠実であろうとして倫理観を失う、誰もが持ちうる凡庸な悪だ、と書いて、世間からひどいバッシングに遭った。人々にとって、残虐な行為は、残虐な人間がするものでなければならなかったのだ。精神医学が発達した今では、人間の心の危うさや多重性は周知の事実となっているが。

私のおじいちゃんは／人を殺しました。／私はおじいちゃんが／好きです。／／私は、人を殺した、かもしれない。

「私」が何かしてあげるとすぐ「ありがとう」という、穏やかなおじいちゃんにも、残虐なものが同居したのだ、という人間の真実。人間とは何かと考えれば、同じものが自分にもあるかもしれない、と明晰な詩人は気づく。人間の本質を自分の言葉で差し出した佳品である。一月六日、朝日新聞「折々のことば」で、鷲田清一氏もこの作品を紹介している。

最後に、在ることの希望、在り続ける事の願いに満ちたⅣ。

あしたは海底に似ている。／深い不明。遠方にさす、一すじの光。／／あしたは三輪車に似ている。／倒れない、きっと。何があっても。

「あした」最終部

深い思惟を易しい比喩に託すことが出来る、感度の高い爽やかな詩集である。

梶谷和恵詩集『朝やけ』栞解説
この世に存在することの不思議さと「ほんとうのこと」

鈴木　比佐雄

島根県出雲市に暮らす梶谷和恵氏が第一詩集『朝やけ』を刊行した。若い頃から一人で自分らしい表現を模索して詩を書き続けてきたそうだ。それは自己の感受性の在りかを自己が検証しなければ済まない衝動を抱え込んでいて、詩を書かなければならない宿命を背負っていたように感じられる。梶谷氏の詩の特徴は、この世に存在することの不思議さからの感動や、家族や他者との関係で感じた真実、「ほんとうのこと」などを、誰よりも率直に自分の言葉で語ろうとする純粋さが、詩行やその行間から溢れ出てくるところだ。

詩集『朝やけ』はⅣ章に分けて三十七篇が配列されている。Ⅰ章「朝やけ」は九篇のうち八篇が短詩である。世界の在り方を凝縮したような魅力的な作品で、世界の事物と触れ合うことが本来的には感動に満ちていることを想起させてくれる。冒頭の「朝やけ」はその中でも優れた短詩であり、多くの人びとに多様な「朝やけ」を想起させるだろう。

〈朝やけ〉
どうしよう、／泣けてきた。／／昨日は　続いている。

この三行詩は詩であるが、世界に広まっている世界俳句的な三行詩とも言える。偶然かも知れないが最小の詩の形式を作り出している。「朝やけ」に遭遇しなぜだか理由がはっきりしないが、その美しさに感動してきた。その際に「どうしよう」という言葉にならない言葉が呟かれた。そして自然に「泣けてきた。」のだろう。「朝やけ」に感動し涙を流すことが、梶谷氏にとって生きることの原点であり、そのような「朝やけ」に感動し、この世に存在する不思議さに感動する「昨日は　続いている。」のだ。他の八篇もじっくり読むと「雪」、「桜」、「おかあさん」、「恋と愛」、「成長と喪失」、「猫」、「すずむし」、「みかん」などの存在する意味が新しい意味を与えられて生まれ変わるように思われる。例えば詩「恋から愛への間」では、「時々、胸がいっぱい。／けれど、／信じている。／もとい、／信じたい。／意思の力で。」のように、「信じたい」と願う張り詰めた想いを、「意思の力」だと言っている。つまり恋愛には好き嫌いだけでなく、秘めた双方の引き合う「意思の力」が大切だと語っている。

Ⅱ章「青い青い空を見たい」九篇では、日中の「青い空に」恋焦がれる詩篇が集められている。垂直的で存在論的な内容がとても分かりやすいイメージと言葉で紹介されている。その中から詩「青い青い空を見たい」を引用する。

〈青い青い空を見たい〉
青い青い空を見たい／どこまでも青が青のまま／続いていくことが何の不思議もないような／青い青い空を見たい。／／私が今立つ場所を大地だと言うとき／私を私だと教えてくれる空を。／／青い青い空を見たい／どこまでも青が青のまま／続いていくことが何の不思議もないような／青い青い空を見たい。

すべての思いを振り払って無心でひたすら快晴の「青い青い空を見たい」という願いから作られた詩だ。心が真っ青に染まる経験を梶谷氏は、子供のころからしていたに違いない。その青空経験は、「私を私だと教えてくれる空」なのだと言う。そんな本当の青が染みわたる青空を知っているから、嵐や暴風雨などの悪天候にも耐えられるのだと暗示しているのだろう。

Ⅲ章「車窓の夕暮れ」八篇は家族の詩篇でありながら、実は善悪を超えて生きる存在者の悲しみや喜びを刻んでいる。その中でも詩「ほんとうのこと」は、愛する祖父のことについて胸を抉るかのように祖父の「ほんとうのこと」という真実を書き残している。

〈ほんとうのこと〉

私のおじいちゃんは／人を殺しました。／長い、固い、重い銃を／人に向けて／命に向けて／引き金を引きました。／何度も引きました。／いくつかの命の最後を／おじいちゃんが　決めました。／／私はおじいちゃんが好きです。／（略）／戦争をした人が／もっといやな人なら、良かった。／あんなに頼りなく／ひょろひょろの足で立ってるんじゃなくて／低くて静かで穏やかな声で話なんかしなくて／もっともっともっと／恐ろしい恐ろしい恐ろしい／涙なんか／持っていないような人なら、／良かった。／／私のおじいちゃんは／人を殺しました。／私はおじいちゃんが／好きです。／／私は、人を殺したかも、しれない。

「私のおじいちゃんは／人を殺しました。」から始まるこの詩は、普通の心優しき存在であっても、戦争では人殺しをしてしまうことの恐ろしさを伝えている。それは祖父の戦争責任であったとしても、孫の梶谷氏はどこかで祖父の責任感や悲しみを理解したいと考えている。また人は時に国家の命令で人殺しをしてしまう存在でもあるということを冷徹に受け止めていて、祖父のような徴兵によって殺人者にさせられる国家の戦争犯罪の恐ろしさを指摘している。

Ⅳ章「願うこと」十一篇は時間を生きることの意味を様々な観点で物語り、希望や「あした」につなげている詩篇だ。最後に詩「願うこと」を引用する。

〈願うこと〉

やわらかに／やわらかに　ある／こころの　まんなか。／／おおきな　そろばんや／ななめの　ほうちょうや／うしろの　かくせいきに／ぼやけることなく／／そこに／いて。

このような人間に最も大切な「願うこと」を日常の中に発見して、突き詰められた言葉で組み立てられた梶谷氏の詩篇を、多くの人びとに読んで欲しいと願っている。

井上摩耶英日詩集『スモールワールド』
大きな世界と小さな世界―多元性受容と家族の肖像

水崎　野里子

愛を求め続けて　　井上摩耶

自分のアイデンティティなんて
二十歳を超えてもわからずにいた

多分愛されて育った
社会を知らない赤ちゃんの時
家庭は愛に溢れていた気がする・・・

二歳の時　公共のプールで男の子にキスした
相手がビックリして泣き出して
浮輪ごとひっくり返った事件があった
友だちになりたかっただけなのに
「モンスター！」と叫ばれた

幼稚園に入り先生を追いかけ回した
「先生はみんなの先生！」と
突き放された・・・
愛情を返して欲しかっただけなのに

五歳　父の仕事でパリに住んでいた時
自慢のランドセルで学校に行ったら
「邪魔だよこれ！」と毎回言われた
帰り道「アジア人！黄色い外国人！」とも言われた

帰国して日本の学校へ入った
初日　挨拶のために前へ出ると
「外人！宇宙人！」と言われた
それでも私はまだ友達が欲しかった・・・

小学校中学年
私はおもてに出たくなくなった
ストレスでまつ毛を抜いていた
寂しかった・・・

中学校
急に人気者になった
「ハーフってなんかいいよね！」
「かっこいい！」
「羨ましい！」
私は混乱した
友達なんていらないって思いはじめた

そんなに上手く波乗りなんて出来ないよ
渡米してわかった
個々が尊重される環境で私はうずくまる思いだった

「私は誰？」（後半略）

本詩集『スモールワールド』（二〇二〇年一月、東京、コールサック社）は、おとうさまに詩人・仏文学者であった井上輝夫を持ち、おかあさまがシリア系のフランス人であり、家族と共に日本とフランスとアメリカで暮らしたことのある一女性詩人が日本語で書き、日本で出版した詩集である。内容は引用の詩部分が語るように両親の国際結婚で生まれ、両親から西欧文化を受け継いで育ったゆえに経験した外界との摩擦と葛藤がまずテーマとしてあり、最終的には「自分は誰か？」という問いとして提示される。異質の他者を排斥しがちな、現在の日本を含めたグローバルな地球規模の批判の詩集でもある。

詩集の経緯は、両親の国際結婚と両親に伴って生活した外地で示される、それぞれの多元文化の中のイジメと葛藤と、それを乗り越えて周囲の他者・社会と和を見つけて友を得たいという志向であり、得られない孤独である。最後にペンにより詩を書き続ける仕事の決意と仔猫たちとの共同生活が小さな世界として描かれるが、それまでに提示された告発はきつい。ラストの仔猫たち（ノラ猫）との生活は具体的には本詩集中の結論、ハッピー・エンドと意図されているのかもしれないが、井上さんの詩人としての本領発揮はむしろそれまでに語られる多元（両親の国際結婚）の生まれと、両親に連れられて外地で経験した異質の者に対するイジメ（差別・偏見）の正直な描写と告発である。同時に語られるものは、また両親の思い出の記録であり、彼等を失った悲しみである。それは愛の喪失・孤独として語られる。

その愛の喪失感と孤独感は、現在の日本・東京の核家族と老人の孤独という、より普遍的な社会問題、あるいは世界的に同じく横行する人種差別や偏見の告発としても読める。だが、具体的な社会問題を背景に潜めながら、詩人は愛の欠如と孤独（探しても友はいない）の悲しみとして詩を連ねて行く。その経緯で井上さんならではの固有の詩性と抒情が一貫して浮かび上がる。

井上さんによって描かれるその孤独は、詩集中、ふたつの流れに分流する。一つの流れは、多元のアイデンティティに生まれたゆえにいたるところでカルチャーギャップに出会い周囲に理解されない者の孤独の告発であり、支流として、家族の死を迎えてたったひとりに放り出されたひとりの女の孤独である。井上さんは、そのふたつの孤独をもろにかかえたまま強く生きようとする。その強さは、狭い日本の状況の中にあって、国際的な多元性をむしろ積極的に生きたご両親から受け継いだ強さかもしれないが、同時に戦後期の日本の、国際性の掛け声の下で消されて行った家族の役割と、人間同士の連帯の欠如を愛の欠如として私たちに強く訴えていることも確かなのだ。ご両親の思い出と回顧・追憶の詩によって、井上さんは自分のルーツの探求と孤独を認識し確認しつつ、ご両親の存命中に経験した愛とやすらぎの思い出を書く。それは家族という社会の一単位のありがたさと温かさを再び我々に訴えている。詩中でしばしば「あなた」と呼ばれる存在・他者が出現するが、それらは両親の生前の思い出の影、あるいは自分を自分として過去の記憶の中に造形する「もうひとりの私」（オルター・エゴ）として理解出来る。過去と現在はしばしば交差する。――銀製品を静かに磨く父（「鼓動」）、病院で一人いる母（「病院でひとり」）、カフェテラスでサンドイッチをひとりほおばる私（「秋の空の下で」）など。

そして以下の詩がある。

住むところが違うから
肌の色が違うから
話す言葉が違うから
わかり合えない　何かがある

手と手をつなぐに至らなくて
いつも　すれ違いを繰り返して
心と心の　会話が減っていく
わかり合えない　なにかがある

（「国境」より）

この詩はイジメの詩とも、差別や戦争を続けている現在の世界状況への根本的な告発とも読める。孤独を補う愛の具現という今日的な大きな問題が、詩人により家庭という「小さな世界」として括られているユミークさが本詩集の特色であるとも言える。だが本詩集の提示する問題は小さくはない。

日本近代は懸命に多元性を国際性として追って来た。だが一方では、単一性という日本の文化の特殊な固有性によって、成果半ばで残酷にも常に消されて行き、真の国際性に辿り着けない二重性がある。ゆえに本詩集は積極的に日本文化に多元性と他言語への視野を入れろ、他者の「差異」を負の否定要素ではなく、積極的な個人の個性として尊重しろという一詩人からの雄弁で貴重な愛の警告とも読める。与那覇恵子さんの英訳は見事と称賛したい。国際的なマイノリティの詩の中で中心的な核となるラヴとアイデンティティのテーマを英語でより明確に提示した。その理由は、与那覇さんの英語力と、女史自身が沖縄に住んで琉球語と日本の標準語を話し書き、同時に沖縄の若い人々に英語を教えているという多元のアイデンティティの中に図太く、あるいは何気なく生き、みずから「自分は何者か?」という探索の苦難と孤独を経験として乗り越えていられるからと推量した。以下は女史の翻訳である。冒頭の井上さんの詩の引用の一部に呼応する。

My own identity—
I did not know it
even after the age of twenty.
Perhaps I was raised with love.
When I was a baby,

I think
my home was full of love.
（略）
In junior high school,
suddenly I became popular.
"It's good to be mixed race, isn't it!"
"Cool!"
!I envy you!"
Confused,
I started to think
I didn't need to have friends.

I can't change so easily.
I don't go on how to go on.

I found this at last when I went to America,
in the place where
individuals are respected.
I crouched down.
Who am I?.
(Quoted from "Seeking Love")

「私は誰か?」という問いかけは、実は私が英語から日本語に翻訳した『現代アメリカアジア系詩集』の中での核となっていた苦闘の自問でもある。またシェイクスピアを含んだ世界文学に常に頻繁に出現する普遍的な問いかけでもあった。

　だが同時に、「通り雨」という井上さんの早くも冒頭に置かれた詩は、アジア性と日本性を同時に具現した名詩である。冒頭で井上さんは既に会得した土着・伝統の日本の詩性を見せた。それはやはりかつてのアメリカやカナダにおける日系詩人が苦闘して取り組んだ自分のアイデンティティとルーツ探求とに繋がる。国際性とはむしろ自己の異質性と個性を多元性も含めて他者に正直に語ることであるという逆説を、詩人は既に具現している。このベクトルが真の国際性と他者へのやさしさに通じ、日本詩人に期待されている世界詩貢献へのひとつの道のりでもあろうことを、一般詩人と一般民衆にさらに伝えることは私たちの義務としてあるだろう。井上さんにとっては、それは他界なさったご両親への限りない愛と帰依であったに違いない。

土の匂いが舞い上がる
初夏の通り雨
屋根のあるところから
そっと感じている

緑がよろこぶだろうな
花が野が
田んぼが畑が
よろこぶだろうな

（「通り雨」より）

井上摩耶英日詩集『SMALL WORLD／スモールワールド』解説
「世界はつながっている」という強い思い

鈴木　比佐雄

井上摩耶氏はすでに四冊の詩集と一冊の詩画集を刊行している詩人で、第四詩集で第50回横浜詩人会賞を受賞し、その詩篇は詩の批評家たちからも高く評価されている。今回この五冊から選ばれた三十四篇とそれを英訳した詩が合体された英日詩集が刊行された。井上氏は略歴で「シリア系フランス人の母と日本人の父の間で横浜に生まれる」と記している。母はフランス語が母国語で英語も堪能であり、亡くなった父は仏文学者で詩人の井上輝夫だったので、父母とは日本語だけでなくフランス語や英語でも会話しあっているのだろう。つまり井上氏と父母は三ヵ国語を話すトリリンガルな関係だったのだろう。ただ井上氏の母国語は日本語であり、英詩としての完璧を期すために詩人で英語学者の与那覇恵子氏に翻訳を依頼した。井上氏は母やフランス・アメリカなどに暮らす親族や留学時代の友人たちにも自分の詩を読んでもらいたいという思いがあった。と同時に自分の関係する「スモールワールド」を世界の多くの人びとに読んでもらいたいと願ったのだろう。本詩集はⅠ章「通り雨」、Ⅱ章「スモールワールド」、Ⅲ章「ひだまり」に分けられている。Ⅰ章の冒頭の詩「通り雨」の初めの三連を引用したい。

土のにおいが舞い上がる／初夏の通り雨／屋根のあるところから／そっと感じている／／緑がよろこぶだろうな／花が野が／田んぼが畑が／よろこぶだろうな／／人は傘や種を探すけれど／自然には不可欠な雨／なんだか不思議／共存していることが

Standing under the roof／during a passing shower in early summer／I smell the dust／thrown up by the rain.／／Greens may be happy now.／Flowers and plants,／rice fields and vegetable fields—／all may be happy now.／／People are busy looking for roofs and umbrellas.／But rain is necessary for Nature.／It is strange／that we are living together

日本語で表現されている「通り雨」はとても繊細な感受性だ。一連目は初夏の晴れた青空の下で乾いた土の上に、雨雲が空を覆い雨が突然降ってくる。井上氏は屋根のある所に避難して、雨が上がるのを待っている。すると雨に打たれた土が舞い上がって井上氏は土のにおいを感じてしまう。この場面は浮世絵に描かれた「にわか雨」のようで、井上氏は歌川広重「東海道五十三次」の大磯での「通り雨」にタイムスリップしているかのように雨を詩にしている。また自然の変化を楽しむ日本人の暮らしの感受性を見事に表現している。このようなことを日本人の感受性と限定することは間違いであり、多様な国々でそのような自然の繊細な変化を楽しむ民衆は世界中に存在していると井上氏は暗示しているかのようだ。

欲しいと願っている。

二連目は自然の植物の気持ちを代弁するかのように、「緑がよろこぶだろうな」と語る。雨を避けようとする人間に対して、雨を歓喜している植物たちの気持ちに成り代わっている。同じ雨なのに人と植物の感じ方がこれほど異なることに気づき「なんだか不思議」と語っている。井上氏は人と植物の両方の気持ちを取り持つような、目に見えないけれどもこの生きている世界で「共存していること」の「不思議」さを感受してしまう詩人なのだ。翻訳者の与那覇氏は井上氏のそんな感受性のリズムやイメージを日本語が隠している主語を補いながら英語のリズムに見事に英訳している。

地球環境が経済活動による人間の欲望で急速に破壊されつつある情況で、自然への敬意をいかに取り戻し、本来的で持続可能な人間の生き方が根源的な問題として問われている。その際に井上氏の詩「通り雨」のような感受性を取り戻すことが大切だと思われてならない。つまり「スモールワールド」の感受性が世界を変えていくことになるのだという思いが井上氏にあるだろう。最後に詩「スモールワールド」の冒頭の一連を引用して、この小論を終えたい。

「ねぇ、世界は小さいって言うけれど本当かもね／願えば叶うって言うけれど本当かもね／世界が繋がっていて／みんなの願いが叶っていくのかもね」この「世界はつながっている」という強い思いが、英日詩集「SMALL WORLD／スモールワールド」を作り出した井上氏に存在するのであり、今後も詩を書き続ける詩的精神になっていくのだと私には思われてならない。そんな井上氏のみずみずしい三十四篇を英語と日本語で読んで

小坂顕太郎詩集『卵虫』栞解説
「卵虫」的なイメージ力が溢れ出てくる詩篇群

鈴木　比佐雄

1

小坂顕太郎氏が第一詩集『五月闇』を二〇〇八年に刊行されてから、十年以上を経て第二詩集『卵虫』を刊行した。一読して感じたことは小坂顕太郎氏の美意識がさらに深まり突き詰められて、一行一行の詩行にどこか人肌を感じさせる艶が輝きだしていることだ。このように感じさせるのは、洒脱でありながら温かさも感受させてくれる美意識の強靱さであり、小坂氏の持ち味である絵画的なイメージ力の豊かさであるのだろう。

喩えて言うならかつて私が書いた詩「金魚売り」の青年のような生き方に酷似していると感じた。学校近くの豆腐屋で豆腐売りをしていた威勢のいい青年は、病に倒れて店を閉じた。それでもしばらくすると台車を若者に引かせて今度は金魚売りを始めた。金魚鉢が積み重ねされて、のどかな金魚売りの掛け声とともに、吊るされた丸いガラスの金魚鉢から美しい緋色の金魚が体をきらめかせながら空中を泳ぐのだ。それは今思うと夢の時間のようだった。下町の子供たちが金魚を見るために家を飛び出て、台車の後をついていく。死期を悟った病んだ青年は、そんな子供たちの眼を輝かした姿に傍らで目を細めている。死を前にしても青年はこの世に子供たちに金魚の泳ぐ優雅な美意識の在りかを残していった。その青年のように小坂氏は十年以上の歳月をかけて美意識の結晶である「卵虫」を核にして一冊の詩集を私たちの前に残そうとしたのだと感じられた。

詩集『卵虫』は、Ⅰ章「卵虫」八篇、Ⅱ章「紫金錠」八篇、Ⅲ章「クレタの世界」九篇、終句の一篇の合計二十六篇からなっている。Ⅰ章は「終日」から始まっており、「終句」で終わりにするという配列になっている。詩「終日」を引用する。

終日

朝を粉《こ》にして水に溶き／喉をしめらせ　よそ行きの／身支度をととのえる　さりとて／何処へ出かけるでもなし／誰かがやって来るのでもなし／昼は　日だまりの／あわいの動きなど観察し／終日漂い　机に座して　黙然／夜明けを頼ればごうごうと／一日がまたうそぶきはじめる

この詩の冒頭の「朝を粉《こ》にして水に溶き／喉をしめらせ」とは、朝の光をグラスの水に射し入れて、光のエネルギーが水に注ぎ込まれ、光が屈折して輝く水となり、そんな光に満ちた水で咽喉を湿らすことを小坂氏は日課にしているのだろう。そして「よそ行きの／身支度をととのえる」のだ。朝になることはきっと甦ることであり、そのためには身を清めるように「よそ行きの／身支度」を自然にしなければならないのだろう。けれども「さりとて／何処へ出かけるでもなし／誰かがやって来るのでもなし」なのだ。他者のために「身支度をする」のではなく、自らのために「よそ行きの／身支度」をすることこそが必要であり、それが小坂氏の美意識そのものなのだろう。次に「昼は
　日だまりの／あわいの動きなど観察し／終日漂い　机に座し

て　黙然」とは、この世界の日の当たる場所の多様な関係の悲喜劇を見続けて、「終日」心を空しくして沈黙を続けていることだろう。そんな日中の沈黙が深ければ深いほど、「夜明けを頼ればごうごうと／一日がまたうそぶきはじめる」のだ。この「日だまりの／あわいの動きなど観察し」たことが、きっと夢の中で化学反応を起こすだろうと眠りにつくのではないか。その結果「夜明けを頼ればごうごうと」として目覚めるのだろう。「一日がまたうそぶきはじめる」とは、その夢の破片が再び「朝の粉」となって甦る一日を始まり予感させている。そして新しい物語の始まりを夢見る存在として「日だまりのあわい」を生きようと告げているのだろう。その意味では小坂氏の「終日」とは、夜明けから翌日の夜明けまでの終わることのない「終日」の繰り返しなのかも知れない。さらに言うなら「一日がまたうそぶきはじめる」とは、「日だまりのあわい」を夢見て再構築したものを言葉だけで再現しようと物語ろうとしているのかも知れない。この詩は小坂氏にとって自らの詩を解き明かす詩論とも言えるだろう。

2

次に二番目におかれた詩「水滴」の冒頭の二連を引用してみる。

水滴鳴る隈笹の／小雨の小径の数間前を／酉の子色の淡い着物の女が一人往き／私は主に女の／しっかりとした／足首の蔭ばかり見てやたら歩いた／／ときにうかうかして居ると／鶯がそのあいだを横切ったり／霰が落ちたり／蜩がかしましくしたりして／女は肌色をいそがしく変える

小坂氏は「水滴鳴る隈笹の／小雨の小径の数間前を」歩いていく着物の女の後をついていく場面を設定してこの詩を始める。この日本画のような場面が動き出していく懐かしい美意識を再現していく言葉だけが選ばれている。この女がまとう着物の「酉の子色」とは、「ごく淡い黄褐色」という鶏の殻の伝統的な色だ。その色彩の着物をまとった女の「日だまりの／あわいの動きなど観察し」たものがこの詩なのだろう。小坂氏は女の「足首の蔭」や「女は肌色をいそがしく変える」さまを偏愛している。「鶯がそのあいだを横切ったり／霰が落ちたり／蜩がかしましくしたりして／女は肌色をいそがしく変える」という表現などは、鳥の鳴き声や天候の変化によって「肌色」が微妙に変化していくさまを捉えている。自分が愛するものだけを書き貫くことが小坂氏の詩的展開なのだろう。この女を追って小径を抜けていく「あわい」に感じたことを記すことは、私たちが忘れていたシンプルな暮らしの美を発見させてくれる。最後の四連を引用する。

私と／女人との／歩幅の距離が縮まろうとするたび／雨垂れが／笹を／砂利を／しげく打つ／／小径を抜けた向こうは／たいへん晴れた空である／ところが出口には／なかなか辿り着けないようである／／水滴鳴る隈笹の／小雨の小径の／往き帰り／私は／このひとの／永劫蒼天の情夫だと／／そう／考える

私と女人との距離は雨だれが邪魔して縮まらないし、小道を抜けた向こうにも辿り着けない。なぜなら向こうに抜けることが目的ではなく、この「水滴鳴る隈笹の／小雨の小径の／往き帰り」を同伴しそれを反復することが目的だからだろう。きっと私たちが生きることを喜びと感ずる瞬間とは、このような些細であるが濃密な経験が大切であり、そこで何を感ずるかが一人ひとりの課題なのかも知れない。小坂氏は「私は／このひとの／永劫蒼天の情夫だと／／そう／考える」と言う。「酉の子色の淡い着物の女」の「永劫蒼天の情夫」だと考えてしまうほどに艶のある光景が、詩「水滴」の中に実現されている。

3

「卵虫」とは、野性のフナの突然変異したものを交配して作り上げた金魚の一種で、ずんぐりして背びれがなく、頭には肉瘤があるものとないものがある。背びれのない真上から眺めると、金の鎧兜を着てゆったりと泳ぐさまがなんとも言えない不思議な存在感を漂わせる。日本人が観賞用に作り上げた「卵虫」の存在感に小坂氏は心惹かれていて、次の詩「卵虫」を作り上げてしまった。冒頭の一連と最後の二連を引用してみる。

明るい夜の庭先へ／分の厚いガラス窓が／幾重になり打ち捨てられて／数日前　気付いたのと同じに／青い縦型便箋がそこへ嵌まって居る／私は　それがいつまでも手元に届かぬことを知り／内心　不安であった／（略）／夜露の重みで垂れ下がった若枝が／大きく撓《しな》ってはね戻り／ぴしゃりと背中を打って雫を降らすと／私は頸筋の蔭へ／冷え切った　誰かの呼吸の張付くような／畏怖に近い湿度のようなものを感じて／身体を固くした／／便箋が／ようやく手元に届けられたのだ／しかしそれはもうはや封が開けられていて／と　思うまもなく中から／緋色の卵虫が／片足へ／ぽつむと落ちて／拇趾と第二趾との間を／見事に遊泳する

いつ届くのか不安がっていたが、ようやく「青い縦型便箋」がいつの間にか届いていた。しかしその郵便物は封を開けられていた。すると「緋色の卵虫」が「ぽつむと落ちて」きて、「拇趾と第二趾との間を／見事に遊泳する」のだ。この「便箋」の中から「卵虫」が落下しながら泳いできて、足の親指（拇）と第二拇の間を泳いで抜けていくというイメージは、読者に「卵虫」が身体にまとわりつくような「誰かの呼吸の張付くような／畏怖に近い湿度のようなものを感じ」させてくれる。なぜフナから人工的に交配して創られた存在の「卵虫」について、小坂氏が偏愛をいだいているのかを推測すれば、人間という存在もまた突然変異を繰り返して、美的存在でありながら実はグロテスクでもある両義的な存在であると考えているのかも知れない。つまり「酉の子色の淡い着物の女」と「卵虫」は異なる存在だが、どちらも掛け替えのない愛すべき存在なのだろう。小坂氏の詩的方法は、この世に存在していないイメージに憑かれるように突き進んでいくところだろう。以上の三篇以外のⅠ章の詩篇もまた小坂氏にしかできない「卵虫」のような水のイメージ力が展開されている。Ⅱ章「紫　金　錠」は「紫　金　錠」、

「鉱物」、「青猫」など物や生き物を凝視した詩篇群であり、Ⅲ章「クレタの世界」は、荒々しい他者と交流し世界の事物とも交感するイメージを広げていく世界だ。それらの横溢していくイメージはとても興味深い。

Ⅰ章の最後の詩「盗賊　Yoshioka M. hommage」はサブタイトルでも分かるように詩人の吉岡実に捧げた詩篇であり、吉岡実の詩「僧侶」に呼応した作品になっている。この詩を引用して、この小論を終えたい。小坂氏の自分の書きたいことだけを書いた詩篇を多くの人びとに読んで欲しいと願っている。

真夜中の／光る／柔《や》らかい／しめやかな／球体が／白い羽織を纏い　間延びし　縦型の半固体となって　膨張する頃／／幾億匹の蛙が一斉に鼻づらを上へ向け　無声の野をつくる／その鼻先を三人の盗賊が渡る／一人は坊主／一人はざんばら／一人の頭は青白く発光したように見えてよく判らなかった／／小沼の浮島で／ばら蒔く／戦利品／／一つは坊主の／猫の手／一つはざんばら／天狗面／一つは青白い者／底の抜けた金魚鉢／それをうやうやしく被る／／互いに歓び合い／互い鼻を顰め／取っ組み合う　三様の盗賊（略）

元澤一樹詩集『マリンスノーの降り積もる部屋で』巻末解説

人間になりたい――存在の深い闇から放たれる言葉

大城　貞俊

元澤一樹の詩に出会ったのは二〇一七年の第10回「びぶりお文学賞」の受賞詩が初めてだった。琉球大学附属図書館主催で県内の大学や大学院大学、短期大学、高等専門学校に在籍する学生を対象にした文学賞で、若い感性や新鮮な発想に出会える機会を楽しみにしていた。

その年の詩部門の受賞作が当時沖縄国際大学二年次の元澤一樹の「アニマルテーゼ」だった。一読後、強い現代性を帯びた詩世界に圧倒された。逆説的な喩法や挑戦的なレトリック、豊かな語彙力に支えられて時代を批判する言葉の重さや慧眼に驚いた。

二〇一八年には第14回「名桜大学懸賞作品コンクール詩部門」で最優秀賞という朗報を耳にした。また二〇一九年には「石川・宮森630会」が主催した「平和メッセージ作品一般成人詩部門」で最優秀賞を受賞する。元澤一樹の詩は次々と高い評価を受けて一気に注目された。

びぶりお文学賞を受賞した詩「アニマルテーゼ」については、選考委員の松原敏夫と宮城隆尋は、その年に出版された作品集の選考評で次のように述べている。

作者は現代という時代に対する意識を持っている。その現代意識から発する言葉、世界のあり様を告発し描いている。作者は現代がアニマル（動物）化していると見ている。現代の人間の状況への辛辣な批判というか、生き物を殺める事への無感覚。コンピュータに依存した、実感のない世界、愛の不在、神への不信、疑義、この救いがたき世界。そういうことを、イロニー、諧謔、アナロジーを使って書いている。（中略）受賞作にしたのは詩にかける作者の現代精神がよくでているからだ。技法云々ではない。現代詩にとって、こういう世界の現実の姿に関心をもって、自分の言葉を投げかける行為が必要である。（松原敏夫）

人間の動物性を徹底的に肯定することは、人間が神と同じような崇高な存在であることのおごり高ぶった認識に対する強烈なアンチテーゼとなる。「アニマルテーゼ」はそこからさらに、創造主である神の動物性にまで視野が及んでいる。（中略）

人間はもちろん、神でさえ、食い食われる動物や虫と同じ存在であると言いたげだ。優しさの正反対のパワーは、結果としてそれらの優しい詩に対しても、その欺瞞性を暴くことになる。このパワーの基底には、神は人間が作り出した虚構でしかないという考えがあるのだろう。物事を上下で考える価値観に対しても、強烈なアンチテーゼになっている。世界とは何か。神とは何か。読み手の価値観を揺さぶり、再考を促す力強さだ。（宮城隆尋）

二人の選者は山之口貘賞の受賞者であり実作者である。この評は本詩集を読む際にも大いに参考になるはずである。

※

二度目の驚きは、本詩集出版のためのまとまった詩篇を読んだときだ。多くの言葉を費やすことは憚られるが、詩の言葉の生まれる場所が、存在の深い闇に錨を降ろしてじっくりと思考された場所であったことだ。痛烈な批判精神や強い現代性は社会を対象にしただけではない。自らをも対象化し諸刃の剣で切りつけるものであったという衝撃である。自らの不安や焦燥感、怒りや孤絶感からの脱出が必死に模索されているということだ。

このためにこそ様々な詩の方法が試されるのだ。「猫は殺すに値する」に見られるシニカルな逆説、「十代」に見られる果敢な比喩、散文詩でありながら凝縮された言葉が氾濫している「日出処平成バトルロワイヤル」、言葉の解体と収斂を実験して視覚的な言葉を創出することに挑戦した「蔓」、いずれにも認識の凶器としての言葉が潜んでいる。

小動物や昆虫や微細なバクテリアの死骸をもマリンスノー（海雪）と喩えて凝視する言葉は、形而上学的思考を生活の言葉で考える方法とも思われる。猫もイソギンチャクもヒグラシも蟋蟀も、ウワバミさえもが、生死が照射され公平な命を持った対象とされるのだ。

人間であること、人間とは何か、私は人間か。人間はどのように定義すればいいのか。どのようにすれば人間になれるのか。人間になりたい。「人間になろうと、できない脱皮を試みる。透明人間みたいな人造人間みたいな人間モドキの私」（「ウワバミ」）……。

若い詩人の奮闘する言葉は、アポリアな問いに果敢に挑戦しているのだ。自らを把握する言葉は痛みを伴った赤裸々な言葉こそが相応しい。ピュアな心を曝けだし、生理的な言葉にこそ真実は宿ると主張しているようにさえ思われる。本詩集の魅力は、この粉飾ない真摯な姿勢にこそあるように思われるのだ。

※

言葉と格闘した高名な詩人にパウル・ツェランがいる。パウル・ツェランはユダヤ人であるがゆえに先の大戦で強制収容所に拘留され両親は殺される。彼は奇跡的に生き延びるが全てを失ったというツェランには言葉だけが残されていた。ツェランは記憶を語る言葉と格闘しながら詩を書いていく。死者たちを悼む言葉ではなく死者と共にある言葉を探し続けて詩集を出版する。しかし、やがて言葉に対する無力感と絶望感に苛まれセーヌ川に投身自殺をする。死の恐怖と沈黙の時間を経て獲得した言葉は彼を救ってはくれなかったのだ。

それでもなお人間は戦争の悲劇を描き続けてきた。ベトナムの作家パオ・ニンの「戦争の悲しみ」や中国の作家莫言の「赤い高粱」などは、戦争によって人間が破壊される凄まじい現実を描いている。権力に隠蔽される記憶に抗うように言葉を紡いできたと言っていい。戦争は正義を掲げて平和を破壊する。権力は歴史を歪曲し、弱者の記憶を葬り去るのだ。

詩人もまた同じ困難を担って詩の言葉を探し続けてきた、例えば在日の詩人金時鐘（キム・シジョン）もその一人だ。一九二九年日本の植民地時代の釜山で生まれ、熱烈な皇国少年として成長し日本の敗戦に涙を流したという。ところが、敗戦を機に日本語でしか思考できない自身の分裂したアイデンティティに気づく。そして朝鮮戦争後の軍事政権下で勃発した済州島四・三事件に巻き込まれ日本へ脱出する。日本語で思考する自らを対象化し日本語の短歌的抒情に抗う言葉を探しながら長い沈黙を経て詩を発表する。人間であることは言葉を求めることかもしれない。失った古里を探すことかもしれない。

若くして登場した詩人元澤一樹の行方は未だ茫洋としている。推測の域をでないが人類の「償いの場所」を求めているようでもあるし、「欲望の最果て」の場所の色彩を見極めようとしているようにも思われる。あるいは孤絶感からの脱出を目途にしているのかもしれない。

しかし、元澤一樹はいかなるときも人間を離さない。人間であることをやめず、人間になることを諦めない。若々しい感性から弾き出される言葉は私たちを勇気づけてもくれるのだ。一人の詩人のデビューに立ち会い、第一詩集の解説を書くことは名誉なことだ。

元澤一樹の詩の一つに「搔爬」がある。冒頭部と終末部は次のように書かれている。

> 雑居ビル共の軋み／がなる家鳴りの稲光／その瞬きは儚き香りを伴い／カラタチの梢は震え葉は揺らめく／ヒバリの羽ばたき新たに／煮えたつ苛立ちを腹の底で感じつつ／まだ火の点いたままの煙草を踏んだ／／（中略）
>
> 朽ち果てた身体と身体／絡み合うのはもはや渇いてヒビ割れた指だけ／風化していく現世たちまち狂い／煙に巻かれて凪は凪ぎ　老いは留まりいずれは止む／売られた春を買ってった男はもはや輪廻へ帰り／今や獣の腹の中で無邪気な夢を逍遙するだけの卵割の行く末／雪解けた水が蒸発し漂う鉄錆の町に紅は熟れ

若い詩人元澤一樹の前途を祝し、いかようにもスディル（脱皮する）であろう言葉の行方を期待してやまない。

（作家・元琉球大学教授）

二階堂晃子エッセイ集『埋み火――福島の小さな叫び』解説
福島の「埋み火」を人びとの胸に灯すために

鈴木　比佐雄

双葉町出身で現在は福島市に暮らす元小・中学校教員で詩人の二階堂晃子氏が、エッセイ集『埋み火―福島の小さな叫び』を刊行した。二階堂氏は東日本大震災・東電福島第一原発事故後に三冊の詩集『悲しみの向こうに』、『音たてて幸せがくるように』、『見えない百の物語』を刊行してきた。そこでは類例のない大地震と原発事故に遭遇した家族・友人・教え子など福島の人びとの生きる姿や思いを自らの内面を通して語っている。二階堂氏は深い情感の持ち主であり、他者の行動や言動の中に自らが生きる励ましを感じ取ってしまう。その生きる感動を伝える方法として詩作があるのだが、それと同時並行的に二階堂氏は多くの人びとに伝える方法としてエッセイを書き記してきた。今回は三・一一から九年が過ぎようとする現在、この激動の時間を記録として残し、これからも続く福島で生きる意味を再認識したいと願っているのかも知れない。エッセイ集『埋み火―福島の小さな叫び』は四章に分けられている。二十四篇のエッセイ、一篇の散文詩、二篇の講演録と講演抄録から成り立っている。

一章『花見山交響曲』八篇は、近くの「花見山公園」、孫の成長、小旅行、知人など身近な人びとの懸命に生きる姿を垣間見て、少しずつ暮らしを取り戻すことが記されている。

「花見山交響曲」では地元で花の公園を作り出し、無料で一般公開している花卉農家の阿部一郎氏を紹介している。阿部氏の「花は私の人生の全てである。花と会話しながら生き方を見つめてきた。多くの方に見て欲しい」という言葉を引用している。原発事故後も変わらず続けて多くの人びとに「花と会話すること」を勧め、数年前に亡くなった阿部氏の生き方に二階堂氏は深い共感を抱いている。二階堂氏のエッセイの味わい深い特徴のひとつは、淡々と地域のために活動する真摯な生き方をしている人物に光を当てて、その持続することから見えてくる精神の輝きを伝えてくれることだ。それはひたむきに生きる他者を通して自らも真摯に生きたいと願うからだろう。

「ギアチェンジ」では八歳の孫をあずかると夜半に家に帰りたいと泣き出した。二階堂氏は「君は幸せだね。君の心の中にはパパとママの君を大切に思う宝物がいっぱい詰まっているんだね」と語り、何とか眠りにつかせた。翌日の孫の日記帳を見ると「ばーばが僕の心に宝物がいっぱい詰まっていると言いました」と書かれてあった。二階堂氏が「心に宝物がいっぱい詰まっている」という実感を子どもたちが自然に持つことは、実はかなり難しいことなのかも知れないと思われてくる。なぜなら父母や祖父母や教師たちの損得を超えた日常的な心を込めた接し方が問われることでもあるからだ。二階堂氏は孫のことを語りながら、子どもはもちろんだが、大人になっても「心に宝物が詰まっている」という心の在りようがあれば、多くの危機を乗り越えて行けるのではないかと暗示しているようにも思われる。その他のエッセイも暮らしの中で発見した興味深いことに、周りの人びとと一緒になってその謎を解き明かそうとする好奇心が存在し、それが文章を生き生きとさせる要因となっている。

二章「わたしはマグロ?」八篇では、三・一一以後に再会した教え子や知人や詩人・芸術家たちとの交流が書かれている。冒頭のエッセイ「わたしはマグロ?」では、教え子の一人は三十年前に卒論で原発の危険性を論じ、「原発は事故を起こすと、その災害は防ぐことができない」と予告していたと言う。そんな先見の明のある教え子から頼まれて大学で講演をした際に、教え子は二階堂氏を「この方はマグロと同じで、回遊していないと死んじまうんです」と紹介した。二階堂氏が福島の被災者の現場を直視して活動していることを「回遊」と喩えたのだ。二階堂氏が教え子たちにとても親しまれ尊敬されていることが分かる。また私たちの存在もまた「回遊魚」のように世界と呼吸しながら生きている現実を知らせてくれる。この章には教え子たちの多様な人生模様や被災後の若者たちの語れない深い思いなどが記されている。

三章「埋み火」八篇では、冒頭の「月命日」で二階堂氏が電話相談ボランティアを担当し、「福島県の被災者の今なお続いている苦しみや孤独」について話を聞き続けていることなどの深い思いが語られている。二階堂氏は相談者から〈「地震は現在を奪い、津波は過去を奪い、原発事故は未来を奪った」と話されたことが胸にいたい〉と語っている。被災者の胸の内は全ての時間を奪われた誰にも言えない空虚な悲しみなのだと気付かされる。そうであるからたった八年で癒されるわけはあり得ないことが伝わってくる。タイトルにもなった「埋み火」では、二階堂氏が胸の思いを次のように吐露している。「どこかで人を励ましたり社会に貢献ができたりするようになりたいと、いつも灰の中で埋み火を保っているつもりだ。まだ囲炉裏で暖を取っていた幼いころ、前の晩に灰の中に埋めた炭火が、翌朝、まだ赤々とその種火を保っていた光景は脳裏に焼き付いている。わたしの中には消えない種火が燃えている。まだ自分の成長を願う小さな叫びがあることを一人確かめていた。」この「どこかで人を励ましたり社会に貢献ができたりするようになりたい」という苦悩する他者たちに寄り添い、何かできることはないかという思いこそが「埋み火」なのであり、それが「小さな叫び」となって詩やエッセイとして表現されてきたのだろう。

四章「ふるさとを思う」には津波に流され奇跡的に生還した兄のことを記した散文詩「非日常の始まり」、学生たちに話した「ふるさとを思う―思いをことばに託して」、「学生さんたちへ」の二篇の講演録と講演抄録が収録されている。これは二階堂氏が三・一一以後の光景や情況を自らの詩篇を通して他県の学生たちに、その目撃した福島県浜通りの実相を若い世代に伝えようと試みた講演と朗読が織りなす記録である。また学生たちからの反応や語り合ったことも記されている貴重な講演抄録でもある。このような講演者と学生たちが双方向で福島の被災者たちの思いを共有化して語り継いでいくことは、とても重要なことだろう。二階堂氏だけでなく多くの被災者たちの「埋み火」が「小さな叫び」となって多くの人びとの胸に温かく灯されていくことを願っている。

Saburo Moriguchi 守口三郎 英日詩集『Two Dramatic Poems: THE ANGEL OF SUFFERING ZEAMI 劇詩 受難の天使 世阿弥』

郡山 直

この本「劇詩 受難の天使・世阿弥」を最初読んだとき、わたしは著者の多くの分野における深遠な知識と優れた文学的才能に深い感銘を受けた。著者守口三郎教授は旧約聖書、新約聖書、神学、哲学、歴史、人類学、地理に関する書籍に加えて、コーカサス地方の研究も参考にされたという。二番目の劇詩「世阿弥」に関しては、広く仏教の経典、禅語録、法話、能、世阿弥の伝書、世阿弥に関する研究書を参考にされたという。著者はまた「時代別国語大辞典・室町時代編」「佐渡方言辞典」も参考にされた。

最初の劇詩の第五場で援助の天使は、人間の樹上生活から、両足で歩く地上生活への進化と人間の飽く事を知らない貪欲によって引き起こされている深刻な問題が、次のような文章で述べられている。

「人々は農耕や牧畜の技術を身につけた　こうして生活はより安定し　子孫を増やした。だが生存の本能を超え
自己保存の意識を強めた人類は　欲望が募り　遂にうねり
渦巻く欲望の泥海から　魔性の我欲の毒蛇が躍り出たのだ
……」

「物を必要以上に所有し貯えると　他の部族の
侵略を恐れ　防塁を作り武装した。恐怖は不信を生み　不信
は
敵意を生み　敵意は攻撃を誘発した　恐怖は悪心の母胎なの
だ……」

それから、正義の天使が言う。

「朝日を浴びる人々は　冷えた化石の心を温かい血肉の心に
変えられる。かれらは滅びの車を降りて　夜明けの世界の
大地を踏みしめ　その感覚を取り戻し　ゆっくり歩き出す。
かれらは立ち止まり　大地の傷を涙と汗で癒し　大地の病
を　同情と労苦で治す。荒地を緑野に変え　甦った草花を愛
で　戻ってきた鳥の歌を聴き　大地の恵みの実りを収める」

この劇詩「受難の天使」はすごく鮮やかに、力強く、美しく、書かれていて、今までに書かれた最も重要な劇詩の一篇である、とわたしは思う。

二番目の劇詩「世阿弥」は佐渡を旅行している失職中の現代日本人男性と能役者、能劇作者、批評家、世阿弥（一三六三―一四四三）の霊との対話が主体となっている。第三場で世阿弥の霊は旅行者にこう言っている。

「春麗らかな一日は　海辺に行きて　白波寄せる荒磯に立ち
魚群れる早潮望み　轟き響む海鳴りを　龍神うなる謡とし
岩壁を打つ怒濤を鼓に　海の涯より照り渡る光に向かい
鰭魚《はたうお》恵む神仏に　沖の漁りの無事祈り　風を鎮める舞を捧げた」

「遠山に　花の雲の霞かかれば　花に誘われ　心浮き
急ぎ出で立ち　山路分け入り　風に散り舞う花の光に
万象の心を観じ　野辺に咲き散りゆく花を惜しめども
心より心に映る面影の光の花こそ　常住不滅の花と知り
われは空の桜の精となり　山渡り花吹き散らす嵐を笛に
行方を知らず　無常安穏　転身歓喜　仏法散華の舞を踊った」

「行く春を惜しみ送るも　今は限りと心がけ　風薫り
花咲きすさぶ野にも出で　色とりどりの花と語らい
光さす青葉若葉の林に入れば　ほしいまま鳴く山鳥を
笛と鼓に　谷川の高鳴る音を謡とし　精爽やかな社で舞い
風そよぐ植田に立ちて　黄金の瑞穂の実りを祈り　遠田の
蛙の天にも届く声を謡に　望み見る満目青山を讃えて舞った」

　この序文で、わたしがどんな言葉を使っても守口三郎教授のこの劇詩の美しさ、力強さ、素晴らしさ、を十分に説明することは出来ない。作品そのものに説明してもらいましょう。この素晴らしい二篇の劇詩を英訳することは、わたしにとって実に素晴らしい経験でした。世界中の読者が、老いも若きもこの本を愛読してくれることを期待しています。この英訳書を海外の読者も対象にして出版するに当たり大きな援助を下さった守口三郎教授夫人とコールサック社代表鈴木比佐雄氏に深い感謝を述べたい。この英訳書を編集して下さった清泉大学のブルース・アレン教授にも心から感謝申し上げたい。そして世阿弥に関する質問に答えてくれた相模原市立図書館の館員の方々にも深く感謝いたします。最後に、文体に関して、いくつかの名詞、形容詞の重要性を強調する目的で、その頭文字を、わたしの判断で大文字にしたことを読者の皆さんにご了解頂きたい、と思います。例えば

"Fear bred Distrust, Distrust bred Hostility,
Hostility induced Attacks. Fear is the Mother of Wickedness…"

恐怖は不信を生み、不信は敵意を生み
敵意は攻撃を誘発した　恐怖は悪心の母胎なのだ……

注・恐怖(fear)、不信(distrust)、敵意(hostility)、攻撃(attack)など抽象名詞は、文中に出てくるときは小文字で始まるのが普通であるが、意味を強める目的で頭文字を大文字にした。

みうらひろこ詩集『ふらここの涙　九年目のふくしま浜通り』
「ふらここ」がいつまでも故郷で待ち続けている

鈴木　比佐雄

1

浪江町に暮らしていたみうらひろこ氏の第十一詩集『ふらここの涙――九年目のふくしま浜通り』が刊行された。前詩集『渚の午後――ふくしま浜通りから』から五年ぶりであり、原発事故から九年目を迎えた奥付で出された詩集だ。この五年間には浪江町に戻ることが出来ずに、いまだ仮住まいのような思いだろう。しかし夫で詩人の根本昌幸氏と孫と一緒に相馬市内に家を求めて暮らしを再建し始めている。福島の詩人たちの中でもこれほど東電福島第一原発事故から直接的な被害を受け、今も受け続けている詩人たちはいないだろう。夫の根本氏は江戸時代から続く「相馬野馬追」に関わってきた士族の家系であり、そこに嫁いだみうら氏は地域に根差した暮らしをしてきた方だ。それを一変させたのは、大震災・原発事故だった。初めに避難した先は浪江町の北西部の津島だった。ところが原発事故の高線量の放射性物質は北西の風に乗って津島やその先の飯舘村に降り注いでいた。みうら氏たちは、津島地区に避難したことで被ばくしてしまった。その被ばくの事実を踏まえて暮らしてきた思いが今回の詩集の根底に流れている。

　みうら氏の詩の特徴は、身近にあるが普段気にも留めない暮らしの事物から、福島県の浜通りの人びとの心情を、それに仮託して一つの地域の物語にして紡ぎ出し、多くの人びとの心に届くような独特な寓話的比喩表現で詩を生み出していることだ。

2

タイトルの一部の「ふらここ」とは俳句の春の季語で漢字では「鞦韆《しゅうせん》」と記され、「ぶらんこ」のことを指して、「鞦《かわひも》」を「韆」（前やうしろに動かす）ことを意味している。古代では二本の革紐で横木の端を結んでゆすった遊戯を指していたのだろう。また「ぶらんこ」にはポルトガル語の balanço（バランソ）にも語源があるという説もある。みうら氏はなぜ「ぶらんこ」ではなく古語の「ふらここ」にしたのだろうか。それは昔から母子や子供たちが「ふらここ」で遊ぶという、ゆったりした時間への郷愁を抱いているからだろうか。また三・一一が起こった春を忘れてはならないと思い、春を想起するときの涙を「ふらここの涙」として自らの心に刻ませようとしたのだろうか。またみうら氏に引き付けるならば亡くなった娘や残された孫と遊んだ思い出を想起する時を「ふらここの涙」としたのかも知れない。いずれにしろ「ふらここ」の時間に回帰させ、「ふらここの涙」を読者自身に感じて欲しいと願って名付けたのだろう。

　詩集題にもなった冒頭の詩「ふらここの涙」を引用してその試みを辿っていきたい。

人の姿が消えて／人の足音も息づかいも／すべてが消えてしまってから／幾つもの季節が移っていった／／阿武隈山系の赤松の枝を揺らし／風は海へ向かって吹き抜けてゆく／その風の中に私は所在無げに／思い出に浸り身をゆだねてゆれて

ます

一行目の「人の姿が消えて」いくことは、「人の足音も息づかいも」無くなり、人の存在感がすべて喪失してしまい時が過ぎていったことを告げている。その中で阿武隈山系の山々の赤松を揺らし、時に「ふらここ」のことも揺らし海へ向かう風が吹いていていったのだろう。その風の中で残された「ふらここ」の「私」は「思い出に浸り身をゆだねてゆれて」いるのだ。

この里の小学校に／大勢の人や家族が押し寄せて／私は思いもよらず沢山の子供達に囲まれ／幸せなひと時を過ごしたのは／この校庭の隅に私が「設置」されてから／初めてのことでありました／／風の音でもない／すさまじい人の声と車の音に／私が目覚めさせられたのは／二〇一一年三月十五日の早朝でした／昨日まで私と夢中で遊んだ子供達が／私に心を残したまま／親達の車に押し込められるようにして／もっと西の町へ／ここからもっと遠い所へと立ち去り／その日からずうっとここは／無人の里になったのです／時折見回りに通る車の音と／山を渡る風の音だけの世界は／それは淋しく悲しく／私はひしひしと孤独をかみしめました

この三連目の「この里」は浪江町津島地区であり、浪江町の北西部に位置し、東電福島第一原発から二五キロ以上離れている。原発事故後の三月十二日以降に町の多くの人びと、八千人から一万人ほどが避難してきたらしい。原発事故が発生し北西の方向に放射性物質は流れてきたので、風下にあたるこの津島や飯舘村には多くの放射性物質が降り注ぐことになった。しかしその情報は浪江町にも伏せられていたので、三月十五日になるまでみうら氏ら町民には知らされなかった。このことは「空白の五日間」とも言われているようだ。知らされた後の大混乱を「子供達が／私に心を残したまま／親たちの車に押し込められるようにして／もっと西の町へ／ここからもっと遠い所へと立ち去り」と記される。そして「無人の里になったのです」、「それは淋しく悲しく／私はひしひしと孤独をかみしめました」と津島地区の悲劇を「ふらここ」の存在を通して物語る。このような事態を引き起こした東京電力、国の責任にあえて触れない。それらに見捨てられた浪江町の人びとがいた事実を「ふらここ」に語らせることに徹したことがこの詩の歴史的な意味、すなわち叙事詩的であると同時に、より豊かな寓話的な広がりをもたらす詩にしていると思われるのだ。

二〇一八年一月三十一日／スーパーブルームーンとよばれた月が／皎皎とあたりを照らし／まばらに雪が残った校庭に／いくつかの影をつくり／私の影も風に揺れていました／錆びついた鎖の／連結目《つなぎめ》の擦れた箇所に届いた月の光が／滴のように見えたのは／人恋する私の／涙だったのかもしれません／／私と遊んだ子供達は／どこで暮らしているのでしょう／すっかり大きくなった子供達の／心の中に／私と遊んだ記憶が／ふるさとの悲しい思い出と共に／揺れているのでしょうか

五連目の「連結目の擦れた箇所に届いた月の光が／滴のように見えたのは／人恋する私の／涙だったのかもしれません」という表現には、みうら氏の独特な感受性の秘密が隠されている。「ふらここ」は人から見捨てられたが、自分を製造し子供たちと遊ばせてくれた人間たちを恨んでいない。むしろ捨てられても「人恋する私」と言ってその思慕を語らせている。六連目の「すっかり大きくなった子供達の／心の中に／私と遊んだ記憶が／ふるさとの悲しい思い出と共に／揺れているのでしょうか」では人間の子供たちへの想いが深く感じられる。いつの日か子供たちが「ふらここ」に乗って揺れてくれることを夢見ている。擬人化というよりも物には物を作った人の心が宿っていて、世界を考える時に物たちから人間社会はどう見られるかという視点を直観し、それを大事にしながら想像力を膨らませて詩作を試みている。その意味でこの詩はみうら氏を語るうえで重要な詩となるだろう。

3

一章「ふらここの涙」にはその他の九篇が収録されている。「牛の哀しみ――偲ぶもの――」では、「沢山の牛の哀しみが／やがて花や草や樹木の種を育て／この地球を覆いつくすにちがいない」と置き去りにされた牛たちを偲ぶのだ。「忠犬たち」では、人が避難しても「空き家になった家を守り／飼い主の帰りをひたすら待ち続けた／多くの犬がいたことを知っている」と言い「犬と人間の哀愁を感じ」ている。「桜町」「三月の伝言板」「千年桜」「桜の季節」の四篇では、福島の桜を通して、様々な観点から桜と共に生きる意味を語ってくれている。「千年桜」では、「私に会いに来てくれる人々の／平和への祈りの心が波動のように私を包み」、「私は花を咲かせつづけたいと願っている」と桜自身に語らせる。「お裾分け」「翡翠」などでは、他の詩篇と同様に大震災・原発事故後の福島県人の悲しみを物との対話を通して、乗り越えていく感受性の在りようを記している。

二章「潮騒がきこえる」十篇は、亡くなった娘の存在を明らかにしながら、残された孫と夫との三人の暮らしを描いた詩篇が中心だ。その生活を支えるみうら氏という存在がいつの間にか浮かび上がってくる。みうら氏の中に亡くなった不在の家族が今も息づいていて、家族の中でその不在の悲しみを共有することによって、暮らしが支えられているように感じさせてくれる。

三章「大きな砂時計」十篇は大震災・原発事故の後の八年間で感じたことを率直に語り、例えば詩「ペットボトルの上手な捨て方」などのような地球環境の危機を引き起こす文明の問題点を自らの問題として語っている。

四章「陸奥《みちのく》の未知」五篇では、足元の東北の土俗的な歴史や伝統の中から、未来の人間の生き方を探っていこうと試みられている。

最後に詩「デブリのことなど」を引用したい。この「デブリ」という「メルトダウンして溶け落ちた核燃料」をどのように取り出して処分をするか、増え続ける汚染水もどうするのかなどを問うて、復興がまだ初期段階であることを告げている。

デブリという用語を知ったのは／核災から六年目のことだ／メルトダウンした原子炉が爆発し／その時溶け落ちた核燃料のことだ／核災後八年／そのデブリなるものの実体がわかる／テレビの映像では／ウニ丼かと思うような色をしていた／デブリ（そいつ）に接触するため／いろんな呼称をもったロボットが開発された／何しろそいつは／高濃度の放射性物質を出しているため／サソリとかアライグマと名付けられ／開発されたばかりのロボットたちは／次々に制御不能になったり／溶けてしまって／人間の思いに応えてくれないのだ／私達の知らないところで／昼夜をいとわず働いている人達がいる／何億円というお金を注いで／技術者たちが開発したロボットは／わずか三、四秒で放射能のため力がつきた／そしてついに八年目にして／デブリに接触出来たロボットの登場／廃炉作業の第一歩だ／しかし高濃度のそいつ（デブリ）を／取り出した後、どこに置くのかと／新たな問題の発生／／日本中の人達に知ってほしい／これが事故八年目の実態だ／トリチウムを含んだ汚染水の未処理の／増えつづけるタンクの群れ／未だ故郷に帰還出来ない四万余の人達／復興とは名ばかりの初期の段階だから／原子力発電所はもういらない

福島県浜通りの人びとの現状やその内面を知りたいと願っている方には、「ふらここの涙」や「デブリのことなど」を書き記すみうら氏の詩篇を読んで欲しいと願っている。

話題の本のご紹介

沖縄の芥川賞作家、又吉栄喜の最新小説!!　沖縄の作家夫婦はインドの地で魂の救済を得られるのか?

又吉栄喜『仏陀の小石』

四六判・448 頁・並製本・1,800 円

沖縄の小説家・安岡義治と妻の希代は娘の死と不倫の苦悩から、魂の救済を求め、インドツアーに参加する。インドの風景を背景に、ツアー参加者５人の沖縄での人生の苦悩や知恵に触れ、様々な対話を通し、夫婦は生への希望を見出していくー。　芥川賞作家、又吉栄喜が「琉球新報」に 2017 年～ 2018 年に連載、人間の救済をテーマとしながら、沖縄の戦後史や沖縄人の精神性をストーリーに織り込んだ大河小説。

ハンセン病と沖縄戦の脅威、悲しみに直面した山原《ヤンバル》の家族の深い愛情と絆を描く、沖縄文学の名作、復刊！

大城貞俊『椎の川』

文庫判・256 頁・並製本・900 円

昭和 17 年、沖縄県本島北部の長閑な山村で暮らす松堂家の人々。貧しいながらも互いにいたわり合い、和やかな日々を過ごしていた。ところが、母親の静江が、当時不治の病と怖れられていたハンセン病を患ったのである。村人がパニックに陥る中、夫の源太は沖縄戦へ召集される。残された子どもの太一と美代は、隔離された母静江を探すのだが……。

吉永小百合・坂本龍一チャリティコンサート

エッセイ

吉永小百合さま　拍手鳴り止まず　沖縄平和コンサート

坂田　トヨ子

本当にそんなことがあるのだろうかと、夢のようでした。あの大スターの吉永さんが、私の詩を朗読してくださるなんて。しかも、沖縄のことを書いた詩を、沖縄で。沖縄との巡り合わせの妙さえ感じています。

友人たちに知らせると、皆、眼を丸くして驚き、そして、喜んで「おめでとう！」と言ってくれるのでした。沖縄の友人たちにも直ぐに電話で知らせると、とても喜んでくれました。

今からもう45年も前、26歳の私は初めてのひとり旅で沖縄に向かいました。返還されて間もない沖縄を観て、伊江島の阿波根昌鴻さんに会うというその旅は、私に生涯忘れられない出会いとなりました。阿波根さんのお話や地域の青年たちとの交流で沖縄の現状を初めて知り、怒りと驚きでいっぱいになって、知らなかった事を申し訳ないとも思いました。

その時に頂いた団結道場の落成記念のサラシに印刷された物を見れば、島の63％が基地となっています。住民の家や畑があった土地を米軍がブルドーザーで押し潰して作ったと聞いて、そんなことが許されているのかと憤りを感じずにはおれませんでした。四十年の間、いろんな人たちに見せもしましたが、引き出しに大事に仕舞っていました。

基地を観て団結道場にも連れて行って貰うと、爆音が身体中に響き揺さぶられました。サトウキビの上すれすれを戦闘機が轟音を立てて飛び、まるで戦場のようでした。これが伊江島の日常なのだという驚き。その中で闘いながら生きている人たちの優しさ、逞しさ。

海は美しく冬だというのに穏やかな風、帰宅予定を延期して、城山にも登って、皆で美しい初日の出を観ました。阿波根さんの73歳のお祝いに招かれ、ご馳走を頂き、三線の調べに合わせて皆さんと踊ったカチャーシー、涙が出るほど、優しい時間でした。

その出会いが忘れられなくて、また次の年には、福岡から那覇まで23時間の船旅をして、那覇からはバス、そしてフェリーと乗り継ぎ、伊江島を訪れました。ちょうど、海洋博が開催されていた年、島のおばさんたちに引き潮の海に連れて行ってもらったのでした。

それから阿波根さんや青年の何人かと文通をしていましたが、次第に自分の生活で精一杯になっていつか途絶えてしまっていました。ようやく、辺野古の基地建設が話題になってきて、やっと沖縄のドキュメント映画「標的の村」を観ると、沖縄は変わっていないどころか、更に大きな犠牲を押しつけられている。本土のマスコミは、沖縄のことを何も報道しないことを思い知らされたのです。何度も示した民意も無視されて。

じっとしておれなくなって、40年前の友人の名前を頼りに電話を調べ、恐る恐る電話すると、とても喜んで貰えたのが嬉しくて、また、伊江島や辺野古に行くようになりました。

昨年の三月には、友人たちと一緒に阿波根さんの意志を受け

継ごうと毎年催されていた平和学習に参加し、この日、改修された団結道場の落成式にも参加することができたのです

このような沖縄との関わりをあれこれと思い返しながら、当日を心待ちにしていました。

当日は、前から四列目の席、ステージが直ぐ近くに見えます。伊江島の友人の一人も妹さんと来ています。いよいよ、ステージが始まり、元気の良い古謝さんと御連れ合いとの掛け合いに、会場は和やかな雰囲気となりました。島唄のメロディが優しく会場に広がります。

次に、坂本さんと古謝さん、そして坂本さんのピアノ演奏、透き通った沖縄の海と風を思わせる繊細な演奏に、心奪われ、最小限の語りに、共感の想いを強くしました。「カメジロウ」の映画の主題曲を作曲された坂本さんの「カメジロウの時代とあまり変わっていないのではないか」という言葉が心に強く残っています。

そして、いよいよ、吉永さんの朗読です。ステージに現れたとたん、私は、思わず「わあきれ〜い」と呟いていました。目の前の吉永さんは、映画やテレビで観るより素晴らしく輝いて見えました。「長年沖縄でコンサートをしたいと願っていたのが、やっと叶いました」という言葉に大きな拍手が沸きました。

原爆の詩の朗読を記録したCDや、中村哲さんの仕事を記録したDVDのナレーション、その優しくも深い思いのこもった説得力のある朗読や語りには、引き込まれたものですが、目の前に吉永さんを見ながら聴けるというのは、初めてのことで、わくわくどきどきしました。目に焼き付けておこうと、見つめながらうっとりと聴き入りましたが、自分の詩のタイトルが聞こえると、身体が急に固まってしまったような感覚に陥りました。

でも、次第に優しい声とピアノにほぐされて、映像として浮かべながら聴き入っていました。隣の席の妹がハンカチで眼を押さえています。私も胸が熱くなりました。どの作品も、作者の思いが大切にされ、吉永さんと坂本さんの思いが重なり、深められ、広げられて、会場一杯に共感の波が浸透していくようでした。一七〇〇人が集まっていることも忘れるほど、咳払いひとつなく静まり返って聴き入っていました。私の目に入る客席の中にも、何人もの人がハンカチを眼に当てていました。

最後に、皆で唄った「てぃんさぐぬ花」、初めは緊張の見えた子どもたちも、幸せそうな笑顔になり、踊り出す子もあって、心が洗われるようなコンサートが幕を下ろしました。いつまでも止まない拍手は参加者の感動と共感、そして感謝の拍手だと思いました。

参加出来なくて残念がっていた友人たちにあちこちで報告しています。沖縄のことを話したことも無かった人たちにも吉永さんのインタビュー記事をコピーして配りながら、力をお借りして話しています。これもまた、思い掛けない贈り物でした。沖縄の闘いにとっても、どんなにか力になったことでしょう。私も、とても励まされて、これからも微弱ながら沖縄の闘いの一員であり続けたいと思っています。

本当にありがとうございました。

エッセイ

「吉永小百合・坂本龍一チャリティコンサート」に思う

与那覇　恵子

2020年の年明け間もない1月5日に宜野湾市にある沖縄コンベンションセンターで「吉永小百合・坂本龍一チャリティコンサート」が開催された。沖縄ではなかなかお目にかかれないお二人のコンサートは大人気で、チケットは1ヶ月以上前の販売時に開始30分内には完売したと聞いていた。チケットが手に入らなかったと2～3名の友達から「残念」との悲鳴も聞かされていたので、コールサック社の鈴木代表からの「チケットが入手できた！」とのお電話は大変嬉しかった。しかも、坂本龍一のピアノ演奏をバックに吉永小百合の美しい表情と優しい声で私の詩「ウチナーンチュ大会」が朗読される、それを前から4列目というベストな席で聞くことが出来るのだ。それを伝えると友達、知人が予想以上の興奮ぶりで反応したことを思い出す。

その日は「駐車場が混むから早く」とせかす連れ合いともども2時間も前に会場に到着し、海風はあるものの暖かな日差しがまぶしい近くの浜辺をしばし散策しながら開演を待った。私達のように浜辺を散策したりスマホをいじったり混み合い始めたカフェでコーヒーを飲んだりと、けっこうな人が時間を潰しながら待っていた。なんと言っても、吉永小百合と坂本龍一なのである。会場は1700人の観客で満杯だった。プログラムに「沖縄詩歌集～沖縄・奄美の風～」（コールサック社）とあり、私達6名の詩のタイトルや名前が掲載されている。記念に取っておこうと大切にバックに入れた。コンサートのテーマは「平和のために一である。命の大切さを謳う古謝美佐子の歌「童神」（ワラビガミ）はいつ聞いてもいい。坂本龍一のピアノ演奏はやはり繊細で美しく、最後の最後まで音の余韻が体に染みこんでいく感じがある。舞台に漂うプロのアーティストの品格とともに「戦場のメリークリスマス」を生で楽しめる幸運に浸れた。年齢を感じさせない初々しい美しさと優しい笑顔が魅力の吉永小百合の登場には、会場全体が華やぐ感があった。坂本龍一のピアノ演奏で吉永小百合に朗読された私の詩、詩自体がもったいないことと最高に喜んでいるように感じたのだった。自分自身の詩よりも他の方達の詩が朗読に浸れてより味わえた感があり、緊張が取れて安心して聞くことができたせいか、最後の子供達の「平和の詩」は特に感動的だった。

坂本龍一はコンサート前の4日に辺野古の新基地建設現場を訪ね、ボートから埋め立て海域を見ている。「沖縄の民意を無視し米国との約束が法や民意以上に力をもつ現状」を批判し「辺野古建設は民主主義を逸脱している」と話す。吉永小百合も2年前の来県で普天間飛行場や辺野古の埋め立て海域を見て回ったという。「どうしても基地が必要というなら痛みを引き受けなければならない。それが嫌だったら沖縄にもつらい思いをさせてはならない」「人にどう思われようと思ったことは伝える」インタビューに答えての弁である。表現者として社会のあるべき姿を自身の声で訴える勇気のある彼らのような人達が、今、日本から失われつつあるという危機感がある。政治家の腐敗が「忖度」という言葉と共にメディアや企業や社会に伝染しつつある。彼らのようなアーティストに詩を取り上げてもらった幸運に感謝しつつ、詩を書くことで表現者となる一人として彼らが示す姿勢に学んでいきたいと思った。

吉永小百合氏の詩朗読と坂本龍一氏の音の波紋によって――「吉永小百合・坂本龍一チャリティーコンサートin沖縄」（二〇一〇年一月五日・沖縄コンベンションセンター）に寄せて

鈴木　比佐雄

　沖縄の首里城が焼け落ちてからまだ日が経っていない昨年の十一月初めに、「第二楽章を語り継ぐ会」のO氏から電話があった。元テレビ局のディレクターであったO氏は飾らない実直さを感じさせる声の持ち主だった。

「私は『第二楽章を語り継ぐ会』の事務局長でOと申します。実は来年の一月五日に宜野湾市の沖縄コンベンションホールで『吉永小百合・坂本龍一チャリティーコンサートin 沖縄』が開催されます。用件とは御社が昨年に出版した『沖縄詩歌集～琉球・奄美の風～』から吉永さんが詩を六篇ほど朗読したいと望まれています。チャリティーコンサートなので、実行員会はすべて沖縄のボランティアの人たちで、事務局長の自分もボランティアで、収益はすべて沖縄の平和記念会などに寄付されます。ついては朗読の許諾をお願いいただけますか。」と依頼された。また電話だけだと伝わらないものがあり、後日事務所を訪ねて詳細をお話ししたいのでその日程も調節したいと言われた。

　吉永小百合氏は福島原爆の被爆者で我が子を亡くした大平数子氏の詩「慟哭」などを朗読し続けている。核兵器廃絶を願う原爆詩への理解者であるので、そのような戦争の悲劇や平和を願う思いを表現している詩集が刊行されると、私は吉永氏には寄贈し続けてきた。そんなこともあり、O氏の申し出には詩歌集の目的に合致していることもあり、私はO氏に次のように話した。

「吉永さんの朗読活動は、とても高く評価をしいます。企画・編集をした出版社としては承諾しますので、実際どの詩篇をご希望ですか。それをお知らせ下されば六名の詩人たちの至急電話をして承諾を得たいと思います。きっと詩人たちも名誉なことだと感じてくれると思われますよ。」と伝えた。

　O氏からは二日後に六篇のタイトルと作者名が知らされた。その六名と詩篇は次のようだった。

「ひとつながりのいのち」久貝清次（沖縄）
「ニライカナイは、ここ」淺山泰美（京都）
「展示室」星野博（福島）
「沖縄の貝殻と」坂田トヨ子（福岡）
「うちな～んちゅ大会」与那覇恵子（沖縄）
「沖縄の空」根本昌幸（福島）

　私はこの六篇を選んだ吉永さんの詩の読解力と同時に、この六篇を朗読詩劇のシナリオのように絶妙に編集したその試みに驚嘆してしまった。私は早速、六名に電話をしたところ、口々にとても光栄でありがたいことだと承諾をしてくれた。O氏は私と六名の合わせた七名分のチケットを優先的に確保してくれた。六名の中でスケジュールが調整できなくて三名は辞退をされて、実際にコンサート行くことができたのは私を含めて四名だけだった。そのような経緯で左記のようなチャリティーコンサートが開催された。第二部の「朗読　吉永小百合　ピアノ坂本龍一」の前半部分について当時の模様を再現したいと思う。吉永小百合さんの朗読は次のような言葉から始まった。

今からちょうど10年前に初めて坂本龍一さんとご一緒に東京のＮＨＫホールで詩を読み、坂本さんピアノを弾いて下さいました。

イギリスのオックスフォード、バンクーバー、日本のいろいろなところで、坂本さんとご一緒させていただきました。いつか沖縄で坂本さんとお一緒したいと思っておりました。今回お忙しい中、坂本さんは沖縄に来て下さいました。皆様もまた沖縄の会場に来て下さり心より感謝申し上げます。今日朗読させていただくのは、全国の沖縄への想いを寄せた詩と歌を公募して一昨年に一冊の本が出来上がりました、「沖縄詩歌集～琉球・奄美の風～」というタイトルです。その中から六篇を読ませて頂きます。

「ひとつながりのいのち」　久貝清次

デイゴの　かおりは
わたしたちの　はなを　とおった
わたしたちの　いきは
デイゴの　みきを　とおった
ひとつながりのいのち

ことりの　いきは
わたしたちの　はなを　とおった
わたしたちの　いきは
ことりの　はなを　とおった
ひとつながりのいのち

わたしたちは
くうきの　うみの　そこで
いきている

たいよう　でも
つき　でも
ほしでも
くうきを
とおして　ながめている

いのちは
かたちを　かえながら　つながり
この　ほしの　わ　の　なかを
めぐっている

あおむしの　いきは
わたしたちの　はなを　とおった
わたしたちの　いきは
あおむしの　はなを　とおった

ひとつながりのいのち

「ニライカナイは、ここ」　淺山泰美

ニライカナイは　ここ。
ここよ
琉球の
九十歳近い翁《おきな》は呟く

ヤマトンチュのテレビマンは問う
おじいに問う
「何をしているときが幸せですか？」
深い皺《しわ》を刻んだ赤銅色の顔の彼は答える
「家の窓から海を眺めているときさぁ」

ニライカナイは　ここ。
ここ

民俗学者の谷川健一は　かつて
沖縄の死生観を
「夕どれ」と言った
夕どれはあわいの時刻
昼でもなく夜でもない
海が凪《な》いで
刻が止まる
死者たちはそこで憩《いこ》う
生と死は遠浅の海でひとつづき
ニライカナイは
こころのすぐそばにある

三線《サンシン》をつまびきながらウチナーの若者は微笑む
「ヤマトの人らは今日が幸せでも
明日もあさっても幸せであって欲しいと思うさぁ
でも、沖縄ではそうじゃない
今日が幸せなら、それでいいさぁ」

ニライカナイは
うつくしい魂《マブイ》とともにある
百歳のおじいとともに
百歳のおばあとともに
いつまでも　ここに
この海に

「展示室」　星野博

壁をおおう少女たちの顔
ひとりずつ　ひとりずつ
カメラで撮られた白黒写真
下にはその名前
忘れられないように　はっきりと
反対側の壁にも少女たちの顔
ほとんどが真顔
笑みを浮かべた者もわずかに
圧倒される写真の多さ
ゆっくり歩を進め　見入る人たち

部屋の真ん中に二人の娘
派手なTシャツ　染めた髪
ハタチを過ぎた年頃か
年配女性と向き合い
微動だにせず　話に聴き入る
両方の目からは大粒の涙
まわりの人を気にせずに
娘たちの頬を流れ落ちる

女性は語る　笑顔も交えて
目は遥か遠くを見るように

私たち　ひめゆり隊はね　そうするしかなかったの

娘たちは聴く　出会ったばかりの女性の話を
ようやく一人が涙を拭いた

その三人を少女たちが見つめている
何も語らず　みんなで見つめている

展示室を出ると南国の日差し
やわらかな風が肌をなでる
前方にはあの少女たちも眺めた海が
青くきらめいて　広々と横たわっている

「沖縄の貝殻と」　坂田トヨ子

三十年の間　教室から教室へ持ち運んだ
数個の巻き貝
―耳に当ててごらん。海の音がするよ
子どもたちは目を輝かせる
―ほんとだ　海の音がする

伊江島で初めて出会ったおばさんに
もんぺと長靴を借りて連れて行ってもらった
大潮の夜の海の美しさ
小さな魚やパイプウニの鮮やかな色

いちいち感嘆の声をあげる私を
面白がって笑っているおばさんたち
大晦日だというのに優しい風
口を開けた大きな巻き貝に驚いて
「これは何ですか」と聞くと
「ホラ貝だよ。良い物見つけたね」
次の日　帰途についた私に
一月近く遅れて届いたホラ貝とパイプウニ
臭いが残らないように処理された
思い掛けない贈り物

サトウキビの上を掠める戦闘機
射撃訓練の腹に響く爆音
米兵に銃を持って追いかけられ
狙い撃ちされながら罪を問えない憤り
そのどちらも忘れられない私の沖縄
繰り返し子どもたちに語ってきた
教室の片隅で貝殻を耳に当て
子どもたちが微笑んでいた

四十年経って伊江島を訪れると
無沙汰を責めるどころか再来を喜んで
迎えてくれる人たち
長い年月を爆音と共に生きてきて
基地を無くせと言えない現実も知らされた

オスプレイの離着陸に強化された滑走路が
島の中央を横切って日常を切り裂く
諦めを強いる期限のない基地使用
それでも人は子どもを育て生きていく

「うちな〜んちゅ大会」　与那覇恵子

沖縄そばをすすりながら
おばさんは
ボリビアから　来たという
にぎやかな　会場で
ごった返す人込みのなかで
不安げなおばさんは
70代だろうか

琉球語しか話せない　おばさん
まわりを飛び交う
やまとぐち
わたしの口からも　やまとぐち
まわりを　見回して
おばさんは　さがしている

どこに
うちな~んちゅは
いるのだろう?

農業していた土地を
あめりか~に取られて
ボリビアに　行ったけど
60年ぶりの　沖縄で
おばさんは　さがしている
どこに
うちな~んちゅは
行ったのだろう?

懐かしいふるさとで
異国にいるような
不安げな顔で
必死に　さがしながら
うちな~んちゅを　さがしながら
おばさんは
沖縄そばを　すすり続けている

「沖縄の空」　根本昌幸

沖縄の青い空の下では
さわわ　さわわと
風に吹かれて
さとうきびの葉擦れの音がする。
どこかでは三線の音もする。
島唄があって
独特のメロディーがある。
この青くて美しい空を
アメリカの軍用機が
爆音をたてて
飛んでいる。
この音がいつになったら消えるのか。
なかなか消えることはないであろう。
沖縄、オキナワ、ここではたくさんの人が死んだ。
広島、ヒロシマ、ここでもたくさんの人が死んだ。
長崎、ナガサキ、ここも同じだ。
そして
福島、フクシマ、ここでもたくさんの人が死んだ。
戦争とは別に。
いつの間にか
この四つの県は
カタカナ文字が似合うようになってしまった。

はるかに遠い

みちのくフクシマから
沖縄の青い青い海と
空を思っている。
それから平和を。

吉永氏はこれらの詩篇を噛み締めるように一行一行に間をおいてゆったり朗読詩していた。また一篇が終えるとふっと顔を振る仕草によって次の新たな世界に連れて行くのだ。その一行一行の間《ま》の中に、聞き手に沖縄の苦難の歴史に寄り添う気持ちを滲ませ、さらにそれを乗り越えてきた沖縄に内在している精神的な強さ対して、深い尊敬を抱かせるような朗読だった。その間は感情を抑えることによって聞き手が自らの感情を探し当てて気付かせてくれる適度な間なのだと思われた。その間の沈黙に没入させる効果を促すのがバックの坂本氏のピアノ曲だった。坂本氏のピアノ曲は吉永氏の朗読の一行を際立たせるようにその一行を押し上げていく水面のような研ぎ澄まされた音の響きそのものなのだ。一行の意味は背後の純粋な音の響きによって、その意味が私たちの心の奥深くまで銅鑼のように音の波紋に乗って届けられるのだ。その吉永氏の詩朗読と坂本氏の音の波紋は沖縄の人びとの苦難の道をいたわり励まし浄化させて、本来的なニライカナイの精神に私たちを近付かせようとする試みのようにも感じられた。

一篇目「ひとつながりのいのち」久貝清次（沖縄）では、「わたしたちの　いきは／あおむしの　はなを　とおった／ひとつながりのいのち」というように、沖縄人の自然観を私たちに知らせてくれる。

二篇目「ニライカナイは、ここ」淺山泰美（京都）では、「死者たちはそこで憩《いこ》う／生と死は遠浅の海でひとつづき／ニライカナイは／こころのすぐそばにある」というように、沖縄の精神性「ニライナカイ」を気付かせてくれる。

三篇目の「展示室」星野博（福島）では、「年配女性と向き合い／微動だにせず　話に聴き入る／両方の目からは大粒の涙／まわりの人を気にせずに／娘たちの頰を流れ落ちる」と言うように、「ひめゆり学徒隊」の悲劇を語り部から知った若者たちの姿を記している。

四篇目の「沖縄の貝殻と」坂田トヨ子（福岡）では、「三十年の間　教室から教室へ持ち運んだ／数個の巻き貝／―耳に当ててごらん。海の音がするよ／子どもたちは目を輝かせる／―ほんとだ　海の音がする」というように、沖縄戦での伊江島の悲劇を本土の人びとが貝殻を通して共有することの意義を伝えてくれる。

五篇目の「うちな～んちゅ大会」与那覇恵子（沖縄）では、「60年ぶりの　沖縄で／おばさんは　さがしている／どこに／うちな～んちゅは／行ったのだろう?」というように、「うちな～んちゅ」（沖縄語）が語られなくなって沖縄が変容してきたことに対する危機意識を物語っている。

最後の六篇目「沖縄の空」根本昌幸（福島）では、「はるかに遠い／みちのくフクシマから／沖縄の青い青い海と／空を思っている。／それから平和を。」というように、カタカナが似合うようになってしまった原発事故に遭遇した福島浜通りの詩人から福島・広島・長崎から沖縄の真の平和が祈られている。

この吉永氏と坂本氏の朗読コンサートの試みは、一篇読み終わるごとに周りの人びとが目頭を押さえ、ハンカチで拭う人が増えて、最後の六篇を読み終えた時に会場全体が感動の渦となり、大半の人が涙を流していた。私は三番目に読まれた星野博氏の「展示室」の二連目「部屋の真ん中に二人の娘／派手なTシャツ　染めた髪／ハタチを過ぎた年頃か／年配女性と向き合い／微動だにせず　話に聴き入る／両方の目からは大粒の涙」当たりで堪え切れずに涙が溢れ出て来てしまった。

このような朗読コンサートは平和を考えるうえでとても貴重であり、また朗読とピアノだけでシンプルに思いを伝えることができて、朗読コンサートの新たな魅力を拓いていく試みだと感じられた。そんな魂の在りかを探っていく優れた表現者である二人がこれからもこのような試みによって平和や地域社会の尊さを伝えていかれることを心から願っている。

編集後記

鈴木　光影

詩人の勝嶋啓太氏が、ユーモアたっぷりのエッセイ「一人で『俳句かるたミックス』で遊んでみた」を寄稿して下さった。新商品「俳句かるたミックス」から一人遊びの可能性を引き出し、また言葉のひとかたまりに息づく情感への気付きがあり、開発に携わった者としても新たな発見を示唆いただいた。「芭蕉の俳句はどんなにバラバラにしても名句です」という勝嶋氏の格言を、是非このかるたで遊んで体感してみて下さい。

俳句作品中、奈良拓也氏の「生き物のベクトル」は、俳句の連作的構成の新たな試みであった。〈焚き火　小石　猿のジャクソンマーチ〉〈満月　頭部のない首長竜が笑う〉など太古からの生物の遥かなる時空の旅を思わせ、一頁で作品世界が展開されている。他の参加者の共鳴句も一句ずつあげよう。

サルトルを虫干にして蕎麦を喰う　　松本　高直
雪が降る若さすなわち優越感　　古城いつも
残業のない五時のまぶしさ青りんご　　福山　重博
断髪の妻足速し雁渡し　　原　詩夏至
美しく老いたき話題冬木立　　香焼美矢子
ネズミ年猫を装い暮らそうか　　水崎野里子

表紙を開けて最初の頁に「詩歌の窓」として、コールサック社新刊の詩歌に焦点を当てて掲載することとした。第一回は齊藤實氏と辻美奈子氏。春の海の瑞々しい俳句を味わっていただければ幸いです。

編集後記

座馬　寛彦

原氏のエッセイで指摘された「存在のなごり」。言葉は理解できるが、具体的に何を示すかということが言えない。心の中にあるようで、その場にあるような。感性を研ぎ澄ませていないと見過ごしてしまう「霊」（霊魂という意味ではなく）のような不思議な言葉だ。短歌はそんな「霊」的なものを心の内にとらえたとき、人を惹きつけずにはおかないものが生まれると思う。例えば、香焼美矢子氏の〈霰降る郷の便りに母想ふ白く耀ふ姿初冬の兆し〉は母の便りから知らされた故郷の霰降る景色が、白い着物を着た母と一体となるような幻想が美しい。古城いつも氏の〈まぼろしに母熊小熊横切りて小さき家は父の懊悩〉は家が父の懊悩に支配されることで、「我」も同じ「まぼろし」を見ているかのような錯覚に誘う。荒川源吾氏の〈ああまたも亡き子の髪が伸びてゐる刈つてあげねば　まぼろしの櫛〉は「亡き子の髪が伸び」るという幻想の中に、その子を一瞬でも忘れてしまったことへの強い自責の念、悲しみが迫ってくる。原詩夏至氏の〈きみの死の後きみの死の真相を告げて舞う風花冬海に〉は「死の真相」を知る「風花」が「冬海」に舞う幻想に死者の孤独が、命の儚さが悲痛にも美しく描写される。福山重博氏の〈かんぱいのあいさつながくて泡きえてビールのグラス廃墟となって〉は、乾杯の挨拶の長さへのアイロニーとも取れるが、乾杯の挨拶よりもビールの泡が消えていく方に気を取られている心の有様が「廃墟」を見せるようでもある

編集後記

鈴木比佐雄

今号には二つの特集がある。一つは昨年の十二月八日に開催した〈「コールサック」一〇〇号記念会〉での齋藤愼爾氏と与那覇恵子氏の講演を再現し、その後に沖縄戦のことを朗読した鈴木文子氏の長編詩も再録させてもらった。おかげさまで六〇人近くの皆様が来られて一〇〇号を祝う言葉、「コールサック」への思いや期待を二部で直接お聞きすることが出来て、良き記念会が開催できたことを心より感謝したい。当日に来られなかった方も一部のこの三編を読めば当日のことが想像できると思われる。もう一つは「吉永小百合・坂本龍一チャリティコンサート」（一月五日・沖縄コンベンションホール）で吉永氏が『沖縄詩歌集～琉球・奄美の風～』から六篇朗読したことを紹介したものだ。吉永氏が選んで六篇を組み立てて編集した内容によって、沖縄の感受性・歴史・平和思想などを理解させる一編の長編詩・交響楽のように沖縄の奥深さに引き込まれていった。その間を生かした朗読のスタイルも魅力的だったし、背後の坂本氏の研ぎ澄まされた音がいつの間にか包み込むようになるピアノの響きは、朗読される詩の言葉の精神性を浮き彫りにさせていく重要な役割をしていることが了解できた。周辺の人々の大半が各篇を読み上げるたびに感動のあまり目頭を拭っていることが分かった。吉永氏と坂本氏の朗読コンサートは、今まで見聞きした朗読の中でも感動の深さという点において際立っていた。

新年の一月三日には、深川の芭蕉記念館で『俳句かるたミックス・芭蕉三〇句』のかるた大会が開かれた。この記念館がある江東区は芭蕉の庵があったこともあり俳句教育が盛んで、俳句を小学校で教える教員たちがいてその方たちが関心を持って来てくれ、学校現場で試して下さると言ってくれた。さらに家族で来られた方たちもいて盛況だった。夢中になって父母と小学生の二人の子供たちが芭蕉の上句・中句・下句を取り合っている姿を見て、今ではあまり遊ばれなくなった百人一首の代わりに、この『俳句かるたミックス』がこれからの家庭で名句と遊んで教養として身に着けて欲しいという願いが、少し近付いた気がした。小学校高学年の子供たちは英語版にも挑戦したいと言ってくれた。柏の児童書専門書店「ハックルベリーブックス」でも日頃、句会や歌会をする二階の部屋にこたつを用意してくれて同様な試みをしてくれた。子供は一度目では父母に負けても二回目以降は勝とうとして上達していく姿は、この子たちから将来、俳人や詩人が生まれるかもしれないと感じさせてくれた。今号では勝嶋啓太さんがエッセイ「一人で『俳句かるたミックス』で遊んでみた」を寄稿してくれた。一人で芭蕉の言葉を使って芭蕉の句を越えていく新しい句を作り出すのは、とてもユニークで想像力を刺激する試みだ。

昨年春に刊行した万里小路譲『孤闘の詩人　石垣りんへの旅』が第三五回「真壁仁・野の花賞」を受賞したので山形市を一月下旬に訪れたが、雪が全く積もっていなかった。地元の人に聞いたところこんな年は今までなかったと話していた。万里小路氏の評伝と作品論が合体された本格的な石垣りん論は、単行本として初めての試みであり、今後の石垣りん研究の基礎文献となる画期的な研究書として高く評価された。しかしこの賞は今回が最後となるそうだ。真壁仁の地域に根差した農民詩人の詩的精神は万里小路氏に引き継がれて後世に伝えられていくに違いない。詩人のいとう柚子氏や万里小路氏たちと市内の真壁仁氏の墓参りが出来たことは収穫だった。真壁仁氏の『修羅の渚―宮沢賢治拾遺―』などは私の愛読書だからだ。

昨秋から進行していた英日詩集が四冊ほど刊行された。デイヴィッド・クリーガー詩集『神の涙／God's Tears―広島・長崎原爆 国境を越えて 増補版』（水崎野里子訳）、井上摩耶英日詩集『スモールワールド／SMALL WORLD』（与那覇恵子訳）、守口三郎英日詩集『劇詩 受難の天使 世阿弥／THE ANGEL OF SUFFERING ZEAMI』（郡山直訳）、安森ソノ子英日詩集『紫式部の肩に触れ／TOUCHING MURASAKI SHIKIBU'S SHOULDER』（北垣宗治訳）の四冊は、長年詩に精通している英文学者たちが翻訳してくれたこともあり、二つの言語を味わい楽しんでもらえたら幸いだ。海外からもコールサック社のホームページで世界中から購入することが出来る。

今号から「詩人のギャラリー」を「詩歌の窓」として、コールサック社で出版された方の作品を引用しながら、当社のデザイナーの奥川はるみがその作品のイメージを表現したコラボレーションのシリーズを始めたいと考えている。一回目は齊藤實句集『百鬼の目玉』と辻美奈子句集『天空の鏡』の作品から始めさせてもらった。

今年の三月一一日で東日本大震災・東電福島第一原発事故から九年目を迎える。今年になって二階堂晃子エッセイ集『埋み火―福島の小さな叫び』とみうらひろこ詩集『ふらここの涙九年目のふくしま浜通り』の二冊が刊行された。二階堂氏は原発が立地していた双葉町生まれで福島市に暮らしながらこの八年間で原発事故が与えたことや目撃した多くの人びととの関わりから感じ取ったことを掬い上げている。また、みうらひろこ氏は浪江町から避難した津島で、高線量の放射性物質が降り注いでいたことを、「ふらここ」によって語らせている。みうら氏は浪江町から避難したままで今は相馬市に居を構えて新しい生活に踏み出しているが、壊れた原子炉のデブリはこれから取り出しが始まるらしいがそれをどう処理していくのか、福島県人たちばかりではなく私たちも注視していかなければならない。

それから次号から、寄稿者たちの参加料にあたる金額に消費税を加算させて頂きたいと考えている。年に二回の消費税の納税が、私にとって出版社を始めてからの悩みの種だ。消費税が10%となりますますその負担が増している。一般書店やネットでは消費税は加算されていたが、「コールサック」会員には年間購読料4冊が４８００円であったが、一〇二号からは税込みで５２８０円とさせて頂ければと願っている。ついては参加料は2頁で５５００円、1頁ごとに２２００円となる。「泣く児と地頭には勝てない」ということわざが身に染みている。どうかご理解をお願い致します。

今号の表紙の詩「春の陰り」の作者は福島県出身で今は茨木で暮らす二十五歳の懸田冬陽氏だ。懸田氏のような味わいのある本格的な詩を書く若き詩人たちが「コールサック」には寄稿してくれている。それはとても素晴らしいことだ。

今号にも数多くの作品をご寄稿下さり感謝致します。次号も宜しくお願い致します。

『アジアの多文化共生詩歌集 ——シリアからインド・香港・沖縄まで』公募趣意書

出版内容＝トルコ以東の西アジア、南アジア、北アジア、東南アジア、東アジアの48ヶ国の多文化の重層的な魅力と現在の課題を共生の精神で表現して欲しい。
A5判　約二五〇～四〇〇頁　本体価格一八〇〇円＋税

発行日＝二〇二〇年五月発行予定

編者＝鈴木比佐雄、座馬寛彦、鈴木光影

発行所＝株式会社コールサック社

公募＝二五〇人の詩・短歌・俳句を公募します。作品と承諾書をお送り下さい。既発表・未発表を問いません。趣意書はコールサック社HPからもダウンロードが可能です。**http://www.coal-sack.com/**

参加費＝一頁は詩四十行（一行二十五字）、短歌十首、俳句二十句以内で一万円、二冊配布。二頁は詩八十八行、短歌・俳句は一頁の倍の作品数で二万円、四冊配布。校正紙が届きましたら、コールサック社の振替用紙にてお振込みをお願い致します。

しめきり＝二〇二〇年三月二十日必着（本人校正一回あり）

原稿送付先＝〒一七三-〇〇〇四
東京都板橋区板橋二-六三-四-二〇九

データ原稿の方＝ご郵送と同時に**〈m.suzuki@coal-sack.com〉**（鈴木光影）までメール送信お願いします。

【よびかけ文】

現在、日本人はアジアという多文化で重層的な地球の半分を占める広大な地域の観点から自らを問われている。アジアという他者であり、自らも実は極東のアジアの一員であることを自覚させられる詩歌を見出し、それらしなやかに結集させたアン街を歩いてみれば、街角のコンビニエンスストア、飲食店、居酒屋などのサービス業には、アジアの国々の若者が異国の言葉を覚えて丁寧な日本語を駆使して笑顔で接客をしている。しかしながらその陰で多くの技能実習生が病死や自殺する悲劇も起こっている。低賃金の仕事で転職を禁止する奴隷制度のような「技能実習生制度」を利用した日本企業の受け入れ態勢に不備があったことは、確かであり痛恨の極みだと感じている。今後はさらに大都市や地方の介護施設、様々な会社・工場、農村でも「特定技能外国人」が私たちの身近で五年間で三十五万人も日本で働くことになり、一人ひとりの母国の家族の期待を背負って日本で働く人びとと日本人がより豊かな関係を構築できるように、良き隣人として共存し、求められるなら移民も広く受け入れていく時代になるだろう。日本の行政も「多文化共生」を掲げて「特定技能外国人」の人生を日本の中で実現してもらえるかの模索を始めている。アジアの文化の多様性・重層性を受け止めて共存していくかを問われる詩歌のアンソロジーを構想するようになった。そのテーマを次に記してみる。

公募作品は詩、俳句、短歌でその手法で下記のテーマで新たに執筆するか、すでに書かれた作品で応募することも可能だ。

①旅で触れたアジア48ヶ国の多文化や歴史を紹介し交流を記す作品
②自由や民主主義の観点からアジアの困難な問題に光を当てる作品
③廃プラなど環境問題からアジアの果たすべき役割を記した作品
④日本で介護など様々な分野で働くアジアの若者たちに触れた作品
⑤独自文化を持つ沖縄の辺野古や先島諸島の基地建設を考える作品
⑥アジアの民衆の歴史、風土、多文化など触発された想像的な作品

例えば⑥に該当するものとして、俳人の金子兜太が一九八五

ジア、インド・パキスタンなどの南アジア、ロシア・モンゴルなどの北アジア、ベトナム・フィリッピンなどの東南アジア、韓国・中国などの東アジアを含めた広域のアジアの四十八ケ国（約四十四億人）との交流や、国家間・民間レベルの交易などによって、最も豊かな恵みを得ている国の一つだろう。もしそれらの国々に触れた経験があるなら紹介したり、文化的に関わったりしたことを詩歌で書かれているのならぜひ投稿されて欲しい。現在の日本では外国人労働者は百四十六万人にもなり、日本の暮らしを支える仕事に就いて働いている。二〇一九年夏の國風を一二句に詠んだ。その中から六句ほど引用したい。

「麒麟《きりん》の脚《あし》のごとき恵みよ夏の人／良き土に淑《よ》き女《ひと》寝かす真昼かな／河州にあり覚めても寝ても花蓴菜《はなじゅんさい》／馬老いし夫《つま》待つ者ら薺《なずな》摘み／空域に冬の男女ら影濃ゆし／額《ぬか》日焼けて北方黄土層地帯の民」

このようにアジアの混沌を見詰めながらも、この広大な多文化のアジアのなかで共存して、自由や環境を守っていく可能性を探る作品を寄稿されることを願っている。

（鈴木比佐雄）

キリトリ線（参加詩篇と共にご郵送ください）データ原稿をお持ちの方は〈m.suzuki@coal-sack.com〉までメール送信お願いします。

『アジアの多文化共生詩歌集——シリアからインド・香港・沖縄まで』参加承諾書

応募する作品の題名	
氏名（筆名）	
読み仮名	
生年（西暦）	年
生まれた都道府県名	

現住所（郵便番号・都道府県名からお願いします）※	〒 TEL（　　）
代表著書（計二冊までとさせていただきます）	
所属誌・団体名（計二つまでとさせていただきます）	

※現住所は都道府県・市区名まで著者紹介欄に掲載します。
校正紙をお送りしますので、すべてご記入ください。

以上の略歴と同封の詩篇にて
『アジアの多文化共生詩歌集——シリアからインド・香港・沖縄まで』に参加することを承諾します。

印

詩論・芸術論　石炭袋新書

- 鈴木比佐雄詩論集『詩の降り注ぐ場所――詩的反復力Ⅲ（1997-2005）』A5 判・372 頁・並製本・1,428 円
- 鈴木比佐雄詩論集『詩人の深層探求――詩的反復力Ⅳ（2006-2011）』写真／武藤ゆかり A5 判・656 頁・並製本・2,000 円
- 鈴木比佐雄詩論集『福島・東北の詩的想像力――詩的反復力Ⅴ（2011-2015）』A5 判・384 頁・並製本・2,000 円
- 佐相憲一詩論集『21 世紀の詩想の港』写真／佐相憲一　A5 判・392 頁・並製本・2,000 円
- 斎藤彰吾詩論集『真なるバルバロイの詩想――北上からの文化的証言（1953-2010）』写真／佐々木亨二　解説文／佐相憲一、黒川純、三浦茂男、和賀篤子、高橋昭八朗　A5 判・384 頁・並製本・2,000 円
- くにさだきみ詩論集『しなやかな抵抗の詩想――詩人の生き方と言葉のあり方（1962-2010）』写真／猪又かじ子　栞解説文／佐相憲一　A5 判・288 頁・並製本・2,000 円
- 長津功三良詩論集『原風景との対話――詩人たちの風貌（1984-2009）』帯文／吉川仁　写真／長津功三良　A5 判・320 頁・並製本・2,000 円
- 水崎野里子詩論集『多元文化の実践詩考（2000-2008）』栞解説文／石川逸子、郡山直、鈴木比佐雄　A5 判・384 頁・並製本・2,000 円
- 石村柳三詩論集『時の耳と愛語の詩想』写真／牧野立雄　栞解説文／芳賀章内、鈴木比佐雄　A5 判・448 頁・並製本・2,000 円
- 石村柳三詩論集『雨新者の詩想――新しきものを雨らす詩的精神（1977-2006）』栞解説文／芳賀章内、池山吉彬、鈴木比佐雄　A5 判・464 頁・並製本・2,000 円

全詩集・著作集

- 『三谷晃一全詩集』解説文／菊地貞三、真尾倍弘、槇さわ子、深澤忠孝、若松丈太郎、鈴木比佐雄　A5 判・560 頁・上製本・5,000 円
- 『亀谷健樹詩禅集』解説文／山形一至、石村柳三、磐城葦彦、鈴木比佐雄　A5 判・528 頁・上製本・5,000 円
- 『田中作子著作集』解説文／池下和彦、野仲美弥子 A5 判・528 頁・並製本・5,000 円
- 吉木幸子遺稿詩集『わが大正の忘れな草／旅素描』　解説文／鈴木比佐雄　A5 判・288 頁・並製本・2,000 円
- 『日下新介全詩集』解説文／佐相憲一、鈴木比佐雄　A5 判・608 頁・並製本・5,000 円
- 『川村慶子全詩集』解説文／佐相憲一、鈴木比佐雄　A5 判・560 頁・上製本・5,000 円
- 『畠山義郎全詩集』解説文／亀谷健樹、磐城葦彦、鈴木比佐雄　編集委員／亀谷健樹、磐城葦彦、安部綱江、杉渕テル、鈴木比佐雄　A5 判・528 頁・上製本・5,000 円
- 『下村和子全詩集』解説文／中野順一、木津川昭夫、福田万里子、中西弘貴、小松弘愛、佐相憲一、鈴木比佐雄　A5 判・512 頁・上製本・5,000 円
- 『増岡敏和全詩集』解説文／宮本勝夫、佐相憲一、鈴木比佐雄　A5 判・592 頁・並製本・4,000 円
- 『大井康暢全詩集』解説文／西岡光秋、平野宏、高石貴、栗和実、西川敏之、佐相憲一、鈴木比佐雄　A5 判・480 頁・上製本・5,000 円
- 『山田かん全詩集』帯文／林京子（作家）　解説文／高塚かず子、田中俊廣、鈴木比佐雄　編集委員／山田和子、山田貴己、中里嘉昭、鈴木比佐雄　A5 判・624 頁・上製本・

5,000円
- 『福田万里子全詩集』表紙画／福田万里子　題字／福田正人　解説文／下村和子、鈴木比佐雄　A5判・432頁・上製本（ケース付）・5,000円
- 『大崎二郎全詩集』帯文／長谷川龍生　解説文／西岡寿美子、長津功三良、鈴木比佐雄　A5判・632頁・上製本・5,000円

コールサック詩文庫（詩選集）シリーズ

- 17『青木善保詩選集一四〇篇』解説文／花嶋堯春、佐相憲一、鈴木比佐雄　四六判・232頁・上製本・1,500円
- 16『小田切敬子詩選集一五二篇』解説文／佐相憲一、鈴木比佐雄　四六判・256頁・上製本・1,500円
- 15『黒田えみ詩選集一四〇篇』解説文／くにさだきみ、鳥巣郁美、鈴木比佐雄　四六判・208頁・上製本・1,500円
- 14『若松丈太郎詩選集一三〇篇』解説文／三谷晃一、石川逸子、鈴木比佐雄　四六判・232頁・上製本・1,500円
- 13『岩本健詩選集①一五〇篇（一九七六～一九八一）』解説文／佐相憲一、原圭治、鈴木比佐雄　四六判・192頁・上製本・1,500円
- 12『関中子詩選集一五一篇』解説文／山本聖子、佐相憲一、鈴木比佐雄　四六判・176頁・上製本・1,500円
- 11『大塚史朗詩選集一八五篇』解説文／佐相憲一、鈴木比佐雄　四六判・176頁・上製本・1,500円
- 10『岸本嘉名男詩選集一三〇篇』解説文／佐相憲一、鈴木比佐雄　四六判・176頁・上製本・1,500円
- 9『市川つた詩選集一五八篇』解説文／工藤富貴子、大塚欽一、鈴木比佐雄　四六判・176頁・上製本・1,500円
- 8『鳥巣郁美詩選集一四二篇』解説文／横田英子、佐相憲一、鈴木比佐雄　四六判・224頁・上製本・1,500円
- 7『大村孝子詩選集一二四篇』解説文／森三紗、鈴木比佐雄、吉野重雄　四六判・192頁・上製本・1,500円
- 6『谷崎眞澄詩選集一五〇篇』解説文／佐相憲一、三島久美子、鈴木比佐雄　四六判・248頁・上製本・1,428円
- 5『山岡和範詩選集一四〇篇』解説文／佐相憲一、くにさだきみ、鈴木比佐雄　四六判・224頁・上製本・1,428円
- 4『吉田博子詩選集一五〇篇』解説文／井奥行彦、三方克、鈴木比佐雄　四六判・160頁・上製本・1,428円
- 3『くにさだきみ詩選集一三〇篇』解説文／佐相憲一、石川逸子、鈴木比佐雄　四六判・256頁・上製本・1,428円
- 2『朝倉宏哉詩選集一四〇篇』解説文／日原正彦、大掛史子、相沢史郎　四六判・240頁・上製本・1,428円
- 1『鈴木比佐雄詩選集一三三篇』解説文／三島久美子、崔龍源、石村柳三　四六判・232頁・上製本・1,428円

新鋭・こころシリーズ詩集

- 中道侶陽詩集『綺羅』四六判・112 頁・1,500 円
- 羽島貝詩集『鉛の心臓』四六判・128 頁・1,500 円
- 洞彰一郎詩集『遠花火』四六判・128 頁・1,500 円
- 畑中暁来雄詩集『資本主義万歳』四六判 ·128 頁 ·1,500 円
- 松尾静子詩集『夏空』四六判・128 頁・1,500 円
- 林田悠来詩集『晴れ渡る空の下に』四六判 ·128 頁 ·1,500 円
- 藤貫陽一詩集『緑の平和』四六判・128 頁・1,500 円
- 中林経城詩集『鉱脈の所在』四六判・128 頁・1,500 円
- 尾内達也詩集『耳の眠り』四六判・128 頁・1,428 円
- 平井達也詩集『東京暮らし』四六判・128 頁・1,428 円
- 大森ちさと詩集『つながる』四六判・128 頁・1,428 円
- おぎぜんた詩集『アフリカの日本難民』 四六判 ·128 頁 ·1,428 円
- 亜久津歩詩集『いのちづな　うちなる〝自死者〟と生きる』四六判 ·128 頁 ·1,428 円

「詩人のエッセイ」シリーズ

- 堀田京子エッセイ集『旅は心のかけ橋――群馬・東京・台湾・独逸・米国の温もり』解説文／鈴木比佐雄　四六判・224 頁・1,500 円
- 矢城道子エッセイ集『春に生まれたような――大分・北九州・京都などから』帯文／淺山泰美　装画／矢城真一郎　解説文／鈴木比佐雄　四六判・224 頁・1,500 円
- 佐相憲一エッセイ集『バラードの時間――この世界には詩がある』写真／佐相憲一　四六判・240 頁・1,500 円
- 奥主榮エッセイ集『在り続けるものへ向けて』写真／奥主榮　解説文／佐相憲一　四六判 ·232 頁 ·1,500 円
- 中村純エッセイ集『いのちの源流～愛し続ける者たちへ～』帯文／石川逸子　写真／亀山ののこ　解説文／佐相憲一　四六判・288 頁・1,500 円
- 門田照子エッセイ集『ローランサンの橋』帯文／新川和枝　解説文／鈴木比佐雄　四六判 ·248 頁 ·1,500 円
- 中桐美和子エッセイ集『そして、愛』帯文／なんば・みちこ　解説文／鈴木比佐雄　四六判・208 頁・1,428 円
- 淺山泰美エッセイ集『京都　桜の縁《えに》し』帯文／松岡正剛　写真／淺山泰美・淺山花衣　栞解説文／鈴木比佐雄　四六判・256 頁・1,428 円
- 名古きよえエッセイ集『京都・お婆さんのいる風景』帯文／新川和枝　写真／名古きよえ　解説文／鈴木比佐雄　四六判・248 頁・1,428 円
- 山口賀代子エッセイ集『離湖《はなれこ》』帯文／小柳玲子　装画／戸田勝久　写真／山口賀代子　栞解説文／鈴木比佐雄　四六判・200 頁・1,428 円
- 下村和子エッセイ集『遊びへんろ』帯文／加島祥造　四六判・248 頁・1,428 円
- 淺山泰美エッセイ集『京都　銀月アパートの桜』帯文／新川和枝　写真／淺山泰美　栞解説文／鈴木比佐雄　四六判 ·168 頁 ·1,428 円
- 山本衞エッセイ集『人が人らしく　人権一〇八話』推薦のことば／沢田五十六　栞解説文／鈴木比佐雄　四六判 ·248 頁 ·1,428 円

エッセイ集

- 岡三沙子エッセイ集『寡黙な兄のハーモニカ』跋文／朝倉宏哉（詩人） 装画（銅版画）／川端吉明 A5判・160頁・並製本・1,500円
- 伊藤幸子エッセイ集『口ずさむとき』解説文／鈴木比佐雄 A5判・440頁・上製本・2,000円
- 間渕誠エッセイ集『昭和の玉村っ子──子どもたちは遊びの天才だった』解説文／鈴木比佐雄 A5判・160頁・並製本・1,000円
- 吉田博子エッセイ集『夕暮れの分娩室で──岡山・東京・フランス』帯文／新川和江 解説文／鈴木比佐雄 A5判・192頁・上製本・1,500円
- 鳥巣郁美 詩論・エッセイ集『思索の小径』 装画・挿画／津高和一 栞解説文／鈴木比佐雄 A5判・288頁・上製本・2,000円
- 鈴木泰左右エッセイ集『越辺川《おっぺがわ》のいろどり──川島町の魅力を語り継ぐ』解説文／鈴木比佐雄 A5判・304頁＋カラー8頁・並製本・1,500円
- 石田邦夫『戦場に散った兄に守られて～軍国主義時代に青春を送りし～』栞解説文／鈴木比佐雄 A5判・160頁・上製本・2,000円
- 五十嵐幸雄・備忘録集Ⅲ『ビジネスマンの余白』写真／猪又かじ子 栞解説文／鈴木比佐雄 A5判・352頁・上製本・2,000円
- 五十嵐幸雄・備忘録集Ⅳ『春風に凭れて』写真／猪又かじ子 栞解説文／鈴木比佐雄 A5判・312頁・上製本・2,000円
- 中津攸子 俳句・エッセイ集『戦跡巡礼 改訂増補版』装画／伊藤みと梨 帯文／梅原猛題字／伊藤良男 解説文／鈴木比佐雄 四六判・256頁・上製本・1,500円
- 中原秀雪エッセイ集『光を旅する言葉』銅版画／宮崎智晴 帯文／的川泰宣 解説／金田晉 四六判・136頁・上製本・1,500円
- 金田茉莉『終わりなき悲しみ──戦争孤児と震災被害者の類似性』監修／浅見洋子 解説文／鈴木比佐雄 四六判・304頁・並製本・1,500円
- 壺阪輝代エッセイ集『詩神（ミューズ）につつまれる時』帯文／山本十四尾 A5判・160頁・上製本・2,000円
- 金光林エッセイ集『自由の涙』帯文／白石かずこ 栞解説文／白石かずこ、相沢史郎、陳千武、鈴木比佐雄 翻訳／飯島武太郎、志賀喜美子 A5判・368頁・並製本・2,000円
- 橋爪文 エッセイ集『8月6日の蒼い月──爆心地一・六kmの被爆少女が世界に伝えたいこと』跋文／木原省治 四六判・256頁・並製本・1,500円
- 平松伴子エッセイ集『女ですから』四六判・256頁・並製本・1,500円
- 田巻幸生エッセイ集『生まれたての光──京都・法然院へ』解説／淺山泰美 四六判・192頁・並製本・1,620円

評論集

- 高橋郁男評論集『詩のオデュッセイア──ギルガメシュからディランまで、時に磨かれた古今東西の詩句・四千年の旅』跋文／佐相憲一 四六判・384頁・並製本・1,500円
- 千葉貢評論集『相逢の人と文学──長塚節・宮澤賢治・白鳥省吾・淺野晃・佐藤正子』栞解説文／鈴木比佐雄 四六判・304頁・上製本・2,000円
- 鎌田慧評論集『悪政と闘う──原発・沖縄・憲法の現場から』栞解説文／鈴木比佐雄 四六判・384頁・並製本・1,500円

- 清水茂詩論集『詩と呼ばれる希望──ルヴェルディ、ボヌフォワ等をめぐって』解説文／鈴木比佐雄　四六判・256 頁・並製本・1,500 円
- 金田久璋評論集『リアリテの磁場』解説文／佐相憲一　四六判・352 頁・上製本・2,000 円
- 宮川達二評論集『海を越える翼──詩人小熊秀雄論』解説文／佐相憲一　四六判・384 頁・並製本・2,000 円
- 佐藤吉一評論集『詩人・白鳥省吾』解説文／千葉貢　A5 判・656 頁・並製本・2,000 円
- 稲木信夫評論集『詩人中野鈴子を追う』帯文／新川和江　栞解説文／佐相憲一　四六判・288 頁・上製本・2,000 円
- 新藤謙評論集『人間愛に生きた人びと──横山正松・渡辺一夫・吉野源三郎・丸山眞男・野間宏・若松丈太郎・石垣りん・茨木のり子』解説文／鈴木比佐雄　四六判・256 頁・並製本・2,000 円
- 前田新評論集『土着と四次元──宮沢賢治・真壁仁・三谷晃一・若松丈太郎・大塚史朗』解説文／鈴木比佐雄　四六判・464 頁・上製本・2,000 円
- 若松丈太郎『福島原発難民　南相馬市・一詩人の警告 1971 年～ 2011 年』帯文／新藤謙解説文／鈴木比佐雄　四六判・160 頁・並製本・1,428 円
- 若松丈太郎『福島核災棄民──町がメルトダウンしてしまった』帯文／加藤登紀子解説文／鈴木比佐雄　四六判・208 頁（加藤登紀子「神隠しされた街」CD 付）・並製本・1,800 円
- 片山壹晴詩集・評論集『セザンヌの言葉──わが里の「気層」から』解説文／鈴木比佐雄 A5 判・320 頁・並製本・2,000 円
- 尾崎寿一郎評論集『ランボーをめぐる諸説』四六判・288 頁・上製本・2,000 円
- 尾崎寿一郎評論集『ランボーと内なる他者「イリュミナシオン」解読』四六判・320 頁・上製本・2,000 円
- 尾崎寿一郎評論集『ランボー追跡』写真／林完次　栞解説文／鈴木比佐雄　四六判・288 頁・上製本・2,000 円
- 尾崎寿一郎評論集『詩人 逸見猶吉』写真／森紫朗　栞解説文／鈴木比佐雄　四六判・400 頁・上製本・2,000 円
- 芳賀章内詩論集『詩的言語の現在』解説文／鈴木比佐雄　A5 判・320 頁・並製本・2,000 円
- 森徳治評論・文学集『戦後史の言語空間』写真／高田太郎　解説文／鈴木比佐雄　A5 判・416 頁・並製本・2,000 円
- 大山真善美教育評論集『学校の裏側』帯文／小川洋子（作家）解説／青木多寿子　A5 判・208 頁・並製本・1,500 円
- 浅川史評論集　『敗北した社会主義　再生の闘い』序文／鈴木比佐雄　四六判 352 頁・上製本・1.800 円
- 井口時男評論集『『永山則夫の罪と罰──せめて二十歳のその日まで』　解説文／鈴木比佐雄　四六判 224 頁・並製本・1,500 円
- 中村節也『宮沢賢治の宇宙音感─音楽と星と法華経─』解説文／鈴木比佐雄　B5 判・144 頁・並製本・1,800 円
- 石村柳三『石橋湛山の慈悲精神と世界平和』序文／浅川保　四六判・256 頁・並製本・1,620 円
- 鈴木正一評論集『〈核災棄民〉が語り継ぐこと──レーニンの『帝国主義論』を手掛りにして』解説／鈴木比佐雄　四六判・160 頁・並製本・1,620 円

国際関係

- 『原爆地獄 The Atomic Bomb Inferno──ヒロシマ 生き証人の語り描く一人ひとりの生と死』編／河勝重美・榮久庵憲司・岡田悌次・鈴木比佐雄　解説文／鈴木比佐雄　日英版・B 5 判・カラー 256 頁・並製本・2,000 円
- 日本・韓国・中国　国際同人詩誌『モンスーン 2』A5 判・96 頁・並製本・1,000 円
- 日本・韓国・中国　国際同人詩誌『モンスーン《MONSOON》 1』A5 判・96 頁・並製本・1,000 円
- ベトナム社会主義共和国・元国家副主席グエン・ティ・ビン女史回顧録『家族、仲間、そして祖国』序文／村山富市（元日本国内閣総理大臣）監修・翻訳／冨田健次、清水政明 他　跋文／小中陽太郎　四六判・368 頁・並製本・2,000 円
- 平松伴子『世界を動かした女性グエン・ティ・ビン ベトナム元副大統領の勇気と愛と哀しみと』帯文・序文／早乙女勝元　栞解説文／鈴木比佐雄　A5 判・304 頁・並製本・1,905 円
  【ベトナム平和友好勲章受賞】
- デイヴィッド・クリーガー詩集『神の涙──広島・長崎原爆 国境を越えて』帯文／秋葉忠利（元広島市長）栞解説文／鈴木比佐雄 日英詩集・四六判・200 頁・並製本・1,428 円
- デイヴィッド・クリーガー 英日対訳 新撰詩集『戦争と平和の岐路で』解説文／鈴木比佐雄　A5 判・192 頁・並製本・1,500 円
- 高炯烈（コヒョンヨル）詩集『長詩 リトルボーイ』訳／韓成禮　栞解説文／浜田知章、石川逸子、御庄博実　A5 判・220 頁・並製本・2,000 円
- 高炯烈詩集『アジア詩行──今朝は、ウラジオストクで』訳／李美子　写真／柴田三吉　栞解説文／鈴木比佐雄　四六判・192 頁・並製本・1,428 円
- 鈴木紘治『マザー・グースの謎を解く──伝承童謡の詩学』A5判・304 頁・並製本・2,000 円
- 堀内利美図形詩集『Poetry for the Eye』解説文／鈴木比佐雄、尾内達也、堀内利美　A5 判・232 頁（単語集付、解説文は日本語）・並製本・2,000 円
- 堀内利美日英語詩集『円かな月のこころ』訳／郡山直　写真／武藤ゆかり　栞解説文／吉村伊紅美　日英詩集・四六判・160 頁・並製本・2,000 円
- 堀内利美図形詩集『人生の花　咲き匂う』栞解説文／鈴木比佐雄　A5 判・160 頁・並製本・2,000 円

絵本・詩画集など

- キャロリン・メアリー・クリーフェルド日英詩画集『神様がくれたキス The Divine Kiss』B5 判・フルカラー 72 頁・並製本・1,800 円　訳／郡山 直　序文／清水茂
- 井上摩耶×神月 ROI 詩画集『Particulier ～国境の先へ～』B5 横判・フルカラー 48 頁・上製本・2,000 円　跋文／佐相憲一
- 島村洋二郎詩画集『無限に悲しく、無限に美しく』B5 判・フルカラー 64 頁・並製本・1,500 円　解説文／鈴木比佐雄
- 正田吉男 絵本『放牛さんとへふり地蔵──鎌研坂の放牛地蔵』絵／杉山静香、上原恵　B5 判・フルカラー 32 頁・上製本・1,500 円　解説文／鈴木比佐雄
- 大谷佳子筆文字集『夢の種蒔き──私流遊書（わたしのあそびがき）』解説文／鈴木比佐雄　B5 判・96 頁・並製本・1,428 円

- 吉田博子詩画集『聖火を翳《かざ》して』帯文／小柳玲子　栞解説文／鈴木比佐雄　A4 変形判・136 頁・上製本・2,000 円
- 多田聡詩画集『ビバ！しほりん』絵／赤木真一郎、赤木智恵　B5 判・フルカラー 32 頁・上製本・1,428 円
- 日笠明子・上野郁子の絵手紙集『絵手紙の花束～きらら窯から上野先生へ～』A4 変形判・フルカラー 48 頁・並製本・1,428 円
- 渡邉倭文子ほか共著『ことばの育ちに寄りそって　小さなスピーチクリニックからの伝言』写真／柴田三吉　A4 判・80 頁・並製本・1,428 円
- 黒田えみ詩画集『小さな庭で』四六判・128 頁・上製本・2,000 円

10 周年記念企画「詩の声・詩の力」詩集

- 山岡和範詩集『どくだみ』A 5 判 96 頁・並製本・1,500 円　解説文／佐相憲一
- 江口 節 詩集『果樹園まで』A 5 変形判 96 頁・並製本 1,500 円
- 秋野かよ子詩集『細胞のつぶやき』A 5 判 96 頁・並製本・1,500 円　解説文／佐相憲一
- 尹東柱詩集／上野 都 翻訳『空と風と星と詩』四六判 192 頁・並製本・1,500 円　帯文／詩人　石川逸子
- 洲　史　詩集『小鳥の羽ばたき』A 5 判 96 頁・並製本・1,500 円　解説文／佐相憲一
- 小田切敬子詩集『わたしと世界』A 5 判 96 頁・並製本・1,500 円　解説文／佐相憲一
- みうらひろこ詩集『渚の午後　ふくしま浜通りから』A 5 判 128 頁・並製本・1,500 円　解説文／鈴木比佐雄　帯文／柳美里
- 阿形蓉子詩集『つれづれなるままに』A 5 判 128 頁・並製本・1,500 円　装画／阿形蓉子　解説文／佐相憲一
- 油谷京子詩集『名刺』A 5 判 96 頁・並製本・1,500 円　解説文／佐相憲一
- 木村孝夫詩集『桜螢　ふくしまの連呼する声』四六判 192 頁・並製本・1,500 円　栞解説文／鈴木比佐雄
- 星野　博詩集『線の彼方』A 5 判 96 頁・並製本・1,500 円　解説文／佐相憲一
- 前田 新 詩集『無告の人』A 5 判 160 頁・並製本・1,500 円　装画／三橋節子　解説文／鈴木比佐雄
- 佐相憲一詩集『森の波音』A 5 判 128 頁・並製本・1,500 円
- 高森 保詩集『1 月から 12 月 あなたの誕生を祝う詩』A 5 判 128 頁・並製本・1,500 円　解説文／鈴木比佐雄
- 橋爪さち子詩集『薔薇星雲』A 5 判 128 頁・並製本 1,500 円　《第 12 回日本詩歌句随筆評論大賞　奨励賞》
- 酒井 力詩集『光と水と緑のなかに』A 5 判 128 頁・並製本・1,500 円　解説文／佐相憲一
- 安部一美詩集『夕暮れ時になると』A 5 判 120 頁・並製本・1,500 円　解説文／鈴木比佐雄　《第 69 回福島県文学賞詩部門正賞》
- 望月逸子詩集『分かれ道』A 5 判 128 頁・並製本・1,500 円　帯文／石川逸子　栞解説文／佐相憲一
- 二階堂晃子詩集『音たてて幸せがくるように』A 5 判 160 頁・並製本・1,500 円　解説文／佐相憲一
- 高橋静恵詩集『梅の切り株』A 5 判 144 頁・並製本・1,500 円　跋文／宗方和子　解説文／鈴木比佐雄

- 末松努詩集『淡く青い、水のほとり』Ａ５判 128 頁・並製本・1,500 円　解説文／鈴木比佐雄
- 林田悠来詩集『雨模様、晴れ模様』Ａ５判 96 頁・並製本・1,500 円　解説文／佐相憲一
- 勝嶋啓太詩集『今夜はいつもより星が多いみたいだ』Ａ５判 128 頁・並製本・1,500 円《第 46 回 壺井繁治賞》
- かわいふくみ詩集『理科室がにおってくる』 Ａ５判 96 頁・並製本・1,500 円　栞解説文／佐相憲一

既刊詩集

〈2006 年刊行〉

- 朝倉宏哉詩集『乳粥』栞解説文／鈴木比佐雄　A5 判・122 頁・上製本・2,000 円
- 山本十四尾詩集『水の充実』栞解説文／鈴木比佐雄 B5変形判・114頁・上製本・2,000円

〈2007 年刊行〉

- 宮田登美子詩集『竹藪の不思議』栞解説文／鈴木比佐雄 A5判・96 頁・上製本・2,000 円
- 大掛史子詩集『桜鬼（はなおに）』栞解説文／鈴木比佐雄 A5 判・128 頁・上製本・2,000 円
  【第 41 回日本詩人クラブ賞受賞】
- 山本衞詩集『讃河』栞解説文／鈴木比佐雄　A5 判・168 頁・上製本・2,000 円
  【第 8 回中四国詩人賞受賞】
- 岡隆夫詩集『二億年のイネ』栞解説文／鈴木比佐雄　A5 判・168 頁・上製本・2,000 円
- うおずみ千尋詩集『牡丹雪幻想』 栞解説文／鈴木比佐雄　B5 変形判・98 頁・フランス装・2,000 円
- 酒井力詩集『白い記憶』栞解説文／鈴木比佐雄　A5 判・128 頁・上製本・2,000 円
- 山本泰生詩集『声』栞解説文／鈴木比佐雄　A5 判・144 頁・上製本・2,000 円
- 秋山泰則詩集『民衆の記憶』栞解説文／鈴木比佐雄　A5 判・104 頁・並製本・2,000 円
- 大原勝人詩集『通りゃんすな』栞解説文／鈴木比佐雄　A5 判・104 頁・並製本・2,000 円
- 葛原りょう詩集『魂の場所』栞解説文／長津功三良、鈴木比佐雄　A5 判・192 頁・並製本・2,000 円
- 石村柳三詩集『晩秋雨』栞解説文／朝倉宏哉、鈴木比佐雄 A5判・200頁・上製本・2,000円

〈2008 年刊行〉

- 浜田知章詩集『海のスフィンクス』帯文／長谷川龍生　栞解説文／浜田文、鈴木比佐雄 A5 判・128 頁・上製本・2,000 円
- 遠藤一夫詩集『ガンタラ橋』栞解説文／鈴木比佐雄　A5 判・128 頁・上製本・2,000 円
- 石下典子詩集『神の指紋』帯文／山本十四尾　栞解説文／鈴木比佐雄　A5 判・128 頁・上製本・2,000 円
- 星野典比古詩集『天網』帯文／山本十四尾　栞解説文／鈴木比佐雄　A5 判・128 頁・上製本・2,000 円
- 田上悦子詩集『女性力（ウナグヂキャラ）』帯文／山本十四尾　栞解説文／鈴木比佐雄 A5 判・144 頁・上製本・2,000 円
- 壷阪輝代詩集『探り箸』帯文／山本十四尾　栞解説文／鈴木比佐雄　A5 判・128 頁・上製本・2,000 円
- 下村和子詩集『手妻』栞解説文／鈴木比佐雄　A5 判・128 頁・上製本・2,000 円
- 豊福みどり詩集『ただいま』帯文／山本十四尾　栞解説文／鈴木比佐雄　A5 判・128 頁・上製本・2,000 円
- 小坂顕太郎詩集『五月闇』栞解説文／鈴木比佐雄　A5 判・128頁・上製本・2,000円

- くにさだきみ詩集『国家の成分』栞解説文／鈴木比佐雄　A5判・152頁・上製本・2,000円
- 山本聖子詩集『宇宙の舌』栞解説文／鈴木比佐雄　A5判・128頁・上製本・2,000円
- 鈴木文子詩集『電車道』栞解説文／鈴木比佐雄　A5判・176頁・上製本・2,000円
- 中原澄子詩集『長崎を最後にせんば――原爆被災の記憶』（改訂増補版）　栞解説文／鈴木比佐雄　A5判・208頁・上製本・2,000円【第四十五回福岡県詩人賞受賞】
- 亜久津歩詩集『世界が君に死を赦すから』栞解説文／鈴木比佐雄　A5判・160頁・上製本・2,000円
- コールサック社のアンソロジーシリーズ『生活語詩二七六人集　山河編』編／有馬敲、山本十四尾、鈴木比佐雄　A5判・432頁・並製本・2,000円

〈2009年刊行〉

- 吉田博子詩集『いのち』装画／近藤照恵　帯文／山本十四尾　栞解説文／鈴木比佐雄　A5判・128頁・上製本・2,000円
- 黛元男詩集『地鳴り』装画／田中清光　栞解説文／鈴木比佐雄　A5判・136頁・上製本・2,000円
- 長津功三良詩集『飛ぶ』帯文／吉川仁　栞解説文／福谷昭二　A5判・144頁・並製本・2,000円
- 堀内利美詩集『笑いの震動』栞解説文／鈴木比佐雄　A5判・176頁・上製本・2,000円
- 貝塚津音魚詩集『魂の緒』装画／渡部等　帯文／山本十四尾　栞解説文／鈴木比佐雄　A5判・128頁・上製本・2,000円【栃木県現代詩人会新人賞受賞】
- 石川早苗詩集『蔵人の妻』栞解説文／鈴木比佐雄　A5判・128頁・上製本・2,000円
- 吉村伊紅美詩集『夕陽のしずく』装画／清水國治　栞解説文／鈴木比佐雄　A5判・144頁・上製本・2,000円
- 山本十四尾詩集『女将』題字／川又南岳　AB判・64頁・上製本・2,000円
- 中村藤一郎詩集『神の留守』題字／伊藤良男　栞解説文／鈴木比佐雄　A5判・208頁・上製本・2,000円
- 上田由美子詩集『八月の夕凪』装画／上田由美子　栞解説文／鈴木比佐雄　A5判・160頁・上製本・2,000円
- 山本倫子詩集『秋の蟷螂』栞解説文／鈴木比佐雄　A5判・160頁・上製本・2,000円
- 宇都宮英子詩集『母の手』栞解説文／鈴木比佐雄　A5判・128頁・上製本・2,000円

〈2010年刊行〉

- 山佐木進詩集『そして千年樹になれ』写真／猪又かじ子　栞解説文／鈴木比佐雄　A5判・112頁・並製本・2,000円
- 杉本知政詩集『迷い蝶』装画／岸朝佳　栞解説文／鈴木比佐雄　A5判・144頁・並製本・2,000円
- 未津きみ詩集『ブラキストン線 ―十四歳の夏―』栞解説文／鈴木比佐雄 A5判・176頁・上製本・2,000円
- 水崎野里子詩集『ゴヤの絵の前で』栞解説文／佐相憲一　A5判・128頁・並製本・2,000円
- 石村柳三詩集『夢幻空華』写真／片岡伸　栞解説文／牧野立雄、水崎野里子、鈴木豊志夫　A5判・264頁・並製本・2,000円
- 秋山泰則詩集『泣き坂』装画／宮浦真之助（画家）　帯文・解説文／小澤幹雄　A5判・128頁・並製本・2,000円
- 北村愛子詩集『今日という日』装画／藤田孝之　栞解説文／鈴木比佐雄　A5判・176頁・並製本・2,000円

- 郡山直詩集『詩人の引力』写真／仲田千穂　栞解説文／鈴木比佐雄　A5判・208頁・並製本・1,428円
- 徳沢愛子詩集『加賀友禅流し』装画／太田秀典（加賀友禅作家）　栞解説文／鈴木比佐雄　A5判・184頁・上製本・2,000円
- 多田聡詩集『岡山発津山行き最終バス』装画／江草昭治　栞解説文／鈴木比佐雄 A5判・160頁・上製本・2,000円
- 矢口以文詩集『詩ではないかもしれないが、どうしても言っておきたいこと』写真／CPT提供　栞解説文／鈴木比佐雄　A5判・224頁・並製本・2,000円
- 鳥巣郁美詩集『浅春の途（さしゅんのみち）』帯文／山本十四尾　装画／木村茂　栞解説文／鈴木比佐雄　A5判・128頁・上製本・2,000円
- 直原弘道詩集『異郷への旅』帯文／山本十四尾　写真／柴田三吉　栞解説文／鈴木比佐雄　A5判・152頁・並製本・2,000円
- 酒木裕次郎詩集『筑波山』帯文／山本十四尾　写真／武藤ゆかり　栞解説文／鈴木比佐雄　A5判・112頁・上製本・2,000円
- 安永圭子詩集『音を聴く皮膚』帯文／山本十四尾　装画／安永圭子　栞解説文／鈴木比佐雄　A5判・136頁・上製本・2,000円
- 山下静男詩集『クジラの独り言』栞解説文／鈴木比佐雄 A5判・136頁・上製本・2,000円
- 皆木信昭詩集『心眼（こころのめ）』写真／奈義町現代美術館　栞解説文／鈴木比佐雄 A5判・144頁・上製本・2,000円
- 岡三沙子詩集『わが禁猟区』装画（銅版画）／川端吉明　栞解説文／鈴木比佐雄　A5判・144頁・上製本・2,000円

〈2011年刊行〉……………………………………………………

- 北村愛子詩集『見知らぬ少女』装画／藤田孝之　栞解説文／鈴木比佐雄　A5判・176頁・並製本・2,000円
- 浅見洋子詩集『独りぼっちの人生《せいかつ》──東京大空襲により心をこわされた子たち』跋文／原田敬三　栞解説文／鈴木比佐雄　A5判・160頁＋カラー16頁・上製本・2,000円
- 片桐ユズル詩集『わたしたちが良い時をすごしていると』栞解説文／鈴木比佐雄　四六判・128頁・並製本・2,000円
- 星野明彦詩集『いのちのにっき 愛と青春を見つめて』装画／星野明彦　栞解説文／鈴木比佐雄　A5判・352頁・並製本・2,000円
- 田中作子詩集『吉野夕景』栞解説文／鈴木比佐雄　A5判・96頁・上製本・2,000円
- 岡村直子詩集『帰宅願望』装画／杉村一石　栞解説文／鈴木比佐雄　A5判・160頁・上製本・2,000円
- 木村淳子詩集『美しいもの』写真／齋藤文子　栞解説文／鈴木比佐雄　A5判・136頁・上製本・2,000円
- 岡田惠美子詩集『露地にはぐれて』栞解説文／鈴木比佐雄　A5判・176頁・上製本・2,000円
- 野村俊詩集『うどん送別会』栞解説文／鈴木比佐雄　A5判・240頁・上製本・2,000円
- 福本明美詩集『月光（つきあかり）』栞解説文／鈴木比佐雄　A5判・120頁・上製本・2,000円
- 池山吉彬詩集『惑星』栞解説文／鈴木比佐雄　A5判・136頁・並製本・2,000円
- 石村柳三詩集『合掌』装画／鈴木豊志夫　栞解説文／佐相憲一　A5判・160頁・並製本・2,000円

- 田村のり子詩集『時間の矢──夢百八夜』 栞解説文／鈴木比佐雄 A5判・192頁・上製本・2,000円
- 青柳俊哉詩集『球体の秋』 栞解説文／鈴木比佐雄 A5判・176頁・上製本・2,000円
- 井上優詩集『厚い手のひら』 写真／井上真由美 帯文／松島義一 解説文／佐相憲一 A5判・160頁・並製本・1,500円
- 牧葉りひろ詩集『黄色いマントの戦士たち』 装画／星 純一 栞解説文／鈴木比佐雄 A5判・136頁・上製本・2,000円
- 大井康暢詩集『象さんのお耳』 栞解説文／鈴木比佐雄 A5判・184頁・上製本・2,000円
- 片桐歩詩集『美ヶ原台地』 栞解説文／鈴木比佐雄 A5判・160頁・並製本・2,000円

〈2012年刊行〉…………

- 大原勝人詩集『泪を集めて』 栞解説文／鈴木比佐雄 A5判・136頁・並製本・2,000円
- くにさだきみ詩集『死の雲、水の国籍』 栞解説文／鈴木比佐雄 A5判・192頁・上製本・2,000円
- 司 由衣詩集『魂の奏でる音色』 栞解説文／鈴木比佐雄 A5判・168頁・上製本・2,000円
- 宮﨑睦子詩集『美しい人生』 栞解説文／鈴木比佐雄 A5判・160頁・上製本・2,000円
- 佐相憲一詩集『時代の波止場』 帯文／有馬 敲 A5判・160頁・並製本・2,000円
- 浜本はつえ詩集『斜面に咲く花』 栞解説文／佐相憲一 A5判・128頁・上製本・2,000円
- 芳賀稔幸詩集『広野原まで──もう止まらなくなった原発』 帯文／若松丈太郎 栞解説文／鈴木比佐雄 A5判・136頁・上製本・2,000円
- 真田かずこ詩集『奥琵琶湖の細波（さざなみ）』 装画／福山聖子 帯文／嘉田由紀子（滋賀県知事） 栞解説文／鈴木比佐雄 A5判・160頁・上製本・2,000円
- 大野 悠詩集『小鳥の夢』 栞解説文／鈴木比佐雄 A5判・160頁・上製本・2,000円
- 玉造 修詩集『高校教師』 栞解説文／佐相憲一 A5判・112頁・上製本・2,000円
- 田澤ちよこ詩集『四月のよろこび』 栞解説文／鈴木比佐雄 A5判・192頁・上製本・2,000円
- 日高のぼる詩集『光のなかへ』 栞解説文／鈴木比佐雄 A5判・208頁・並製本・2,000円
- 結城文詩集『花鎮め歌』 栞解説文／鈴木比佐雄 A5判・184頁・上製本・2,000円
- 川奈 静詩集『いのちの重み』 栞解説文／鈴木比佐雄 A5判・136頁・並製本・2,000円

〈2013年刊行〉…………

- 二階堂晃子詩集『悲しみの向こうに──故郷・双葉町を奪われて』 解説文／鈴木比佐雄 A5判・176頁・上製本・2,000円 【第66回福島県文学賞 奨励賞受賞】
- 東梅洋子詩集『うねり 70篇 大槌町にて』 帯文／吉行和子（女優） 解説文／鈴木比佐雄 四六判・160頁・並製本・1,000円
- 岡田忠昭詩集『忘れない』 帯文／若松丈太郎 栞解説文／鈴木比佐雄 A5判・64頁・並製本・500円
- 白河左江子詩集『地球に』 栞解説文／鈴木比佐雄 A5判・160頁・上製本・2,000円
- 秋野かよ子詩集『梟が鳴く──紀伊の八楽章』 栞解説文／鈴木比佐雄 四六判・144頁・並製本・2,000円
- 中村真生子詩集『なんでもない午後に──山陰・日野川のほとりにて』 帯文／梅津正樹（アナウンサー） 栞解説文／鈴木比佐雄 四六判・240頁・並製本・1,400円
- 武西良和詩集『岬』 栞解説文／鈴木比佐雄 A5判・96頁・並製本・2,000円
- うおずみ千尋詩集『白詰草序奏──金沢から故郷・福島へ』 栞解説文／鈴木比佐雄 B5判変形・144頁・フランス装・1,500円
- 木島 章詩集『点描画』 栞解説文／佐相憲一 A5判・160頁・並製本・2,000円

• 上野 都詩集『地を巡るもの』栞解説文／鈴木比佐雄　A5 判・144 頁・上製本・2,000 円
• 松本高直詩集『永遠の空腹』栞解説文／鈴木比佐雄　A5 判・112 頁・上製本・2,000 円
• 田島廣子詩集『くらしと命』栞解説文／佐相憲一　A5 判・128 頁・並製本・2,000 円
• 外村文象詩集『秋の旅』栞解説文／鈴木比佐雄　A5 判・160 頁・並製本・2,000 円
• 川内久栄詩集『木箱の底から──今も「ふ」号風船爆弾が飛び続ける 増補新版』栞解説文／鈴木比佐雄　A5 判・176 頁・上製本・2,000 円
• 見上 司詩集『一遇』栞解説文／鈴木比佐雄　A5 判・160 頁・並製本・2,000 円
• 笠原仙一詩集『明日のまほろば〜越前武生《たけふ》からの祈り〜』栞解説文／佐相憲一　A5 判・136 頁・並製本・1,500 円
• 黒田えみ詩集『わたしと瀬戸内海』四六判・96 頁・並製本・1,500 円
• 中村 純詩集『はだかんぼ』栞解説文／鈴木比佐雄　A5 判・128 頁・並製本・1,500 円
• 志田静枝詩集『踊り子の花たち』栞解説文／佐相憲一 A5 判・160 頁・上製本・2,000 円
• 井野口慧子詩集『火の文字』栞解説文／鈴木比佐雄　A5 判・184 頁・上製本・2,000 円
• 山本 衛詩集『黒潮の民』栞解説文／鈴木比佐雄　A5 判・176 頁・上製本・2,000 円
• 大塚史朗詩集『千人針の腹巻き』栞解説文／鈴木比佐雄 A5 判・144 頁・並製本・2,000 円
• 大塚史朗詩集『昔ばなし考うた』解説文／佐相憲一　A5 判・96 頁・並製本・2,000 円
• 根本昌幸詩集『荒野に立ちて──わが浪江町』帯文／若松丈太郎　解説文／鈴木比佐雄　A5 判・160 頁・並製本・1,500 円

〈2014 年刊行〉

• 伊谷たかや詩集『またあした』栞解説文／鈴木比佐雄 A5 判・144 頁・上製本・2,000 円
• 池下和彦詩集『父の詩集』四六判・168 頁・並製本・1,500 円
• 青天目起江詩集『緑の涅槃図』栞解説文／鈴木比佐雄　A5 判・144 頁・上製本・2,000 円
• 佐々木淑子詩集『母の腕物語──広島・長崎・沖縄、そして福島に想いを寄せて　増補新版』栞解説文／鈴木比佐雄　A5 判・136 頁・並製本・1,500 円
• 高炯烈詩集『ガラス体を貫通する』カバー写真／高中哲　訳／権宅明　監修／佐川亜紀　解説文／黄鉉産　四六判・256 頁・並製本・2,000 円
• 速水晃詩集『島のいろ──ここは戦場だった』装画／疋田孝夫　A5 判・192 頁・並製本・2,000 円
• 栗和実詩集『父は小作人』栞解説文／鈴木比佐雄　A5 判・160 頁・並製本・2,000 円
• キャロリン・メアリー・クリーフェルド詩集『魂の種たち SOUL SEEDS』訳／郡山直　日英詩集・A5 判・192 頁・並製本・1,500 円
• 宮﨑睦子詩集『キス・ユウ（KISS YOU）』栞解説文／鈴木比佐雄　A5 判・160 頁・上製本・2,000 円
• 守口三郎詩集『魂の宇宙』栞解説文／鈴木比佐雄　A5 判・152 頁・上製本・2,000 円
• 李美子詩集『薬水を汲みに』帯文／長谷川龍生　A5 判・144 頁・並製本・2,000 円
• 中村花木詩集『奇跡』栞解説文／佐相憲一　A5 判・160 頁・並製本・2,000 円
• 金知栄詩集『薬山のつつじ』栞解説文／鈴木比佐雄　日韓詩集・A5 判・248 頁・並製本・1,500 円

〈2015 年刊行〉

• 井上摩耶詩集『闇の炎』装画／神月 ROI　栞解説文／佐相憲一　A5 判・128 頁・並製本・2,000 円
• 神原良詩集『ある兄妹へのレクイエム』装画／味戸ケイコ　解説文／鈴木比佐雄　A5 判・144 頁・上製本・2,000 円

- 佐藤勝太詩集『ことばの影』解説文／鈴木比佐雄　四六判・192頁・並製本・2,000円
- 悠木一政詩集『吉祥寺から』栞解説文／鈴木比佐雄　A5判・128頁・上製本・1,500円
- 皆木信昭詩集『むらに吹く風』栞解説文／鈴木比佐雄　A5判・128頁・上製本・2,000円
- 渡辺恵美子詩集『母の和音』帯文／清水茂　栞解説文／鈴木比佐雄　A5判・128頁・上製本・2,000円
- 朴玉璉詩集『追憶の渋谷・常磐寮・1938年──勇気を出せば、みんなうまくいく』解説文／鈴木比佐雄　A5判・128頁・上製本・2,000円
- 坂井一則詩集『グレーテ・ザムザさんへの手紙』栞解説文／鈴木比佐雄　A5判・128頁・上製本・2,000円
- 勝嶋啓太×原詩夏至 詩集『異界だったり 現実だったり』跋文／佐相憲一　A5判・96頁・並製本・1,500円
- 堀田京子詩集『大地の声』栞解説文／鈴木比佐雄　A5判・160頁・並製本・1,500円
- 木島始『木島始詩集・復刻版』解説文／佐相憲一・鈴木比佐雄　四六判・256頁・上製本・2,000円
- 島田利夫『島田利夫詩集』解説文／佐相憲一　A5判・144頁・並製本・2,000円

〈2016年刊行〉

- 和田文雄『和田文雄 新撰詩集』論考／鈴木比佐雄　A5判・416頁・上製本・2,500円
- 佐藤勝太詩集『名残の夢』解説文／佐相憲一　四六判192頁・並製本・2,000円
- 望月逸子詩集『分かれ道』帯文／石川逸子　栞解説文／佐相憲一　A５判128頁・並製本・1,500円
- 鈴木春子詩集『古都の桜狩』栞解説文／鈴木比佐雄　A5判128頁・上製本・2,000円
- 高橋静恵詩集『梅の切り株』跋文／宗方和子　解説文／鈴木比佐雄　A5判144頁・並製本・1,500円
- ひおきとしこ詩抄『やさしく うたえない』栞解説文／鈴木比佐雄　A5判128頁・並製本・1,500円
- 高橋留理子詩集『たまどめ』栞解説文／鈴木比佐雄　A5判176頁・上製本・2,000円
- 林田悠来詩集『雨模様、晴れ模様』解説文／佐相憲一　A5判96頁・並製本・1,500円
- 美濃吉昭詩集『或る一年～詩の旅～』解説文／佐相憲一 A5判208頁・上製本・2,000円
- 末松努詩集『淡く青い、水のほとり』解説文／鈴木比佐雄　A5判128頁・並製本・1,500円
- 二階堂晃子詩集『音たてて幸せがくるように』解説文／佐相憲一　A5判160頁・並製本・1,500円
- 神原良詩集『オタモイ海岸』装画／味戸ケイコ　跋文／佐相憲一　A5判128頁・上製本・2,000円
- 下地ヒロユキ詩集『読みづらい文字』解説文／鈴木比佐雄　A5判96頁・並製本・1.500円

〈2017年刊行〉

- ワシオ・トシヒコ定稿詩集『われはうたへど』四六判344頁・並製本・1,800円
- 柏木咲哉『万国旗』解説文／佐相憲一　A5判128頁・並製本1,500円
- 星野博『ロードショー』解説文／佐相憲一　A5判128頁・並製本1,500円
- 赤木比佐江『一枚の葉』解説文／佐相憲一　A5判128頁・並製本1,500円
- 若松丈太郎『十歳の夏まで戦争だった』栞解説文／鈴木比佐雄　A5判128頁・並製本1,500円
- 鈴木比佐雄『東アジアの疼き』A5判224頁・並製本1,500円
- 吉村悟一『何かは何かのまま残る』 解説文／佐相憲一　A5判128頁・並製本1,500円

• 八重洋一郎『日毒』解説文／鈴木比佐雄　A5 判 112 頁・並製本 1,500 円
• 美濃吉昭詩集『或る一年～詩の旅～Ⅱ』解説文／佐相憲一　Ａ５判 208 頁・上製本・2,000 円
• 根本昌幸詩集『昆虫の家』帯文／柳美里　装画／小笠原あり　解説文／鈴木比佐雄　Ａ５判 144 頁・並製本・1,500 円
• 青柳晶子詩集『草萌え』帯文／鈴木比佐雄　栞解説文／佐相憲一　Ａ５判 128 頁・上製本・2,000 円
• 守口三郎詩集『劇詩 受難の天使・世阿弥』栞解説文／鈴木比佐雄　Ａ５判 128 頁・上製本・1,800 円
• かわいふくみ詩集『理科室がにおってくる』栞解説文／佐相憲一　Ａ５判 96 頁・並製本・1,500 円
• 小林征子詩集『あなたへのラブレター』本文書き文字／小林征子　装画・題字・挿絵／長野ヒデ子　Ａ５変形判 144 頁・上製本・1,500 円
• 佐藤勝太詩集『佇まい』解説文／佐相憲一　四六判 208 頁・並製本・2,000 円
• 堀田京子詩集『畦道の詩』解説文／鈴木比佐雄　Ａ５判 248 頁・並製本・1,500 円
• 福司満・秋田白神方言詩集『友ぁ何処サ行った』解説文／鈴木比佐雄　Ａ５判 176 頁・上製本・2,000 円【2017 年 秋田県芸術選奨】

〈2018 年刊行〉……………………………………………………………………

• 田中作子愛読詩選集『ひとりあそび』解説文／鈴木比佐雄　A5 変形判 128 頁・上製本 1,500 円
• 洲浜昌三詩集『春の残像』A5 判 160 頁・並製本・1,500 円　装画／北雅行
• 熊谷直樹×勝嶋啓太 詩集『妖怪図鑑』A5 判 160 頁・並製本・1,500 円　解説文／佐相憲一　人形制作／勝嶋啓太
• たにともこ詩集『つぶやき』四六判 128 頁・並製本・1,000 円　解説文／佐相憲一
• 中村惠子詩集『神楽坂の虹』A5 判 128 頁・並製本・1,500 円　解説文／鈴木比佐雄
• ミカヅキカゲリ 詩集『水鏡』A5 判　128 頁・並製本・1,500 円　解説文／佐相憲一
• 清水マサ詩集『遍歴のうた』A5 判 144 頁・上製本・2,000 円　解説文／佐相憲一　装画／横手由男
• 高田一葉詩集『手触り』A5 判変型 96 頁・並製本・1,500 円　解説文／佐相憲一
• 青木善保『風が運ぶ古茜色の世界』A5 判 128 頁・並製本 1,500 円　解説文／佐相憲一
• せきぐちさちえ詩集『水田《みずた》の空』A5 判 144 頁・並製本・1,500 円　解説文／鈴木比佐雄
• 小山修一『人間のいる風景』A5 判 128 頁・並製本 1,500 円　解説文／佐相憲一
• 神原良 詩集『星の駅―星のテーブルに着いたら君の思い出を語ろう…』A5 判 96 頁・上製本・2,000 円　解説文／鈴木比佐雄　装画／味戸ケイコ
• 矢城道子詩集『春の雨音』A5 判 128 頁・並製本・1,500 円
• 堀田京子 詩集『愛あるところに光は満ちて』四六判 224 頁・並製本・1,500 円　解説文／鈴木比佐雄
• 鳥巣郁美詩集『時刻《とき》の帷《とばり》』Ａ５判 160 頁・上製本・2,000 円　解説文／佐相憲一
• 秋野かよ子『夜が響く』A5 判 128 頁・並製本 1,500 円　解説文／佐相憲一
• 坂井一則詩集『世界で一番不味いスープ』Ａ５判 128 頁・並製本・1,500 円　装画／柿崎えま　栞解説文／鈴木比佐雄

アンソロジー詩集

- アンソロジー詩集『現代の風刺25人詩集』編／佐相憲一・有馬敲　A5判・192頁・並製本・2,000円
- アンソロジー詩集『SNSの詩の風41』編／井上優・佐相憲一　A5判・224頁・並製本・1,500円

句集・句論集

- 川村杳平俳人歌人論集『鬼古里の賦』解説／鈴木比佐雄　四六判・608頁・並製本・2,160円
- 長澤瑞子句集『初鏡』解説文／鈴木比佐雄　四六判・192頁・上製本・2,160円
- 『有山兎歩遺句集』跋文／呉羽陽子　四六判・184頁・上製本・2160円
- 片山壹晴 随想句集『嘴野記』解説文／鈴木比佐雄　A5判・208頁・並製本・1,620円
- 宮崎直樹『名句と遊ぶ俳句バイキング』解説文／鈴木比佐雄　文庫判656頁・並製本・1,500円
- 復本一郎評論集『江戸俳句百の笑い』四六判336頁・並製本・1,500円
- 復本一郎評論集『子規庵・千客万来』四六判320頁・並製本・1,500円

歌集・歌論集

- 田中作子歌集『小庭《さにわ》の四季』A5判192頁・上製本（ケース付）2,000円　解説文／鈴木比佐雄
- 宮﨑睦子歌集『紅椿』A5判104頁・上製本（ケース付）2,000円　解説文／鈴木比佐雄

「年間購読会員」と原稿募集

ご購読のみの方	◆『年間購読会員』にまだご登録されていない方 ⇒4号分（102・103・104・105号） ……4,800円＋税＝5,280円
寄稿者の方	◆『年間購読会員』にまだご登録されていない方 ⇒4号分（102・103・104・105号） ……4,800円＋税＝5,280円 ＋ 参加料……ご寄稿される作品の種類や、 ページ数によって異なります。 （下記をご参照ください）

【詩・小詩集・エッセイ・評論・俳句・短歌・川柳など】
・1～2ページ……5,000円+税＝5,500円／本誌4冊を配布。
・3ページ以上……
ページ数×（2,000円+税＝2,200円）／ページ数×2冊を配布。
※1ページ目の本文・文字数は1行28文字× 47行（上段22行・下段25行）
2ページ目からは、本文・1行28文字× 50行（上下段ともに25行）です。
※俳句・川柳は1頁（2段）に22句、短歌は1頁に10首掲載できます。

◎コールサック 102号 原稿募集！◎ ※採否はご一任ください

【年4回発行】
＊3月号（12月30日締め切り・3月1日発行）
＊6月号（3月31日締め切り・6月1日発行）
＊9月号（6月30日締め切り・9月1日発行）
＊12月号（9月30日締め切り・12月1日発行）

【原稿送付先】
〒173-0004　東京都板橋区板橋2-63-4-209　コールサック社　編集部
（電話）03-5944-3258　（FAX）03-5944-3238
（E-mail）鈴木比佐雄　suzuki@coal-sack.com
鈴木　光影　m.suzuki@coal-sack.com
座馬　寛彦　h.zanma@coal-sack.com

ご不明な点等はお気軽にお問い合わせください。編集部一同、ご参加をお待ちしております。

コールサック（石炭袋）101号

編集者　鈴木比佐雄　座馬寛彦　鈴木光影

発行者　鈴木比佐雄

発行所　㈱コールサック社

装丁　奥川はるみ

製作部　鈴木光影　座馬寛彦

発行所（株）コールサック社　2020年3月1日発行

本社　〒173-0004 東京都板橋区板橋 2-63-4-209

電話 03-5944-3258　FAX 03-5944-3238

suzuki@coal-sack.com

http:／／www.coal-sack.com

郵便振替 00180-4-741802

落丁本・乱丁本はお取り替えいたします。

ISBN978-4-86435-430-1　C1092　￥1200E

本体価格　1200円+税

最新受賞図書

第74回現代俳句協会賞

永瀬十悟句集『三日月湖』

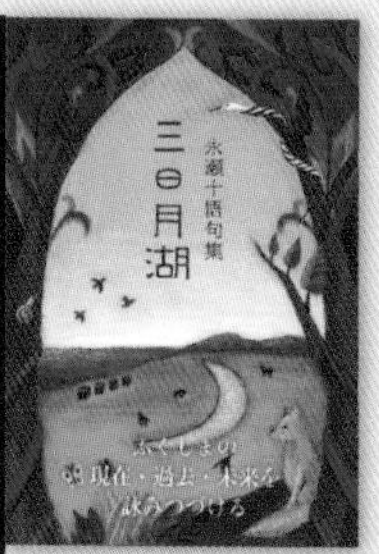

文庫判256頁・上製本・1,500円
装画／澁谷瑠璃　解説文／鈴木光影

第33回福田正夫賞

与那覇恵子詩集『沖縄から見えるもの』

A5判176頁・並製本・1,500円　解説文／鈴木比佐雄

第50回中四国詩人賞

洲浜昌三詩集『春の残像』

A5判160頁・並製本・1,500円　装画／北雅行

第50回横浜詩人会賞

井上摩耶詩集『鼓動』

A5判128頁・並製本・1,500円
解説文／佐相憲一

第5回松川賞特別賞

橘かがり『判事の家　増補版　松川事件その後70年』

272頁・補章／伊部正之
解説文／鈴木比佐雄

第14回日本詩歌句随筆評論大賞　随筆・評論部門優秀賞

北畑光男評論集『村上昭夫の宇宙哀歌』

四六判384頁・並製本・1,500円
帯文／高橋克彦（作家）　装画／大宮政郎

第46回壺井繁治賞

勝嶋啓太詩集『今夜はいつもより星が多いみたいだ』

A5判128頁・並製本・1,500円

第14回日本詩歌句随筆評論大賞　詩部門優秀賞

崔　龍源詩集『遠い日の夢のかたちは』

A5判144頁・並製本・1,500円

第4回長野県詩人協会奨励賞

畠山隆幸詩集『ライトが点いた』

A5判112頁・並製本
1,500円　解説文／佐相憲一

第48回福岡市文学賞詩部門

坂田トヨ子詩集『源氏物語の女たち』

A5判128頁・並製本・1,500円
装画／三重野睦美　解説文／鈴木比佐雄

第41回福島民報出版文化賞特別賞

小野田陽子文集『福島双葉町の小学校と家族～その時、あの時～』

重版

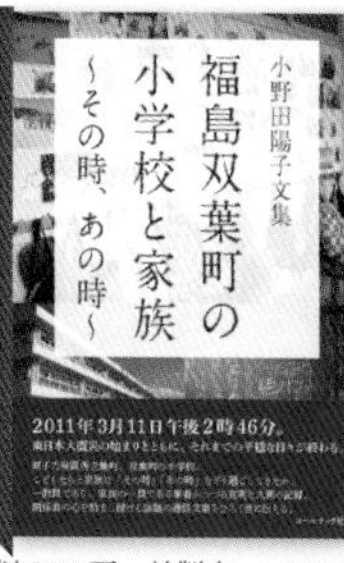

四六判304頁・並製本・1,500円
序文／二階堂晃子　跋文／佐相憲一

その他の著作集

太田代志朗・田中寛・鈴木比佐雄　編
A5判 480頁・上製本・2,200円

高橋和巳の遺稿小説も収録

『高橋和巳の文学と思想
──その〈志〉と〈憂愁〉の彼方に』

高橋和巳の文学と思想には、時を経ても苦悩から希望に向かう言葉の力がある。24名の論客がその〈志〉を新たに解釈

〈共著者〉立石　伯・鈴木貞美・綾目広治・藤村耕治・橋本安央・田中　寛・井口時男・鈴木比佐雄・大城貞俊・松本侑子・小林広一・中村隆之・原詩夏至・東口昌央・槇山朋子・齋藤　恵・池田恭哉・関　智英・張競・戴燕・王俊文・梅原　猛・加賀乙彦・太田代志朗　＊目次順

最新刊

二階堂晃子エッセイ集
『埋み火　福島の小さな叫び』

二階堂氏のエッセイの味わい深い特徴のひとつは、淡々と地域のために活動する真摯な生き方をしている人物に光を当てて、その持続することから見えてくる精神の輝きを伝えてくれることだ。それはひたむきに生きる他者を通して自らも真摯に生きたいと願うからだろう。（鈴木比佐雄「解説」より）

四六判 192頁・並製本・1,500円
解説文／鈴木比佐雄

堀田京子 作　味戸ケイコ 絵
『ばばちゃんのひとり誕生日』

自然の大切さと平和を記す詩人と名作『わたしのいもうと』の画家による絵本！

77歳、ひとりで迎える誕生日に「ばばちゃん」は人生を振り返る。赤ちゃんの時は防空壕で命を救われ、大人になり保育士として懸命に働き、我が子が誕生、父母、夫との死別──でも、“わたしはひとりではない”と「ばばちゃん」は気づく。

B5判 32頁・上製本・1,500円

安井高志詩集
『ガヴリエルの百合』

四六判 256頁・並製本・1,500円
解説文／鈴木比佐雄

芥川賞作家 松村栄子は、本当は詩人だった

10代、20代に書き綴っていた「言葉の雨」は芥川賞受賞作『至高聖所（アバトーン）』の深層を明らかにする。

松村栄子詩集
『存在確率
──わたしの体積と質量、そして輪郭』

A5判　144頁・並製本・1,500円
解説文／鈴木比佐雄

宮沢賢治関係

佐藤竜一
『宮沢賢治の詩友・
黄《こう》瀛《えい》の生涯
──日本と中国 二つの祖国を生きて』
四六判 256 頁・並製本・1,500円
解説文／鈴木比佐雄

佐藤竜一
『宮沢賢治
出会いの宇宙
──賢治が出会い、心を通わせた16人』
四六判 192 頁・並製本・1,500円
装画／さいとうかこみ

第28回 宮沢賢治賞奨励賞

森 三紗
『宮沢賢治と
森荘已池の絆』
四六判 320 頁
上製本・1,800円

中村節也
『宮沢賢治の宇宙音感
─音楽と星と法華経─』
B5 判 144 頁
並製本・1,800円

吉見正信

第25回 宮沢賢治賞

四六判・並製本・2,000 円

『宮澤賢治の
原風景を辿る』
384 頁・装画／戸田勝久

『宮澤賢治の
心といそしみ』
304 頁・カバー写真／赤田秀子
解説文／鈴木比佐雄

【吉見正信 近刊予定】第三巻『宮澤賢治の「デクノボー」思想』

赤田秀子写真集
『イーハトーブ・ガーデン
──宮沢賢治が愛した樹木や草花』
B 5 判 64 頁フルカラー・
並製本・1,500 円

重版

長沼士朗
『宮沢賢治
「宇宙意志」を見据えて』
四六判 312 頁・上製本・2,000円
跋文／大角修

高橋郁男
『渚と修羅
──震災・原発・賢治』
四六判 224 頁・並製本・1,500円
解説文／鈴木比佐雄

佐々木賢二
『宮澤賢治の五輪峠
──文語詩稿五十篇を読み解く』
四六判 560 頁・上製本・2,000円
解説文／鈴木比佐雄

和田文雄
『宮沢賢治のヒドリ
──本当の百姓になる』
四六判 392 頁・上製本・2,000円
栞解説文／鈴木比佐雄

和田文雄
『続・宮沢賢治のヒドリ
──なぜ賢治は涙を流したか』
四六判 256 頁・上製本・2,000円
解説文／鈴木比佐雄

少年少女に希望を届ける詩集

3版

編／曽我貢誠・佐相憲一・鈴木比佐雄
装画／戸田勝久
A5 判 320 頁・並製本 1,500 円

非戦を貫く三〇〇人詩集

編／鈴木比佐雄・佐相憲一
装画／宮良瑛子
A5 判 432 頁・並製本・1,800 円

日本国憲法の理念を語り継ぐ詩歌集

編／鈴木比佐雄・佐相憲一
A5 判 320 頁・並製本・1,800 円

ベトナム独立・自由・鎮魂詩集 175 篇

（日本語・英語・ベトナム語合体版）

編／鈴木比佐雄、佐相憲一、グエン・クアン・ティウ　翻訳／冨田健次、清水政明、グエン・バー・チュン、ブルース・ワイグル、郡山直、矢口以文、結城文、沢辺裕子、島田桂子　他
A5 判 632 頁・並製本・2,500 円

水・空気・食物 300 人詩集

――子どもたちへ残せるもの

編／鈴木比佐雄・佐相憲一・亜久津歩・中村純・大塚史朗
装画／戸田勝久　A5 判　408 頁・並製本・2,000 円

平和をとわに心に刻む三〇五人詩集

――十五年戦争終結から戦後七十年

編／鈴木比佐雄・佐相憲一
装画／香月泰男　A5 判
432 頁・並製本・2,000 円

1945～2007年 原爆詩一八一人集

Against Nuclear Weapons
A Collection of Poems by 181 Poets 1945-2007

重版

第 18 回宮沢賢治学会 イーハトーブセンター
イーハトーブ賞 奨励賞

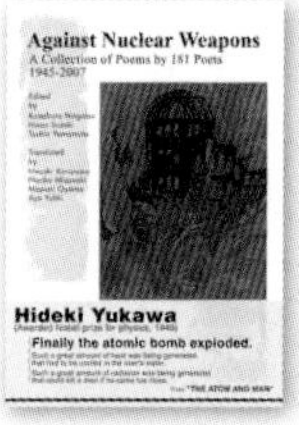

編／長津功三良・鈴木比佐雄・山本十四尾　帯文／湯川秀樹序文／御庄博実　解説／石川逸子・長谷川龍生・鈴木比佐雄装画／福田万里子　翻訳／郡山直・水崎野里子・大山真善美・結城文〈英語版 日本語版〉A5 判 304 頁・並製本・2,000 円

脱原発・自然エネルギー 218人詩集

編／鈴木比佐雄・若松丈太郎・矢口以文・鈴木文子・御庄博実・佐相憲一　翻訳／郡山直・矢口以文・木村淳子・結城文・島田桂子、棚瀬江里哉・沢辺祐子　序文・帯文／坂本龍一
A5 判 624 頁・並製本・3,000 円

『REVERBERATIONS FROM FUKUSHIMA
―50 JAPANESE POETS SPEAK OUT』
EDITED BY LEAH STENSON AND ASAO SARUKAWA AROLDI
（『福島からの反響音
―日本の詩人 50 人の発信』）

（Inkwater Press）
日本販売価格 3,000 円
（1,500 円＋送料）

命が危ない 311人詩集

――いま共にふみだすために――
若松丈太郎解説付

編／佐相憲一・中村純・宇宿一成・鈴木比佐雄・亜久津歩　帯文／落合恵子
A5 判 544 頁・379 篇・並製本・2,000 円

1937年～2009年 大空襲三一〇人詩集

編／鈴木比佐雄・長津功三良・山本十四尾・郡山直　帯文／早乙女勝元
A5 判 520 頁・361 篇・並製本・2,000 円

鎮魂詩《レクイエム》四〇四人集

編／鈴木比佐雄・菊田守・長津功三良・山本十四尾　帯文／早乙女勝元　装画／香月泰男
A5 判・並製本・640 頁・496 篇・2,000 円